A ciência da longevidade

CB132048

A ciência da longevidade

Os oito passos essenciais para
manter a mente alerta
e o corpo jovem

Gary Small, M.D.
com Gigi Vorgan

Tradução
Maria Inês Duque Estrada

EQUILÍBRIO

Título original
The Longevity Bible

Copyright © 2006 Gary Small.
Copyright da tradução © Agir Editora Ltda.
Todos os direitos reservados.

Capa: Raul Fernandes

Copidesque: Clara Diament

Revisão: Marianne Linz
Soraya Araújo

Produção editorial: Paulo Cesar Veiga

CIP-BRASIL. CATALOGAÇÃO-NA-FONTE
SINDICATO NACIONAL DOS EDITORES DE LIVROS, RJ.

S595c
Small, Gary W.
A ciência da longevidade: os oito passos essenciais para manter a mente alerta e o corpo jovem / Gary Small com Gigi Vorgan ; [tradução Maria Inês Duque Estrada]. - Rio de Janeiro : Agir, 2008.

Tradução de: The longevity bible
Inclui bibliografia e índice
ISBN 978-85-220-0798-1

1. Longevidade. 2. Envelhecimento. 3. Saúde. I. Título.

08-3907. CDD 613.2
CDU 613.2

Todos os direitos reservados à Agir Editora Ltda. – uma empresa Ediouro Publicações S.A.

Rua Nova Jerusalém, 345 – Bonsucesso
Rio de Janeiro – RJ – CEP 21042-235
Tel.: (21) 3882-8200 Fax: (21) 3882-8212 / 3882-8313
www.ediouro.com.br

Dedicamos este livro à nossa querida família,
especialmente a nossos filhos,
Rachel e Harry.
Com seus rostos doces e seu entusiasmo,
eles enriquecem nossas vidas a cada dia,
e nos tornam gratos
pela qualidade da nossa longevidade.

Sumário

Agradecimentos

Muitos amigos e colegas prestaram uma colaboração valiosa e estímulo durante a elaboração deste livro, como Helen Berman, Susan Bowerman, Rachel Champeau, Susan Coddon, Neal Frankle, dr. Martin Greenberger, dr. David Herber, dr. Robert Hucherson, dra. Shirley Impellizzeri, Andrea Kaplan, dr. Daniel Keatinge, Chef David Lawrence, Kimberley McClain, dr. Michael Persky, dra. Judith Reichman, dr. Peter Rosen, Michele e dr. Nathan Rubin, Dottie Sefton, Sandi Shapiro, Pauline Spaulding e Cara e Rob Steinberg. Somos gratos também a nosso talentoso fotógrafo e amigo Sterling Franken-Steffen, bem como as nossas divulgadoras, Grace McQuade e Lynn Goldberg, e a toda a equipe editorial da Hyperion, incluindo nossa maravilhosa editora Brenda Copeland; Zareen Jaffery; nossa incansável divulgadora Beth Dickey e os demais membros da família Hyperion. Este livro não teria sido possível sem o apoio de Mary Ellen O'Neill e de nossa agente e boa amiga de longa data Sandra Dijkstra, cujos talento e sensibilidade nunca deixaram de nos encantar.

Gary Small, M.D.
Gigi Vorgan

Nota: Embora algumas das histórias narradas neste livro sejam relatos verdadeiros de pessoas que participaram de programas de pesquisa da UCLA, outras são baseadas em experiências colhidas em estudos de casos variados. Nessas histórias, as semelhanças com uma ou mais pessoas já citadas são meras coincidências.

Consulte o seu médico antes de iniciar qualquer exercício ou programa de tratamento.

PARTE I

Longevidade com qualidade de vida – Viver mais, sentindo-se jovem e saudável

Não basta somar anos à vida...
também é preciso somar vida a esses anos.

— John F. Kennedy

Você está saboreando seu *cappuccino* de sempre na calçada em frente ao consultório do dentista quando aquele rapaz lindo senta-se duas mesas adiante. Seus olhos encontram os dele e o rapaz sorri, sedutor. Você fica praticamente engasgada. Pode jurar que o conhece de algum lugar. Ele faz um ligeiro aceno para você. De onde será que você o conhece? Ele é tão *jovem*. E você está casada há *muito* tempo. Ai, meu Deus, ele está vindo para cá! O que será que esse bonitão viu em você? Ridículo. Que loucura! Ainda bem que você acabou de fazer um clareamento nos dentes. Ele dá um amplo sorriso. "Oi! Lembra-se de mim?" Você se sente completamente perdida. "Sou Andy! Andy Carter! Fui colega de seu filho no time de basquete do colégio!" Você fica paralisada, com um sorriso tolo estampado no rosto e uma súbita vontade de evaporar.

Coisas que nos fazem lembrar da nossa idade acontecem com todo mundo. Pode ser algo bem simples, como o primeiro cabelo branco, a primeira vez que o amigo do seu filho o (a) chamou de tio (a), ou talvez entrar numa sala e esquecer o que foi fazer lá.

Nenhum de nós pode parar o tempo, mas *podemos* desacelerar os efeitos do envelhecimento – e às vezes até mesmo anulá-los.

Há apenas cem anos, era uma sorte viver mais do que quarenta anos. Hoje, a expectativa de vida subiu para 74 anos para os homens e 80 para as mulheres, e estudos recentes mostram que o americano médio de 65 anos pode esperar mais 17 primaveras pela frente. A ciência médica moderna está se empenhando para nos manter vivos com 90 anos ou mais, e a maioria das pessoas diz que quer viver o máximo possível. Mas quem gostaria de viver mais de 100 anos sem saúde, sem vitalidade e sem suas faculdades mentais preservadas? É nesse ponto que entram os *Oito Passos da Ciência da Longevidade* — para nos mostrar como manter nossos cérebros, nossos corpos e nossas atitudes em dia.

Os Oito Passos

Os anúncios de revistas e televisão, tradicionalmente, focalizam suas estratégias de propaganda na aparência e na atitude jovem. Recentemente, no entànto, verificou-se uma mudança nessas táticas. Hoje, a ênfase das agências de publicidade não é tanto na juventude etária, mas na juventude *psicológica*. O motivo é simples: experimente perguntar aos que nasceram nas décadas de 1940 e 1950 se eles se consideram velhos mental e fisicamente. Muitos confessarão que ainda têm a mesma atitude dos seus 25 anos e que não se sentem nem um pouco próximos de sua idade cronológica.

A maioria de nós protestaria contra a idéia de envelhecer do mesmo modo que nossos pais envelheceram. É fato que estamos buscando uma maneira mais segura e conveniente de vivermos mais, com independência, saúde e satisfação. É exatamente a isso que chamo de longevidade de qualidade.

Nosso preparo para o futuro requer o aprendizado de novas habilidades. No meu último livro, *The Memory Prescription* (*Receita para a memória*), mostrei como podemos estimular nosso cérebro e nossa forma física ao nos concentrarmos em quatro passos básicos: *conquista de estímulo mental*, *boa forma física*, *alimentação saudável* e *redução do estresse*. Agora, com *A ciência da longevidade*, trago o programa completo com oito passos, o que nos permite chegar ao máximo de nossa longevidade com qualidade em todas as áreas da vida. Esses passos incluem chaves para *manter uma atitude positiva*, *cultivar relacionamentos profundos e saudáveis*, *obter mais juventuide com a medicina moderna* e *cuidar do seu meio ambiente*.

Examinaremos a ciência por trás dos oito passos, assim como maneiras simples de integrá-los à nossa rotina diária. Praticados em conjunto, os oito passos criam uma sinergia que proporciona resultados mais rápidos e eficazes.

Fortaleça seu cérebro primeiro: O resto é conseqüência

Começamos nosso programa de longevidade aguçando nossas mentes (Passo 1) e maximizando nossa boa forma cerebral. Prepare seu cérebro para a longevidade e seu corpo o acompanhará na mesma medida. Ao manter nossa mente afiada, tendemos a ficar em boa forma física, a melhorar nossos relacionamentos, a manter a dieta da longevidade e a seguir as outras estratégias para uma vida saudável delineadas neste livro. De fato, todos os passos contribuem para manter nosso cérebro jovem, em boa forma e com toda a capacidade cognitiva. A aeróbica mental, por si só, pode melhorar acentuadamente a capacidade da memória e, quando combinada aos outros passos, aumenta a expectativa de vida. Atividades de lazer estimulantes para a mente, como leitura, palavras cruzadas ou jogos de tabuleiro, diminuem em cerca de 30% o risco de mal de Alzheimer.

Evidências científicas mostram que manter uma atitude positiva (Passo 2) nos ajuda a continuarmos saudáveis e a viver mais. Num estudo recente, descobriu-se que pessoas de meia-idade positivas e satisfeitas têm o dobro de chances de sobreviver mais vinte anos em comparação a indivíduos negativos. Os otimistas têm menos dificuldades físicas e emocionais, sentem menos dor, desfrutam de grau mais alto de energia e são de um modo geral mais felizes e mais calmos. Verificou-se que o pensamento positivo estimula o sistema imunológico do nosso corpo e, portanto, nos permite combater melhor as infecções.

Quando nos sentimos bem, nossa autoconfiança também é fortalecida, o que nos ajuda a ter melhores relacionamentos (Passo 3). O Estudo MacArthur sobre Envelhecimento Bem-Sucedido verificou que pessoas conectadas socialmente podem sobreviver até 20% mais do que aquelas que se isolam.

Temos hoje muitos recursos para nos conectar com os outros e afugentar a insegurança, o que nos faz sentir e parecer mais jovens e mais bonitos. Apesar do mito de que a libido declina com a idade, por exemplo, vários estudos científicos comprovaram que nosso desejo e necessidade de sexo perduram ao longo da vida. Uma vida sexual saudável em qualquer idade contribui para baixar a pressão, reduzir o estresse, afastar a depressão, estimular o sistema imunológico, reduzir a dor, manter a forma física e até aumentar a expectativa de vida.

O estresse é uma das principais causas das doenças relacionadas à idade (Passo 4). Ele contribui para a dor física, bem como para o surgimento de rugas e o envelhecimento prematuro. Poucas pessoas compreendem que nossa capacidade de adaptação às incessantes mudanças do ambiente em que vivemos pode contribuir imensamente para reduzir nossos níveis de estresse. A qualidade de nossa longevidade depende da nossa capacidade de ajuste a influências ambientais como o trânsito, os cigarros, a desarrumação, o barulho, o mofo, a fumaça e até a sobrecarga de informação (Passo 5). Personalizar e limpar nosso espaço mais imediato, em casa e no trabalho, é uma medida poderosa ao nosso alcance.

É muito mais fácil manter uma atitude positiva quando temos boa saúde, e o melhor meio de garantir isso é adotar uma dieta saudável e cultivar uma boa forma física. Com tantas opções disponíveis, não é difícil achar o que lhe agrada mais. Além de tênis, corrida, bicicleta e ioga, muita gente mantém a forma com pilates, ginástica com pesos, com bola suíça, *spinning*, dança de salão, balé, caminhada em trilhas. O Passo 6 apresenta o Programa de Boa Forma na Longevidade, que reúne condicionamento cardiovascular, treinamento de equilíbrio e flexibilidade e fortalecimento muscular – três áreas vitais de condicionamento físico para maximizar a saúde, estimular os níveis de energia e prevenir muitas doenças relacionadas à idade. A atividade física regular pode acrescentar dois ou mais anos à expectativa de vida.

A redução do entulho em nossas vidas é um meio poderoso de baixar os níveis de estresse. Assim como nos sentimos bem quando limpamos nosso armário e nos livramos de muita coisa guardada, às vezes é necessário remover entulhos de relacionamentos – limpar a nossa casa emocional – e preservar nossa energia para as pessoas que amamos e com quem realmente nos importamos. Com o tempo, alguns relacionamentos se tornam mais prejudiciais que enriquecedores. Amizades antigas que um dia tiveram sentido podem se transformar em apenas velhos hábitos difíceis de romper, apesar de negativos.

Uma alimentação saudável tem um impacto importante na expectativa de vida ao diminuir o risco de doença cardíaca, câncer e outras doenças relacionadas à idade. Vários estudos descobriram que as escolhas corretas na alimentação não só ajudam as pessoas a manter o peso ideal como aumentam as taxas de sobrevivência em 50% ou mais.

A Dieta da Longevidade (Passo 7) é um programa de dieta saudável que lhe permite comer *todas* as suas comidas preferidas – até mesmo aquelas sobremesas tentadoras. Ela incorpora os melhores dados científicos sobre alimentação saudável para a longevidade e o controle de peso, combinados a alguns pratos deliciosos e atraentes. Da mesma forma que os especialistas em preparação física nos dizem que, para garantir uma saúde duradoura, o melhor é fazer um treinamento cruzado enfatizando a aeróbica num dia, exercícios com pesos no outro e talvez ioga no dia seguinte, a Dieta da Longevidade mostra como fazer um treinamento cruzado com a alimentação, o que evita o tédio das populares dietas de baixos carboidratos lançadas no sul da Flórida, por exemplo. Podemos nos deliciar um dia com um churrasco e uma salada Caesar e no outro com um apetitoso prato de massa e um crocante pão integral. A Dieta da Longevidade liberta nosso corpo das dietas da moda e nos ensina a comer todas as comidas gostosas em porções realistas, ganhando com isso uma sensação de saciedade e satisfação. E, o que é mais importante: sem ansiedade.

No Passo 8, vamos examinar os mais avançados remédios e tratamentos destinados a manter a nossa juventude. Do Botox aos microscópicos *lasers*, há várias opções disponíveis para nos sentirmos e parecermos mais jovens por toda a vida. Comprovou-se que simplesmente o fato de tomar medicamentos para baixar a pressão aumenta a expectativa de vida em pelo menos dois anos, e os especialistas constataram que os fármacos conhecidos como estatinas baixam o colesterol e podem aumentar em mais de 50% as chances de sobrevivência de pacientes cardíacos.

É provável que muitos cinqüentões e sessentões ainda se recordem do professor de Harvard que na década de 1960 viajou para a Índia e se tornou um guru conhecido como Ram Dass. Sua mensagem, "Be here now" (esteja aqui agora), passou a ser o mantra para ficarmos atentos ao momento, sem preocupação com o passado nem estresse com o futuro. Sua mensagem faz eco à de muitos outros professores e filósofos, desde Martin Buber até Lao-Tzu.

Não precisamos nos tornar gurus espirituais para viver uma vida longa e saudável, mas prestar atenção ao momento presente nos ajuda a conseguir uma longevidade de boa qualidade. A atenção ao momento, ou a *consciência* dele – o processo sutil de ter consciência, a cada instante, dos nossos pensamentos, sentimentos e estados físicos —, é fundamental para aguçar a memória e manter a boa forma mental. Pesquisas iniciais sugerem que essa capacidade não só reduz o estresse e a ansiedade como também estimula o sistema imunológico e promove a cura de uma variedade de doenças como diabetes, artrite, doença cardíaca e dor crônica.

Esse fundamento da atenção ao momento pode ser aplicado a praticamente todas as estratégias dos Oito Passos. Ter consciência dos nossos corpos e do que está acontecendo à nossa volta contribui para mantermos o equilíbrio e evitarmos perigos. A consciência das nossas sensações internas nos faz parar de comer quando nos saciamos, por exemplo – um ponto-chave para manter o nosso peso ideal. Ao integrar a consciência à nossa rotina diária, não só ganhamos uma vida mais longa como também aprendemos a cuidar de nós mesmos, adotando uma atitude mais positiva e, conseqüentemente, sentindo mais empatia em relação aos outros.

A atenção ao momento freqüentemente incentiva a espiritualidade, e vários estudos indicam que pessoas que buscam alguma forma de espiritualidade vivem mais. Recentemente, pesquisadores descobriram que visitar um templo religioso uma vez por semana aumenta a expectativa de vida em quase uma década. Estudos de pacientes portadores de doenças físicas graves mostraram que aqueles que acreditavam em Deus tinham uma taxa de mortalidade 30% mais baixa em comparação aos que se sentiam abandonados por Deus. Os benefícios da espiritualidade para a longevidade podem vir de diversas fontes, incluindo religião, meditação e crença pessoal num poder superior.

Muitos dos benefícios dos Oito Passos da *Ciência da Longevidade* podem ser conquistados num período espantosamente curto: algo como 14 dias. Minha equipe de pesquisa na Universidade da Califórnia em Los Angeles (UCLA) conduziu estudos controlados para testar se os voluntários estudados melhorariam sua forma física e mental concentrando-se em apenas quatro dos passos: *aeróbica mental*, *forma física*, *redução do estresse* e *dieta saudável*.

Verificamos que após duas semanas apenas os voluntários que seguiram o estilo de vida saudável para a longevidade (comparados aos do grupo que simplesmente continuou a manter a sua rotina) melhoraram a memória e a eficiência cerebral. Eles também relataram um melhor nível de relaxamento e níveis de estresse mais baixos.

Observamos ainda benefícios significativos para a saúde. Muitos dos voluntários do programa perderam peso e tiveram uma acentuada baixa da pressão sanguínea e das taxas de colesterol.

Shirley I., de 34 anos, assistente social que criava sozinha uma filha ainda pequena, sempre foi exigente consigo mesma e orgulhava-se de sua independência. Convivia com um certo nível de estresse e, como esse estresse era constante, desenvolveu sua própria maneira de lidar com ele. Às vezes espairecia olhando as vitrines das lojas e fazendo compras. Por que não? "Imelda Marcos tinha mais de trezentos pares de sapatos e isso não a matou", pensava[1].

Como havia planejado, Shirley voltou a estudar e formou-se em psicologia. Foi no início de sua carreira que conheceu um consultor financeiro imensamente bem-sucedido. A atração foi forte e Shirley ficou apaixonada, mas sentiu que ele a pressionava para desistir de sua independência e casar com ele. Mesmo assim, encantada com o seu senso de humor, a sua inteligência e o modo "antiquado" de lhe fazer a corte (flores, jantares à luz de velas, cruzeiros pelo Mediterrâneo), ela finalmente aceitou a proposta de casamento – só a de casamento. Shirley estava decidida a continuar trabalhando. Os dois foram então morar juntos com a filha de Shirley.

Com o estresse extra da nova carreira, as necessidades prementes da filha que entrava na adolescência e as exigências sociais da vida do marido, Shirley começou a notar, pela primeira vez na vida, que se esquecia das coisas mais simples. Pequenos detalhes lhe escapavam por entre as frestas da memória, e ela acabou confundindo o dia de consulta de um cliente e faltando a uma festa no colégio da filha. Quando a menina começou a brincar, dizendo "Mamãe, você está perdendo a memória", Shirley decidiu fazer alguma coisa para reduzir o estresse. Ela foi à

1 Viúva do ditador Ferdinando Marcos, das Filipinas, Imelda Marcos é a mais famosa colecionadora de sapatos do mundo. Sua coleção chegou a ser estimada em 3 mil pares.

UCLA e se apresentou como voluntária para o Estudo de 14 Dias de Longevidade Saudável.

Depois de apenas duas semanas cumprindo o programa, a memória de Shirley tinha melhorado acentuadamente, ela perdeu um quilo e meio sem dieta e sentiu-se mais relaxada e mais capaz de lidar com o trabalho e com as responsabilidades domésticas. Também voltou a buscar o conforto de seus velhos hábitos para relaxar e sentiu-se feliz. As sapatarias dos shoppings também.

A experiência de Shirley parece-se com a de muitos outros voluntários estudados pela pesquisa, para os quais os passos de longevidade melhoraram a memória e reduziram o estresse, assim como baixaram a pressão arterial e os níveis de colesterol. Evidências científicas indicam que, ao adotar essas mudanças em seu estilo de vida, as pessoas ficam menos expostas ao risco do mal de Alzheimer e prolongam seus anos de vida – além de acrescentar qualidade de vida a esses anos.

Longevidade com qualidade

Estudos sobre envelhecimento como o Estudo MacArthur sobre Envelhecimento Bem-Sucedido, o Estudo Longitudinal de Baltimore sobre Envelhecimento, o Estudo de Coorte do Mundo do Lazer e muitos outros produziram descobertas científicas que contribuíram diretamente para a base das estratégias da *Ciência da Longevidade*.

O Estudo MacArthur comprovou que a preservação dos relacionamentos sociais favorece uma vida mais satisfatória e mais longa.

Uma vida emocional saudável – baseada em relacionamentos sólidos e profundos – se reflete num estado mental mais positivo, assim como numa saúde física melhor. Outra descoberta-chave é que quase *nunca* é tarde demais (ou cedo demais) para fazer escolhas saudáveis e adotar mudanças que acrescentam qualidade de vida à longevidade.

Quer estejamos nos aproximando dos quarenta anos, dos cinqüenta, dos sessenta ou mais, todos nós enfrentamos os desafios e as recompensas do envelhecimento. Estudos sobre pessoas que envelheceram bem indicam que apenas uma terça parte do que é previsível é controlado pela genética. Cerca de dois terços se baseiam nas escolhas pessoais quanto ao estilo de vida e, portanto, estão sob nosso controle.

Ao aprendermos sobre os oito passos veremos como Shirley e vários outros enfrentaram os altos e baixos do envelhecimento. Aprenderemos como aplicar os oito passos rápida e facilmente e começaremos a desfrutar da longevidade com qualidade de vida. É verdade que somos tão jovens quanto nos sentimos, então é hora de você começar a se sentir, a parecer e a atuar de maneira mais jovem hoje.

PARTE II

Os Oito Passos

Passo 1

Aguce a sua mente

A memória é a mãe da sabedoria
— Ésquilo

A seção de palavras cruzadas era há tempos o ponto alto da rotina matinal de Michele R. A seção das segundas-feiras era fácil e ela a fazia rapidamente, com a caneta. Mas no decorrer da semana, à medida que as palavras iam ficando mais difíceis, ela sentia o desafio e ficava tomada pela "febre das palavras cruzadas" quando não conseguia terminar o jogo. Tudo isso mudou quando Michele começou a se dedicar ao novo quebra-cabeça do jornal, um jogo chamado Sudoku. Era de fato um exercício para quebrar a cabeça. Como é que combinar um monte de números nuns quadrados poderia prender a sua atenção por mais de alguns minutos? Palavras eram muito mais interessantes do que números, e ela sempre foi péssima em matemática.

No entanto foi preciso apenas uma semana para que Michele fosse fisgada pelo Sudoku, e logo ela começou a perceber a lógica do desafio. Pela manhã, apanhava o caderno de diversões antes que alguém pudesse chegar perto do jornal – o Sudoku

se tornara sua nova obsessão. Mas, em vez de se divertir como acontecia com as palavras cruzadas, o jogo com freqüência se transformava numa frustração. Quando não conseguia terminá-lo pela manhã, ela ficava com raiva e seu dia não começava bem. Os filhos começaram a brincar dizendo que se Michele continuasse com aquela mania, teria que freqüentar um grupo de Sudokólicos Anônimos. A brincadeira fazia sentido.

A maioria das pessoas gosta de quebra-cabeças desafiadores, principalmente quando consegue resolvê-los. É bom descobrir desafios mentais e atividades de lazer estimulantes. Eles só não podem ser tão difíceis que fatiguem o cérebro em vez de exercitá-lo.

Permanecer ativo mentalmente aguça a mente, melhora a memória e protege o cérebro contra um futuro declínio. Esse primeiro passo é a chave para os próximos, pois nos dá a capacidade de assumir o controle do modo como envelheceremos.

Quando os cientistas estudam animais criados em jaulas mentalmente estimulantes – com muitos brinquedos, labirintos e outras distrações –, percebem que esses animais não só têm mais facilidade em circular pelos labirintos, como seus centros cerebrais de memória ficam muito maiores do que os daqueles que foram criados em jaulas comuns.

Vários estudos feitos em larga escala comprovaram que pessoas que se dedicam a atividades de lazer estimulantes para a mente e adotam ao mesmo tempo outras estratégias da longevidade de qualidade também tendem a viver mais tempo, além de se sentirem mais felizes e bem dispostas. A pesquisa mais conhecida sobre envelhecimento saudável, o Estudo MacArthur, verificou que pessoas que continuavam ativas mentalmente – fazendo quebra-cabeças, lendo livros, jogando cartas ou outros jogos – tinham uma qualidade de vida e uma expectativa de vida mais longa do que aquelas que viviam sem esses estímulos mentais.

Ao compararem voluntários com educação superior e pessoas que não freqüentaram a universidade, os cientistas encontraram provas consistentes de um risco mais baixo de mal de Alzheimer entre os voluntários com mais instrução. Um estudo recente de mapeamento cerebral verificou que, quando temos um número maior de anos de estudo, somos mais capazes de usar a parte frontal do cérebro para aumentar a perícia mental. Um bom motivo para continuar estudando ao longo da vida.

A mente mais aguçada

De acordo com evidências científicas, sempre que nos empenhamos em resolver problemas de uma nova maneira, estamos fortalecendo as conexões entre nossas células cerebrais. Cada célula cerebral tem dendritos. Essas minúsculas extensões – semelhantes aos galhos de uma árvore – passam informação adiante, de uma célula cerebral para outra. Se não forem usados, nossos dendritos podem se atrofiar ou encolher; mas quando os exercitamos de modo criativo, suas conexões permanecem ativas, transmitindo novas informações. Portanto, qualquer esforço consciente para exercitar seu cérebro tem o potencial de criar novas conexões entre as células cerebrais. E o que é mais impressionante é que novos dendritos ainda podem ser criados, mesmo que os velhos já tenham morrido.

Ao longo dos anos, assimilamos habilidades mentais complexas que acabam se tornando automáticas, possibilitando que as nossas mentes executem certas tarefas mentais com menor esforço. À medida que adquirimos experiência, por exemplo, nossas mentes se tornam capazes de captar automaticamente uma imagem inteira, sem precisar focalizar cada pequeno detalhe. Dê uma olhada no seguinte parágrafo:

> Não acretide sepmre no que vcoê esvetir ledno proque a mente tem um pdoer femnoenal. Sgundeo pseqisadores da unversiadde, não ipmrota em que odrem as lteras de uma plavara sõa coloacdas. O iportanmte é a pirmiera e a útlmia fiacrem nos luagers cortreos.

Você provavelmente compreendeu a mensagem, ainda que a sua transmissão tenha sido confusa. Nossas mentes aprenderam a perceber automaticamente o significado de uma coisa, mesmo que faltem detalhes ou que os mesmos estejam errados. Estudos sistemáticos descobriram que pessoas mais velhas e saudáveis, com mais experiência, são mais competentes e mais rápidas em avaliar uma cena globalmente ou em reconhecer um rosto na multidão do que as mais jovens, que ainda tendem a focalizar os detalhes.

Podemos aperfeiçoar essas capacidades em qualquer idade exercitando a mente. Para aproveitar ao máximo nosso poder cerebral e otimizar a acuidade mental, é útil ter em mente o que chamo de "Os Ps e os Qs para aguçar a mente": *Presença*, *Perseverança*, *Qualidade* e *Questionamento*.

- *Presença*. Manter o foco no presente nos torna mais eficientes em qualquer tarefa mental específica. A chave para manter-se presente e alerta não é somente a capacidade de assimilar o que está se passando à nossa volta, mas também a de ser capaz de desligar o que não é importante.

- *Perseverança*. Ficar ligado numa tarefa mental específica constrói o aprendizado e a memória. Você pode começar aulas de piano hoje, mas, a menos que continue a praticar nas próximas semanas e meses, não conquistará os benefícios mentais ou a satisfação de dominar o instrumento. Com perseverança, sua capacidade de memória melhorará e você desfrutará de uma confiança muito maior em suas habilidades cognitivas.
- *Qualidade*. Quando nossa mente focaliza as qualidades, os detalhes e os significados de uma nova informação, nós a retemos por mais tempo e temos maior sensação de controle. Esse controle nos permite organizar a informação e aperfeiçoar nossa capacidade de aprender. Se nossos passatempos e nosso lazer têm qualidades que prezamos, eles se tornam mais interessantes e satisfatórios. Muitas pessoas gostam de se envolver em competições mantendo na mente, durante a atividade, um prêmio que valorizam. Isso pode explicar por que os esportes competitivos são tão excitantes tanto para os participantes quanto para os torcedores.
- *Questionamento*. A curiosidade nos permite expandir nossos horizontes mentais. Ler revistas e livros estimulantes, conhecer lugares pouco familiares e novos passatempos, experimentar e fazer perguntas são hábitos que manterão intactas as suas habilidades cerebrais.

Aplicar os Ps e os Qs não só contribui para manter viva a nossa atividade mental como nos permite desenvolver resiliência, ou seja, a capacidade de nos recuperarmos rapidamente de experiências negativas. Quando aceitamos o acaso e os riscos calculados, quando exploramos novas oportunidades e aprendemos novas habilidades, também nos tornamos mais aptos a reagir se falharmos em algum esforço. Ser capazes de estabelecer e atingir novas metas nos traz autoconfiança, força pessoal e a uma atitude positiva (veja o Passo 2).

Assumir riscos e buscar emoções eletrizantes são comportamentos que, levados ao extremo, tornam-se típicos da adolescência. Com a maturidade, a maioria das pessoas aprende a evitar atividades perigosas, aumentando assim a expectativa de vida. A chave é encontrar o equilíbrio, ou seja, um modo de buscar novas experiências que expandam a mente sem colocá-la em risco. As atividades a seguir são boas sugestões para manter a mente aguçada através dos anos:

- *Viaje.* Se sua tendência é ir para uma praia e ficar estirado numa rede durante as férias, pense num tipo diferente de descanso, talvez uma excursão para um lugar onde nunca esteve, ou uma semana num spa. Muitos pacotes de férias e cruzeiros levam os viajantes a lugares novos e exóticos, e eles enriquecem suas experiências com palestras informativas sobre a região visitada. A Elderhostel (www.elderhostel.org) é uma das maiores organizações educacionais e de viagens do mundo para pessoas acima dos 55 anos.
- *Dê asas à criatividade.* Aprender a tocar um instrumento musical ou dedicar-se à pintura são excelentes meios de estimular o lado artístico do cérebro, principalmente se você tende a ser do tipo analítico, que usa o lado esquerdo do cérebro. Explorar os talentos do lado direito do seu cérebro, o lado criativo, ajudará a manter suas células cerebrais ativas e possivelmente as protegerá de um desgaste futuro.
- *Desafie-se.* Leve suas buscas mentais a um nível além. Se você faz somente as palavras cruzadas fáceis de segunda e terça-

feira, empenhe-se e tente as mais difíceis de quinta e sexta. Se for um craque em arrumar todas as quinhentas peças do quebra-cabeça, compre um jogo de mil peças e mande brasa.

- *Invente um novo passatempo.* Seja colecionar selos, fazer tricô, fazer escalada ou aprender culinária francesa, envolver-se com um novo passatempo é um excelente meio para expandir a mente. Os passatempos nos distraem das preocupações do dia-a-dia, e a sensação de adquirir conhecimento em áreas diferentes aumenta a nossa autoconfiança. Pessoas que se dedicam a passatempos têm menos probabilidade de sofrer um declínio mental ao envelhecer do que aquelas que ficam a maior parte de seu tempo livre diante da televisão.
- *Junte-se a um grupo de estudos ou de leitura.* Algumas pessoas gostam de estudar por conta própria, enquanto outras têm prazer na interação com um grupo. Clubes de livros e grupos de estudo são um meio fácil para você expandir seu horizonte mental e desfrutar da companhia de pessoas que também gostam de aprender.
- *Volte para a escola.* A maioria das faculdades e universidades tem cursos de extensão para alunos de todas as idades em meio horário. Nosso Centro sobre Envelhecimento na UCLA tem um programa de formação universitária para a terceira idade, que torna fácil aos adultos mais velhos assistir às aulas de graduação. A mistura de gerações nesse tipo de programa enriquece a experiência para os dois lados. Os graduandos se beneficiam da sabedoria dos colegas mais velhos, e estes por sua vez usufruem da energia da juventude ao voltar para um campus universitário.
- *Exercite seu cérebro.* Experimente alguns *websites*, livros ou revistas com quebra-cabeças destinados a fortalecer os músculos do

seu cérebro. Confira os exercícios de aeróbica mental que encontrará adiante, bem como os que estão no Apêndice. Eles abrirão o seu apetite para uma série de desafios mentais e lhe darão coragem para buscar outros quebra-cabeças. Divirta-se com alguns jogos de tabuleiro instigantes, como aqueles em que o objetivo é formar palavras ou os do tipo Master, de perguntas sobre temas variados em nível de dificuldade crescente, que também podem ser motivo de uma agradável reunião social.

Construindo massa cerebral

A revista científica *Nature* publicou um estudo comprovando que três meses de treinamento mental podem alterar a estrutura do cérebro e, em suma, construir massa muscular. Depois de se submeterem a uma RMI (ressonância magnética por imagem), os voluntários em estudo aprenderam a fazer malabarismos, uma tarefa desafiadora para a mente. Depois de três meses de malabarismos, os exames de ressonância foram repetidos. Dessa vez, os resultados mostraram um expressivo aumento do volume de matéria cinzenta, a borda externa do cérebro responsável pelo pensamento e pelo raciocínio complexo. Ou as células cerebrais haviam aumentado de tamanho e desenvolvido conexões mais extensas, ou o seu número havia crescido o suficiente para formar volume cerebral. Entretanto, quando os voluntários abandonaram o novo passatempo, seus cérebros encolheram, voltando aos tamanhos anteriores. Ou seja, você pode construir musculatura cerebral, mas tem que prosseguir sua atividade mental para mantê-la.

No primeiro estudo desse tipo, nossa equipe de pesquisa na UCLA descobriu que, quando a aeróbica mental e o treinamento da memória se combinaram a outros passos da *Ciência da Longevidade*, os voluntários não só melhoraram sua capacidade de memória como seus cérebros tornaram-se mais eficientes. Estudamos um grupo de voluntários que só tinham pequenas queixas de falta de memória relacionada à idade – aqueles lapsos ocasionais típicos de pessoas de quarenta, cinqüenta anos, que entram numa sala e se esquecem o que foram buscar ali ou que não se recordam momentaneamente de uma palavra. Metade do grupo passou cerca de vinte minutos por dia cumprindo o programa de aeróbica mental – aprendendo técnicas de memorização e resolvendo enigmas –, manteve atividade física e recebeu uma dieta saudável. A outra metade dos voluntários estudados serviu como grupo de controle e não fez qualquer mudança em seu estilo de vida durante duas semanas. Todos os voluntários receberam aparelhos de tomografia por emissão de pósitrons para que sua atividade cerebral fosse medida antes e depois do estudo.

Aqueles que haviam seguido o programa da longevidade saudável tiveram uma mudança muito expressiva na eficiência de uma região da parte frontal do cérebro, que controla as tarefas rotineiras da memória, a "memória de trabalho". Essa memória de trabalho permite que as pessoas mantenham na mente uma quantidade limitada de informação por um breve período – como quando procuramos um número de telefone no catálogo e lembramos dele só até discá-lo.

Assim como os atletas constroem resistência física e eficiência muscular quando trabalham com um treinador numa academia, os voluntários do estilo de vida saudável pareciam ter construído uma "musculatura cerebral" mais eficiente. Os resultados do nosso estudo sugeriram que a atividade mental focalizada e o treinamento da memória podem levar a uma eficiência cerebral maior. Os que seguiram o programa tiveram que usar *menos* energia para executar melhor suas tarefas mentais.

Para alguns voluntários do estudo, o efeito foi impressionante. Michele R., 46 anos, farmacêutica aposentada e mãe de três crianças em idade escolar, relatou que tinha responsabilidades demais sobre os ombros. Vivia servindo de motorista e tentando dar conta de sua interminável lista de obrigações. Antes de integrar a pesquisa sobre longevidade saudável, ela começara a notar falhas de memória, especialmente quando estava sob pressão ou tinha muitas tarefas a cumprir ao mesmo tempo. Os testes mostraram que sua memória verbal era típica de uma mulher de sua idade – não tão boa quanto nos tempos de colégio ou de faculdade, mas na média para seu grupo etário. Ao se submeter ao teste de estresse mental (diagnóstico por imagem feito com ressonância magnética funcional, que monitora a atividade cerebral durante uma tarefa que exige memória), o escaneador mostrou uma ampla área do cérebro trabalhando duro.

Depois de praticar por duas semanas as técnicas de memorização da *Ciência da Longevidade* e passar algum tempo exercitando diariamente o cérebro com aeróbica mental, os testes de estresse cerebral mostraram que Michele agora só precisava usar uma parte muito pequena de seus centros de memória para conseguir lembrar de uma nova informação, e que seu desempenho em memória verbal havia aumentado 200%. Um progresso notável, que tornou sua memória equivalente à de uma jovem de 23 anos.

Treinamento de memória 101

A memória define quem somos, agora e a todo momento. Ela também define o nosso futuro, porque sem a capacidade de lembrar não podemos fazer planos e pensar para a frente. E, naturalmente, sem memória é como se não tivéssemos passado. Manter uma mente aguçada requer um desempenho ótimo da memória, a base para qualquer programa de longevidade com qualidade de vida.

No dia de seu 40º aniversário, Nancy G. chegou do trabalho e encontrou o presente do marido: uma petição de divórcio lindamente datilografada. Impossibilitada de discutir o divórcio racionalmente com sua própria mãe, que estava no estágio inicial do mal de Alzheimer, Nancy se viu nos anos seguintes sozinha, cuidando da mãe e das duas filhas adolescentes. Forçada a trocar o meio expediente do trabalho pelo horário integral, ela teve que desistir das aulas de ioga e das pedaladas de bicicleta com amigos.

Nancy já estava muito ocupada e cansada para ler romances ou fazer palavras cruzadas à noite, e agora parecia que as meninas precisavam de mais horas de ajuda em seus trabalhos escolares. A saúde de sua mãe declinava a cada dia. No escritório, seu chefe insistia para que ela viajasse a serviço. E embora finalmente ela tivesse se interessado por alguém depois do divórcio, isso também lhe causava tensão, porque seu namorado não parava de pedir para que eles ficassem mais tempo juntos.

Em conseqüência do estresse, Nancy começou a ter enxaquecas como aquelas que tinha na faculdade. Mas o que realmente a preocupava era que estava ficando esquecida – um dia era o nome de um cliente, no outro um compromisso, as datas das reuniões no colégio das filhas e assim por diante. Nancy sempre se orgulhara de ser responsável e pontual, e agora estava em pânico: será que estava ficando com Alzheimer como a mãe?

Quando Nancy veio à UCLA em busca de ajuda, ela soube dos passos da *Ciência da longevidade*. Sua memória melhorou quase imediatamente depois de usar técnicas simples como *Olhe, Foto-*

grafe, Conecte, junto com algumas outras técnicas de memorização mais avançadas. Nancy compreendeu que a genética é responsável por apenas um terço da nossa predisposição ao mal de Alzheimer. Ela aprendeu também que podia evitar e possivelmente prevenir os sintomas. Começou a sentir-se mais confiante, o que baixou acentuadamente seus níveis de estresse. A redução da ansiedade não só ajudou a melhorar a memória como aliviou enxaquecas e lhe deu mais energia em todos os aspectos de sua vida.

As técnicas de memorização que ensinei a Nancy são simples e fáceis de aprender. Quer seja uma lista de compras, o nome e o rosto de uma pessoa que você conheceu há pouco tempo ou o número de andares dos edifícios mais altos do mundo, você pode realizar todas essas tarefas com minhas três técnicas básicas para a memória: *Olhe, Fotografe, Conecte.*

Olhe nos lembra de focalizar a nossa atenção. A explicação mais comum para a perda da memória é que a informação nunca entra em nossas mentes em primeiro lugar. Isso se dá porque, geralmente, estamos distraídos ou sobrecarregados de tarefas. Lembrando-nos de focalizar a atenção, essa técnica estimula acentuadamente o nosso poder de memória.

Fotografe significa criar um retrato mental instantâneo ou uma imagem visual da informação a ser retida. Para a maioria das pessoas, imagens visuais são muito mais fáceis de lembrar do que outras formas de informação.

Conecte significa que precisamos ligar essas imagens visuais de modo que elas façam sentido. Essas associações são a chave para despertar a memória quando quisermos lembrar delas mais tarde.

Interessar-se pelo que você está tentando aprender e acrescer a informação de significados pessoais torna essas técnicas mais eficazes. Experimentos com exímios jogadores de xadrez mostraram que eles conseguem memorizar prontamente as peças do jogo no tabuleiro se elas estiverem colocadas como estariam durante uma partida, mas se estiverem colocadas aleatoriamente isso é quase impossível, já que os arranjos das peças perdem o sentido.

Se eu lhe apresentasse a minha amiga Sylvia numa festa cheia de gente, é bem possível que você esquecesse o nome dela. Porém se você mencionasse que ela faz lembrar uma colega sua de escola que por acaso também se chamava Sylvia – dando ao nome da minha amiga um significado pessoal para você –, provavelmente sempre se lembraria do nome dela.

Ao ligar seus instantâneos mentais, crie uma história com ação e detalhes. Tente memorizar as oito palavras a seguir usando as técnicas Olhe, Fotografe e Conecte. Crie oito imagens visuais e ligue-as numa história.

Assobio
Avó
Suéter
Malabarista
Cerejas
Pingue-pongue
Poodle
Gravata-borboleta

Fique um momento elaborando uma história antes de continuar a leitura.

Quase todo mundo cria uma história diferente. Se você gosta de histórias ridículas, como eu, então talvez imagine uma avó assobiando enquanto tricota um suéter. Ela dá o suéter para o neto, que está fazendo malabarismos com três cerejas. Uma delas cai e interrompe a brincadeira do seu cachorro poodle, que se chama Pingue-pongue. O que é bem apropriado, porque os poodles que eu conheço costumam usar uma gravata-borboleta vermelha.

Repare que a minha história tem detalhe, ação e uma tentativa de humor. Todos esses elementos facilitam a tarefa de decorar as palavras e lembrar delas mais tarde. Se você prefere histórias mais lógicas, é possível que faça o malabarista usar a gravata-borboleta e deixe a avó comer as cerejas. Essa técnica funciona bem quando se trata de lembrar tarefas rotineiras e compras a fazer, como a lista do supermercado ou o pacote que tem de buscar nos correios depois do trabalho.

Dê nome àquele rosto

As queixas de Nancy G. sobre sua memória incluíam a dificuldade com nomes e rostos, e ela não está sozinha nisso: essa é a forma mais comum de esquecimento que surge com o passar dos anos. Nancy conseguiu melhorar sua capacidade de recordar o nome de uma pessoa depois de reconhecer seu rosto aplicando uma variação de *Olhe, Fotografe, Conecte.*

Ao conhecer alguém cujo nome queria gravar, ela imaginava uma *Foto de Nome* (a imagem visual que a lembrava do nome da pessoa) e uma *Foto de Rosto* (um traço especial ou outra característica física), e então usava a técnica *Conecte* para juntar as duas Fotos mentais. Quando conheceu Lucille, sua colega de trabalho, ela reparou no seu cabelo ruivo (Foto de Face), que a fazia recordar a atriz Lucille Ball (Foto de Nome). Para conectar as duas fotos, Nancy imaginou Lucille Ball trabalhando na baia ao lado da sua, onde a nova funcionária, Lucille, agora trabalhava.

Alguns nomes sugerem automaticamente uma imagem visual. Outros evocam a figura de um indivíduo famoso com o mesmo nome. Nem todos os nomes se prestam a uma associação mental, portanto você precisará encontrar palavras visualmente evocativas que soem como o nome ou rimem com ele.

Mestres da memória revelam seus truques

Para alguns indivíduos motivados, os feitos de suas memórias tornam-se um esporte competitivo. Esses ases da memória desafiam-se uns aos outros em competições internacionais e conseguem memorizar números incrivelmente grandes e quantidades impressionantes de trivialidades.

Cientistas do University College de Londres descobriram que esses memorizadores magistrais não são tão diferentes do resto de nós. O QI deles não é extraordinário e suas estruturas cerebrais não têm nada de excepcional. O que eles têm em comum são as estratégias para realizar essas proezas de memória, assim como o modo como seus cérebros funcionam quando estão realizando essas tarefas mentais. As estratégias para memorizar ativam uma rede de regiões cerebrais comprovadamente envolvidas na navegação espacial e na memória.

Uma das técnicas de memorização mais usadas é chamada de Método da Sala Romana, na qual você se visualiza andando por um espaço que lhe é familiar, como, por exemplo, os aposentos de sua casa, e coloca mentalmente imagens das coisas a serem lembradas em pontos específicos do seu caminho. Quando quiser lembrar dessas coisas, você simplesmente refaz os seus passos. Essa estratégia era usada pelos oradores do Império romano quando eles precisavam lembrar de trechos específicos dos seus discursos.

Todos nós podemos nos tornar mestres de memorização se aprendermos essa técnica. Comece com seu apartamento ou sua casa e faça uma caminhada mental através dos cômodos. Em cada um, deposite mentalmente um objeto do qual quer se lembrar, como a sua roupa azul pendurada atrás da porta da frente, pronta para ir para a lavanderia, ou seu caderno de telefones sobre o armário do banheiro, aberto no número do seu dentista com o qual você deve marcar uma consulta. Em pouco tempo, seu caminho poderá incluir seu escritório, a casa de praia de sua irmã e assim por diante.

Nunca é tarde para estimular a memória

A mãe de Nancy já estava apresentando os primeiros sintomas do mal de Alzheimer. Ela manifestara alguma melhora depois do tratamento com Aricept e Namenda (veja o Passo 8), mas mesmo com esses medicamentos ela não era mais a mesma mulher de alguns poucos anos antes. Nancy ouvira dizer que os exercícios mentais que ela própria havia praticado poderiam ser simplificados para que sua mãe os achasse estimulantes e fáceis de fazer.

Estudos recentes sugerem que pessoas no estágio inicial do mal de Alzheimer podem aprender mais do que se imaginava. O dr. David Loewenstein e colegas do Centro Médico Monte Sinai, em Miami Beach, Flórida, ensinam a pacientes de Alzheimer habilidades de memorização para melhorar o reconhecimento de nomes e rostos num período de três meses. Eles descobriram que essa intervenção proporcionava uma melhora de 170%, que se mantinha por três meses. Em outro estudo de pacientes de Alzheimer, um programa de estimulação mental de oito semanas, combinado com o Aricept, melhorava acentuadamente as interações do paciente e seu estado geral.

Aeróbica mental

Incluí neste livro alguns exercícios de aeróbica mental para que você dê a partida e progrida para o nível seguinte de dificuldade. Manter a mente ativa e alerta é um passo fundamental de qualquer programa de longevidade. Comece no nível que acha adequado a suas necessidades: inicial, intermediário ou avançado.

Exercícios que exigem esforço cerebral, como os quebra-cabeças, freqüentemente envolvem o *pensamento lateral*, o que significa tentar resolver um problema por muitos ângulos em vez de atacá-lo "de frente". Quando você ficar embatucado com um quebra-cabeça, tente sair do convencional – veja se consegue encontrar uma solução nova e criativa. Quando conseguir, você não só fortalecerá suas células cerebrais como provavelmente experimentará um profundo sentimento de satisfação intelectual.

Também é uma boa idéia fazer um treinamento cruzado com o seu cérebro. Nas pessoas destras, o lado ou hemisfério direito do cérebro controla as relações espaciais e o esquerdo se especializa nas habilidades verbais e na análise lógica. Indiquei a maioria dos quebra-cabeças de acordo com o hemisfério que ele tende a trabalhar mais enquanto você procura uma solução. Faça um exercício de treinamento cruzado exercitando ambos os lados do cérebro.

Você encontrará as respostas para os exercícios no final de cada seção. Se descobrir uma solução alternativa, não esqueça de enviá-la para que eu a conheça em <www.drgarysmall.com>.

Nível Inicial

1. Exercício de aquecimento. Escove o cabelo usando a mão não-dominante (ou seja, se você é destro, use a mão esquerda). Vai parecer sem jeito no começo, mas com a prática deste exercício por alguns dias você verá como se torna mais fácil.

2. Quebra-cabeças: Sudoku para principiantes. Preencha os quadrados de tal forma que cada fileira, cada coluna e cada quadrado menor contenham os algarismos de 1 a 4.

1			
			2
2	1		
	4		

3. Exercício para o cérebro inteiro. Diga "Tema" seis vezes. Qual é a parte branca do ovo?

4. Exercício para o hemisfério esquerdo. Veja quantas palavras você consegue soletrar com as letras a seguir. Nenhuma letra pode ser usada duas vezes, e todas as palavras têm que conter a letra E.

T	I	R	O	S	A	E

5. Exercício para o hemisfério esquerdo. Quantos meses têm vinte e oito dias?

6. Exercício para o hemisfério esquerdo. Todas as vogais foram removidas do seguinte provérbio, e as consoantes estão na ordem correta, agrupadas em seqüências de duas a três letras. Adicione as vogais e descubra o provérbio.

CD MCC NS GLH

7. Exercício para o hemisfério direito. Descubra qual dos objetos a seguir não combina com os demais.

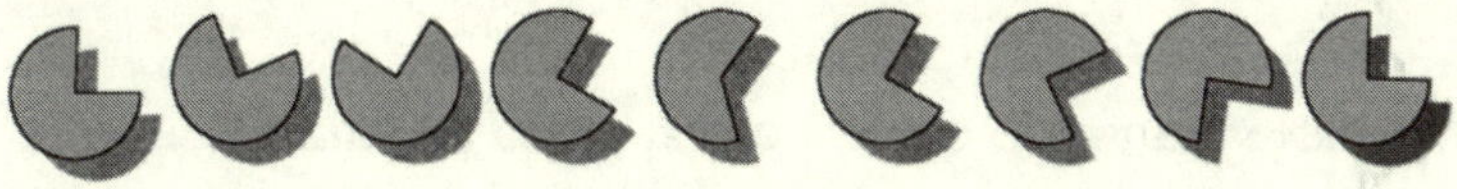

A B C D E F G H I

8. Exercício para o cérebro inteiro. Descubra a palavra sugerida pela mensagem a seguir.

MANEIRA

Respostas para os exercícios do Nível Inicial

1. **Exercício de aquecimento.** Não há resposta correta.
2. **Sudoku para principiantes**.

1	2	3	4
4	3	1	2
2	1	4	3
3	4	2	1

ou

1	2	4	3
4	3	1	2
2	1	3	4
3	4	2	1

3. A parte branca do ovo é a casca, e não a gema.

4. Eu encontrei as seguintes palavras: ARES, ATÉ, EIA, EIRA, ERA, EROS, ESTA, ESTIO, ESTRIA, ESTRO, ETÁRIO, RATEIO, RÊS, RESO, RÉSTIA, RESTO, RETA, RETO, SEIO, SERÁ, SÉRIA, SÉRIO, SER, SETA, SETOR, SOEIRA, SOER, SORTE, SORTEIA, TEAR, TEIA, TEOR, TER, TERÁ, TESA, TESO, TRÊS.

5. Exercício para o cérebro inteiro. Todos eles.

6. Exercício para o hemisfério esquerdo. Cada macaco no seu galho.

7. Exercício para o hemisfério direito. Figura E (o ângulo é mais aberto do que o de todas as outras figuras).

8. Exercício para o cérebro inteiro. Sobremaneira.

Nível Intermediário

1. Exercício de aquecimento. Sente-se ao computador e tente usar o *mouse* com a sua mão não-dominante. Entre na internet e veja como se sai. Este é um exercício excelente para quem sofre de tendinite por usar muito o *mouse*. Pratique durante os próximos dias e veja se consegue melhorar a sua habilidade.

2. Quebra-cabeça de colocação de letras. Agora você vai substituir os números por letras, para ficar um pouco mais difícil. Preencha os quadrados de modo que cada fileira, cada coluna e cada quadrado menor contenham as letras A, B, C e D.

	C		
A			D
	D	B	

3. Exercício para o hemisfério esquerdo. Veja quantas palavras você consegue formar com as letras a seguir. Nenhuma letra pode ser usada duas vezes, e cada palavra deve conter a letra "M".

M	P	T	D	A	C	R	E	O

4. Exercício para o hemisfério direito. O arranjo de palitos a seguir forma seis quadrados. Tente tirar quatro palitos de modo que os palitos restantes formem dois retângulos.

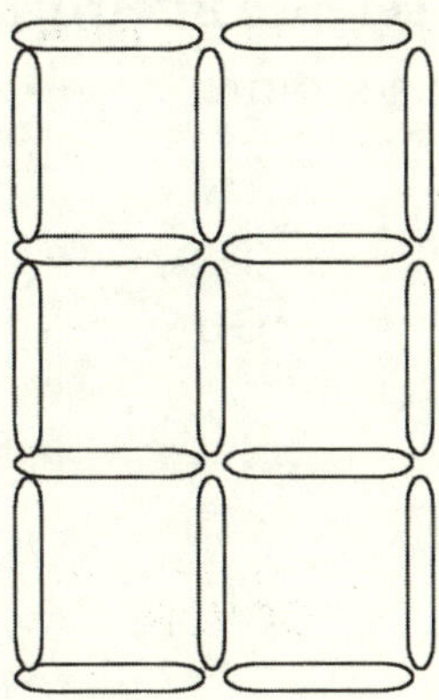

5. Exercício para o hemisfério esquerdo. Comece com a palavra ROSA, e vá mudando uma letra de cada vez até chegar à palavra Ledo. Cada mudança deve resultar numa palavra existente.

ROSA

......

.....

.....

LEDO

6. Exercício para o cérebro inteiro. Conte o número de vezes que a letra "S" aparece na seguinte frase:

SEMPRE SÃO SAUDÁVEIS AS PESSOAS QUE PRATICAM EXERCÍCIOS.

7. Exercício para o hemisfério direito. Com apenas um movimento em uma única direção, veja se consegue fazer todos esses palitos formarem um triângulo.

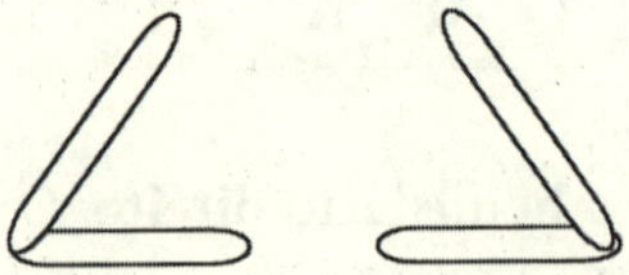

8. Exercício para o cérebro inteiro. Descubra a palavra sugerida pela mensagem a seguir.

ÁGUA

Respostas para o Nível Intermediário

1. Exercício de aquecimento. Não há resposta correta.

2. Quebra-cabeça de colocação de letras.

D	C	A	B
A	B	C	D
B	A	D	C
C	D	B	A

3. Exercício para o hemisfério esquerdo. Eis algumas palavras que descobri: ACÉM, AMOR, ARMO, CAMPO, COMA, COMER, CREMADO, DEMO, EMA, ERAM, ERMA, ERMO, MACRO, MADRE, MÃO, MAR, MARCO, MARÉ, MARTE, MATE, MEADO, MEDO, MERA, MERCADO, MERO, META, METRO, MODA, MOEDA, MORA, MORTE, MOTE, ORAM, ORDEM, POMA, POMAR, PORÉM, RAMO, REDOMA, REMA, REMO, ROMÃ, ROMPE, TAMPO, TEMA, TEMOR, TEMPO, TOMA, TREMA, TROMPA

4. Exercício para o hemisfério direito. A solução a seguir contém um retângulo pequeno dentro de um maior.

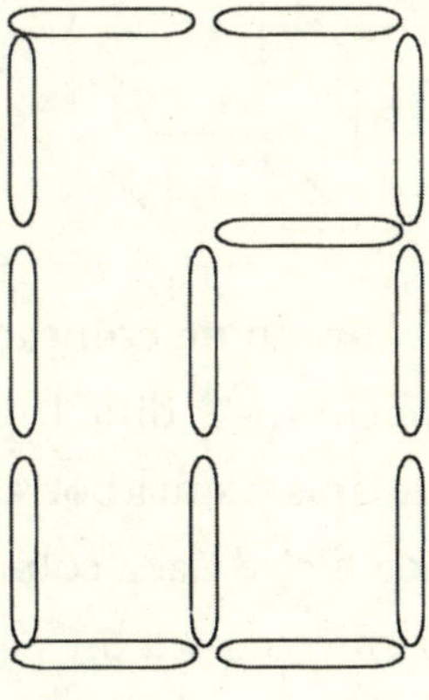

5. Exercício para o hemisfério esquerdo.

ROSA

RODA

RODO

LODO

LEDO

6. Exercício para o hemisfério esquerdo. Há nove S na frase. Não é incomum o cérebro ignorar a palavra "as".

7. Exercício para o hemisfério direito. Se você aproximar lentamente a página do seu rosto, verá a imagem de um triângulo.

8. Exercício para o cérebro inteiro. Caixa-d´água.

Agora dê uma parada de dois minutos para relaxar o estresse e respire fundo, para se preparar para os estimulantes cerebrais a seguir.

Nível Avançado

1. Exercício de aquecimento. Veja se consegue desenhar a figura tridimensional seguinte usando a mão não-dominante:

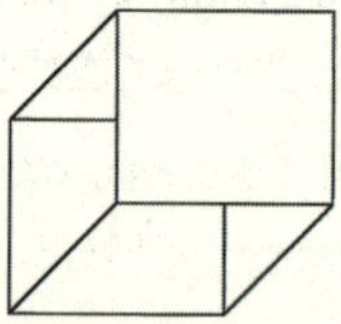

2. Quebra-cabeça avançado de colocação de números. Agora vamos tornar esse exercício mais difícil, pulando de quatro para seis números. Pegue um lápis e uma borracha e preencha os quadrados de forma que cada fileira, cada coluna e cada quadrado menor contenham os algarismos de 1 a 6.

1		2	6		
	5			1	
2	6	4			
				4	6
			1		
5	2			6	3

3. Exercício para o cérebro inteiro. Acrescente duas linhas para completar esta seqüência a seguir:

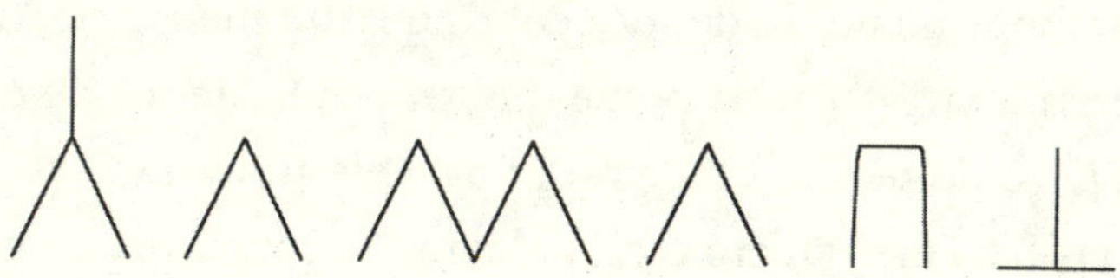

4. Exercício para o hemisfério esquerdo. Qual é o que não combina?

GAROUPA BAGRE BAIACU CAÇÃO

5. Exercício para o cérebro inteiro. Descubra a expressão sugerida pela mensagem abaixo:

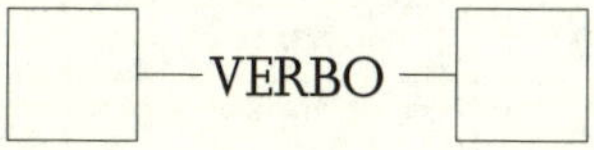

6. Exercício para o hemisfério esquerdo. Quantos triângulos de qualquer tamanho estão na figura?

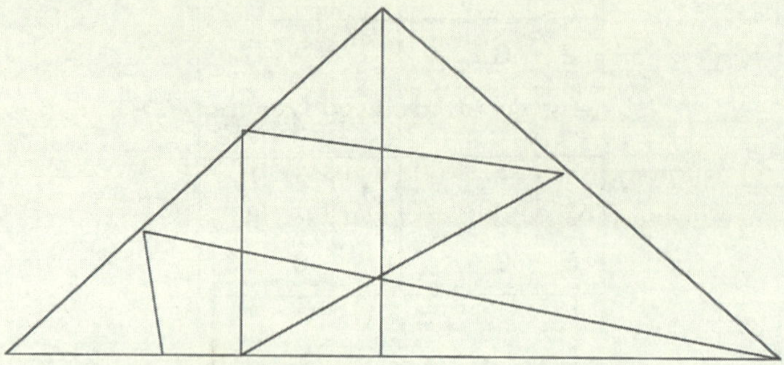

7. Exercício para o cérebro inteiro. Um caminhão de 100 metros de comprimento se desloca cobrindo 100 metros por minuto. Ele precisa atravessar uma ponte que tem 100 metros de comprimento. Quando tempo vai demorar para ele atravessar a ponte?

8. Aeróbica mental em caça-palavras. Encontre as palavras contidas no desenho e faça um círculo em torno delas. As palavras podem estar escritas na horizontal ou na vertical, da direita para a esquerda, da esquerda para a direita e na diagonal.

X	D	A	T	L	A	F	O	E	R	N
F	O	D	I	X	O	R	M	I	M	A
E	L	M	O	T	X	A	E	D	E	D
R	F	V	N	Z	N	C	G	A	M	A
A	A	L	R	O	E	O	A	S	O	R
C	E	R	E	B	R	O	A	R	R	F
G	R	E	V	E	R	I	D	C	I	M
R	E	L	A	X	A	R	O	D	A	D
X	M	A	M	Z	D	I	R	E	T	A
A	S	C	O	T	L	A	S	B	L	C
B	A	I	X	O	N	U	N	C	A	D

Asco
Baixo
Cérebro
Doze
Falta
Fera
Fraco
Gama
Memória
Nada
Nunca
Omega
Óxido
Rever
Reta
Relaxar
Roda
Salto

Respostas para o nível avançado

1. Exercício de aquecimento. Não há uma resposta correta.

2. Quebra-cabeça avançado de colocação de letras.

1	3	2	6	5	4
4	5	6	3	1	2
2	6	4	5	3	1
3	1	5	2	4	6
6	4	3	1	2	5
5	2	1	4	6	3

3. Exercício para o cérebro inteiro. Crie um "X" com as duas linhas para completar a seqüência alfabética invertida.

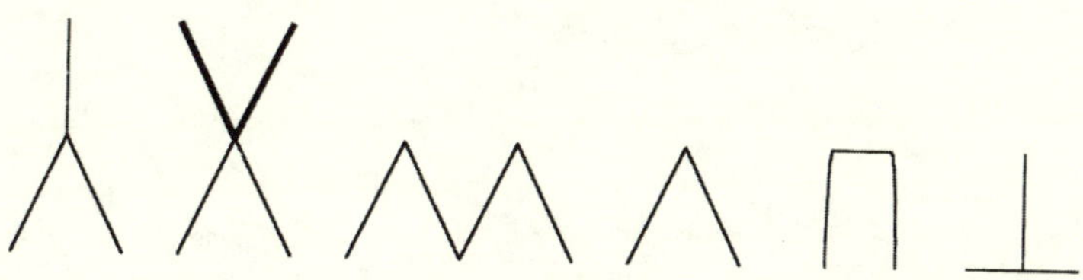

4. Exercício para o hemisfério esquerdo. Bagre é o único peixe de água doce. Os outros são de água salgada.

5. Exercício para o cérebro inteiro. Verbo de ligação.

6. Exercício para o hemisfério esquerdo. Vinte e quatro triângulos.

7. Exercício para o cérebro inteiro. Dois minutos. Durante o primeiro minuto, a parte da frente do caminhão cruzará a ponte, e durante o segundo minuto, o resto do caminhão passará.

8. Aeróbica Mental em Caça-Palavras:

Para conseguir créditos extras, veja se consegue encontrar as palavras: alta, direta, greve e rosa.

X	D	A	T	L	A	F	O	E	R	N
F	O	D	I	X	O	R	M	I	M	A
E	L	M	O	T	X	A	E	D	E	D
R	F	V	N	Z	N	C	G	A	M	A
A	A	L	R	O	E	O	A	S	O	R
C	E	R	E	B	R	O	A	R	R	F
G	R	E	V	E	R	I	D	C	I	M
R	E	L	A	X	A	R	O	D	A	D
X	M	A	M	Z	D	I	R	E	T	A
A	S	C	O	T	L	A	S	B	L	C
B	A	I	X	O	N	U	N	C	A	D

Para manter sua mente aguçada

- Para aproveitar ao máximo os seus exercícios mentais, aplique os Ps e os Qs para aguçar a mente:
  1) mantenha *presença* e foco; 2) *persevere* em seus esforços para aguçar a mente; 3) busque *qualidade* e significado nas coisas; e 4) sempre *questione* para aprender mais.
- Tente uma abordagem diferente para expandir seus horizontes mentais, seja viajando para um destino novo, aprendendo um instrumento musical, tendo aulas de dança ou voltando para a escola.
- Aprenda e use as três técnicas básicas de memorização:
  — Olhe: focalize a atenção naquilo que quer lembrar.
  — Fotografe: imagine um instantâneo mental da informação.
  — Conecte: faça uma ligação dos instantâneos no olho de sua mente.
- Pratique outras estratégias de memorização para recordar nomes e rostos.
- Mantenha sua atividade mental com quebra-cabeças, jogos, leitura e outros passatempos estimulantes, mas para *treinar* e não *estressar* seu cérebro. Encontre o nível de desafio que mantém seu interesse sem frustração ou cansaço.

Passo 2

Mantenha uma atitude positiva

Você está oferecendo um jantar ao seu novo chefe e a todo o pessoal do escritório. Você contratou o melhor bufê da cidade, sua casa parece impecável e sua mulher está linda. O garçom é o único profissional que chegou até agora e está preparando coquetéis para os primeiros convidados. Mas onde é que se meteu o responsável pelo bufê? Sua esposa diz para você não se preocupar, que ele vai aparecer a qualquer momento.

Uma hora depois, a festa está esquentando e o seu chefe está se divertindo, mas você continua ansioso porque acaba de saber que o carro do bufê quebrou no caminho e as comidas podem levar ainda duas horas para chegar. Sua esposa lhe oferece um drinque e diz para você relaxar, garantindo que está tudo sob controle.

Ela entra tranqüilamente na cozinha e pensa consigo mesma: "Que X#!?$ eu vou fazer agora?" A mulher do chefe a acompanha e diz que percebeu o que está acontecendo e quer dar uma olhada na despensa. As duas apanham vários pacotes de talharim, alguns dentes de alho, manteiga e camarão congelado. Duas outras mulheres se juntam a elas e começam a picar tomates para uma *bruschetta*, que passam sobre bolachas salgadas para servir como entrada. O garçom responsável pelos drinques traz uma garrafa de vinho e alguns copos, e de repente a cozinha se transforma numa festa culinária.

Mais tarde, você está comendo seu prato de macarrão, o patrão faz um brinde aos convidados e todo mundo parece estar se divertindo muito, mas você tem quase certeza de que eles estão só fingindo, numa vã tentativa de não magoá-lo por causa desse jantar desastroso. Aquele cara do bufê está frito.

Na segunda-feira, você chega sorrateiramente ao escritório, evitando olhar para os seus colegas, especialmente para o chefe – é bem possível que logo tenha que dar adeus à sua mesa de trabalho, depois de todo aquele fiasco. Mas o chefe o acompanha pelo corredor e passa o braço sobre seu ombro. "Que noite! E sua mulher é incrível! A comida estava ótima." Você olha para ele espantado. Ele continua com entusiasmo: "Eu admiro você. Você é um cara que consegue tirar o melhor de uma situação difícil. Gosto disso! Tenho certeza de que você vai subir nesta empresa."

Eis um pensamento para nos dar alegria: a ciência mostra que manter uma atitude positiva nos ajuda a ter saúde e a prolongar a vida. Um estudo recente da Clínica Mayo constatou que indivíduos que demonstraram alto nível de otimismo no teste MMPI (Minnesota Multiphasic Personality Inventory) tinham 50% mais chances de sobreviver nos trinta anos seguintes do que os pessimistas. Esses otimistas também apresentam menos problemas físicos e emocionais, eram menos limitados pela dor, tinham mais energia e em geral eram mais felizes e mais calmos.

Pressões estressantes diárias decorrentes do trabalho, da família, de problemas de saúde, de compromissos sociais e de um sem-número de desafios podem tornar difícil para uma pessoa manter-se com alto astral, e muitos fatores contribuem para uma tendência ao otimismo ou ao pessimismo. Os genes têm um papel nisso, mas nossas experiências na infância, a história familiar, a auto-estima e o grau de espiritualidade também afetam a capacidade de pensar de um modo positivo. Entretanto, na busca de uma longevidade de qualidade, podemos treinar para ver o copo meio *cheio* em vez de meio *vazio*. Manter uma atitude positiva é uma habilidade que, como qualquer outra, pode ser adquirida.

Os otimistas vencem o jogo da longevidade

Os otimistas tendem a evitar a depressão, uma das causas conhecidas para a redução da longevidade, principalmente quando não tratada adequadamente. Também são mais predispostos a procurar tratamento médico na hora certa, porque acreditam que desse modo podem prevenir ou melhorar problemas de saúde. Pesquisadores do Hospital Universitário Aarhus, na Dinamarca, examinaram a possibilidade de que um outro mecanismo faça a conexão entre o pensamento positivo e a saúde: o sistema imunológico, pelo qual nosso corpo reage a infecções. Ao examinar mais de trezentos voluntários com idades entre 70 e 85 anos, eles descobriram que aqueles que ruminavam constantemente seus pensamentos negativos tinham uma quantidade maior de células brancas (leucócitos) no sangue, como se seus corpos estivessem tentando combater uma doença.

As pessoas positivas também tendem a ser mais contentes com sua vida, e a auto-satisfação é associada a uma expectativa de vida mais longa. Na Finlândia, cientistas estudaram o impacto do sentimento de bem-estar e felicidade sobre a longevidade e descobriram que pessoas satisfeitas tinham duas vezes mais possibilidades de sobreviver após vinte anos do que indivíduos que se diziam insatisfeitos.

Aqueles que têm uma atitude de um modo geral positiva em relação ao envelhecimento vivem mais. O Dr. Becca Levy e seus colegas da Universidade de Yale exploraram a influência da atitude diante da vida sobre a longevidade num estudo que acompanhou mais de setecentos indivíduos durante mais de duas décadas. Eles descobriram que idosos que encaravam o envelhecimento sob uma luz positiva viviam mais sete anos e meio do que aqueles que viam o envelhecimento como uma experiência negativa.

Em busca da felicidade

Alguns cientistas acreditam que a tendência à felicidade pode até mesmo ser identificada em cérebros monitorados. O dr. Richard Davidson e colegas da Universidade de Wisconsin investigaram uma área na parte frontal do cérebro que controla os sentimentos positivos como o otimismo e a felicidade. Usando o RMI funcional, esse grupo estudou os sentimentos de uma mãe em relação a seu filho recém-nascido – uma das emoções positivas mais poderosas – e constataram que, quando as mães viam fotos de seus bebês, sua atividade cerebral aumentava acentuadamente nessa região do cérebro, em comparação com a atividade cerebral de mães que olhavam fotos de crianças desconhecidas.

A pesquisa também mostrou que indivíduos alegres compartilham certos hábitos e características de personalidade. Nas pessoas de alto astral, a felicidade se associa à independência, à auto-estima, à competência e aos relacionamentos próximos.

Por sorte, mesmo existindo algumas ligações elétricas cerebrais que nos predispõem à alegria, muito do que determina a nossa felicidade está sob nosso próprio controle. Embora algumas pessoas a busquem através de férias extravagantes, carros caros, jóias ou outras recompensas materiais, a excitação proporcionada por essas gratificações imediatas costuma ter vida curta. Um contentamento sustentável resulta mais provavelmente de relacionamentos saudáveis e realizações significativas.

Por uma ironia da vida, a tragédia de uma perda às vezes pode colocar os indivíduos no caminho da felicidade sustentada. Muitas pessoas que sobreviveram ao desastre de 11 de setembro (e que estavam perto o bastante para testemunhar a destruição) inicialmente ficaram arrasadas, mas depois chegaram a uma perspectiva mais clara do que era realmente importante em suas vidas – família, amigos e um objetivo sustentável na vida. Através da adversidade, as pessoas freqüentemente se tornam mais conscientes de sua própria capacidade de sobrevivência, com força emocional e capacidade para ajudar os outros, assim como para serem ajudadas. Nenhuma vida está livre do infortúnio, e através da adversidade podemos ter mais consciência de pequenas coisas que às vezes esquecemos de apreciar, o que nos permite alcançar novas perspectivas positivas e inspirações para o futuro.

O Dr. Ronnie Janoff-Bulman e colegas estudaram na Universidade de Massachusetts o modo pelo qual eventos profundos da vida – tanto positivos quanto negativos – podem influenciar a capacidade de um indivíduo de desfrutar de uma felicidade *sustentável* e de realização pessoal. Eles compararam o bem-estar de dois grupos: ganhadores de loteria e pessoas que, por acidente ou doença, ficaram paralíticas. Embora os ganhadores da loteria experimentassem uma euforia inicial com a sua nova riqueza, a longo prazo muitos não ficaram mais felizes que as vítimas de acidentes, em parte porque, para os primeiros, os prazeres normais, rotineiros, se apagaram diante do "grande prêmio". Em contraste, muitas das pessoas que haviam ficado paralisadas aprenderam a se adaptar a suas deficiências, e finalmente se tornaram mais capazes de apreciar pequenos prazeres e realizações concretas do que os novos-ricos.

Longevidade através da espiritualidade

Ao longo da história, várias formas de espiritualidade e de religião tornaram-se meios de adotar uma postura mais positiva e encontrar um significado mais profundo na vida. Embora uma religião organizada tenha grande influência na vida de povos do mundo inteiro, a espiritualidade é um conceito amplo e não depende necessariamente de um sistema específico de dogmas e modos de adoração. Algumas pessoas satisfazem suas necessidades espirituais através da meditação, da música ou da arte, enquanto outras buscam a harmonia com a natureza e o universo. Seja qual for a forma assumida por sua espiritualidade, ela pode ajudar você não só a ter mais segurança e a lidar com o estresse, como também a prolongar a sua expectativa de vida.

Vários estudos científicos comprovaram que o hábito de freqüentar regularmente a igreja está associado a uma vida mais longa. Um estudo recente mostrou que visitar um templo religioso apenas uma vez por semana aumenta a expectativa de vida em uma média de 7 anos. Os cientistas descobriram que essa conexão entre a igreja e a longevidade se mantinha mesmo depois de descontadas as influências do apoio social e dos estilos de vida saudáveis associadas às religiões organizadas.

Algumas pessoas acreditam que sua fé num poder mais alto as mantém saudáveis e cura suas doenças. O dr. Kenneth Pargament e colegas da Bowling Green State University de Ohio estudaram cerca de seiscentos pacientes e descobriram que aqueles que acreditavam em Deus tinham uma mortalidade 30% mais baixa do que aqueles que se sentiam abandonados por Ele. Contudo, nem todos os estudos demonstram uma conexão entre fé e saúde. Por exemplo, não foi verificado que a fé contribuía para a recuperação de problemas sérios ou doenças agudas, ou que diminuísse o crescimento de células cancerosas. Mas a fé parece ajudar as pessoas a enfrentar suas dores e doenças com a aceitação da fragilidade humana.

Embora estudos científicos não tenham comprovado definitivamente que a fé cura, muitas pessoas encontram na oração ajuda para enfrentar crises ou doenças. A pesquisa indica também outros benefícios. O Dr. Harold Koenig e colegas da Duke University entrevistaram cerca de oitocentos pacientes internados e descobriram que aqueles que abraçavam uma fé religiosa ou algum tipo de espiritualidade tinham melhor apoio social, menos depressão e melhor função cognitiva.

Os cânticos e as orações típicas das religiões organizadas têm qualidades em comum com a meditação, e os cientistas recorreram a estudos sobre meditação para explicar como a fé e a religião podem ajudar a curar nosso corpo. As pesquisas demonstram que a meditação pode de fato modificar a atividade cerebral, o sistema imunológico e a reação do corpo ao estresse, assim como baixar o ritmo cardíaco e a pressão sanguínea. Pode também ajudar as pessoas a atingir um estado de consciência mental que lhes permite ficar mais presentes e sintonizadas com o que está ocorrendo à sua volta. O que muitas vezes leva a uma atitude mais positiva, especialmente quando se trata de pessoas que desviam a atenção facilmente ou que habitualmente se ocupam de tarefas simultâneas.

A medicina mais avançada reconheceu a importância da interação entre espiritualidade e saúde. Os neurocientistas conseguiram identificar áreas específicas do cérebro que são ativadas quando as pessoas rezam. Eles descobriram que o estado meditativo típico de uma oração intensa faz a pressão sanguínea baixar e também reduz o ritmo cardíaco, o que por sua vez reduz a reação do organismo ao estresse (veja o Passo 4). Quase duas de cada três faculdades de medicina dos Estados Unidos oferecem hoje cursos sobre espiritualidade. Alguns estudantes de medicina acompanham o capelão de seu hospital em suas visitas para observar diretamente como ele ajuda as pessoas que sofrem de padecimentos físicos.

Confiança – Os benefícios da longevidade

Ter uma atitude positiva leva a uma autoconfiança maior porque passamos a acreditar que podemos resolver problemas e exercer controle sobre nosso ambiente e sobre nós mesmos. No Estudo MacArthur, os pesquisadores descobriram que os voluntários que tinham maior grau de autoconfiança mostravam-se mais dispostos a acreditar que melhorariam e manteriam sua capacidade de memória. A autoconfiança também estava associada a um melhor desempenho físico e a um maior sentimento de independência. Idosos que conseguiam enfrentar desafios e solucionar problemas tinham consciência de sua capacidade de viver de modo independente, quaisquer que fossem as suas capacidades reais. Essas autopercepções positivas melhoravam enormemente sua qualidade de vida.

A autoconfiança e a auto-estima são traços da personalidade que se formam cedo em nosso desenvolvimento. Nosso ego (soma de pensamentos, idéias, sentimentos, lembranças e percepções sensoriais que formam a nossa identidade) é influenciado com freqüência por nossas experiências na infância. Numa idade tenra, começamos a nos comparar com os outros. Uma pessoa pode ter sido mais forte, mais alta, mais bonita ou mais inteligente que seus colegas de brincadeiras, mas aqueles colegas podem ter tido avós mais amorosas ou terem sido melhores jogadores de futebol. Esse tipo de comparação competitiva dos nossos atributos com os dos outros tanto pode incentivar ou esvaziar a nossa auto-estima. Um pai violento ou até mesmo um comentário negativo na hora errada ou no lugar errado podem solapar a autoconfiança, enquanto sucessos precoces ou o encorajamento dos pais podem modelar positivamente as autopercepções futuras.

A auto-estima afeta quase todos os aspectos da vida. Quando nos sentimos bem conosco, temos relacionamentos mais satisfatórios, somos mais resilientes, nos sentimos mais animados e com maior capacidade para enfrentar as adversidades. Infelizmente, é muito freqüente que as pessoas concentrem a sua auto-estima muito mais na aparência física e na obtenção de riqueza do que em valores, personalidade, integridade e comportamento.

Certamente, um estilo de vida compatível com a longevidade de qualidade – com alimentação saudável, baixo estresse e boa forma física – ajuda as pessoas não só a se sentirem mais jovens, mas a parecerem mais jovens também. No entanto é difícil viver almejando a perfeição, com imagens obsessivas de juventude nos bombardeando constantemente nas revistas, na televisão e nos filmes. Isso se torna um desafio crescente à medida que envelhecemos.

Embora não se possa parar o tempo, *podemos* eliminar vários anos da nossa aparência graças a processos preventivos cada vez mais aperfeiçoados e aos tratamentos mais modernos (veja o Passo 8). Pessoas mais velhas muitas vezes se queixam de se sentir invisíveis ou desprezadas, como se estivessem sumindo do mapa. Quanto mais cedo pudermos nos libertar do desejo de nos adaptar a uma imagem supersaudável, a um supermodelo idealizado, irreal e em geral inatingível, mais saudáveis seremos, tanto física quanto emocionalmente, e maior será a nossa auto-estima.

Construindo a auto-estima

Quem quer que tenha passado por um período de baixa auto-estima sabe que isso pode sem dúvida alimentar atitudes negativas. Alguns exercícios simples podem ajudar a dar uma reviravolta positiva e a ter uma perspectiva mais clara das percepções negativas que podemos alimentar em relação a nós mesmos.

FAZER A COISA CERTA

Fazer com que as suas ações correspondam a suas crenças é um excelente meio para construir a auto-estima. Tanto quanto possível, faça escolhas e aja de um modo adequado aos valores morais em que você acredita. Por exemplo, realize um pequeno ato de gentileza para um desconhecido ou para alguém de quem você gosta, faça uma doação de caridade, ou empenhe seu tempo em uma boa causa. Ajudar os outros e apoiar causas em que se acredita faz com que as pessoas se sintam bem consigo mesmas.

EXERCÍCIO DE AUTOCRÍTICA E CONTESTAÇÃO

A tabela a seguir tem duas colunas: Autocrítica e Contestação. Embaixo de Autocrítica, escreva três exemplos de coisas pelas quais você se critica. Ao lado de cada crítica, escreva várias contestações. Por exemplo, você pode escrever que não é muito bom em seu trabalho porque não conseguiu uma promoção, e não tem dado o melhor de si ultimamente. Na coluna das contestações, você pode rebater essa percepção negativa listando todos os seus feitos profissionais; coisas que você aprecia no seu trabalho; e o reconhecimento que mereceu de seu chefe e de seus colegas no passado. Você poderá descobrir que sua crítica é uma distorção das suas realizações, dos aspectos do seu trabalho de que realmente gosta e de quanto os seus colegas o respeitam.

Exercício de Autocrítica e Contestação

Na coluna à esquerda, relacione três exemplos de autopercepções negativas, depois refute cada uma delas na coluna à direita.

Autocrítica	Contestação
1. ____________________	1. ____________________ ____________________ ____________________
2. ____________________	2. ____________________ ____________________ ____________________
3. ____________________	3. ____________________ ____________________ ____________________

Bebendo do copo meio cheio

Algumas pessoas ficam mais mergulhadas em tristezas, preocupações e pensamentos negativos do que outras. Ao prever sempre o pior, alguns desses indivíduos não apenas se preocupam com possíveis desapontamentos futuros como praticamente os garantem. Se eles acreditam que até seus melhores esforços não os levarão a atingir suas metas, dificilmente assumirão os riscos ou investirão energia em seus objetivos; logo, eles mesmos se encarregam de eliminar suas chances de sucesso.

Com o passar do tempo, aderir a sentimentos e pensamentos negativos pode levar à depressão. Psicoterapia e medicamentos, combinados ou não, geralmente ajudam. Para a maioria de nós a depressão é apenas um abalo passageiro que se segue a um desapontamento, a uma oportunidade perdida ou a uma tentativa fracassada. Contudo, algumas pessoas, quando ficam deprimidas, acabam criando o hábito de alimentar pensamentos negativos. Elas retraem-se do mundo exterior e, a cada esquina, prevêem fracasso e desapontamento. Acabam por perder o interesse na família, nos amigos, nas diversões e no trabalho. Para esses indivíduos, um tratamento profissional é firmemente recomendado.

Jim S., 57 anos, um advogado bem-sucedido, era respeitado pelos colegas e prestigiado pelas causas em que defendera clientes famosos. Embora gostasse realmente de ajudar seus clientes, o "trabalho de rotina" estava se tornando um pouco aborrecido. Jim sempre gostou de novos desafios e estava procurando um modo de ser mais criativo. Depois que lhe pediram para escrever alguns artigos para um jornal, descobriu que havia um lado criativo nessa atividade e que escrever era bem mais interessante do que levantar o material para seus casos jurídicos. Ao conhecer uma agente literária numa festa, ela o encorajou a refletir sobre a proposta de escrever um livro sobre seus julgamentos mais famosos.

Jim ficou animado com a proposta e começou a trabalhar nela todas as noites. Ele fazia fantasias a respeito de afastar-se da firma e lançar-se numa carreira literária – quem sabe poderia tentar um romance de mistério depois que seu primeiro livro chegasse à lista dos mais vendidos? Afinal de contas, John Grisham começou como advogado e seus livros ainda viraram filmes! Quanto mais mergulhava na proposta para o livro, menos Jim apreciava o trabalho na firma de advocacia.

Finalmente ele apresentou sua proposta e ficou esperando ansiosamente a resposta da agente literária. Ela lhe telefonou, entusiasmada, dizendo que iria enviar a proposta para mais de uma dúzia de editoras de Nova York. Jim já se via numa turnê nacional de divulgação do livro, em entrevistas na televisão e festivas noites de autógrafos. Talvez até mesmo desistisse da advocacia – certamente não sentiria falta de toda a pressão e das longas horas de trabalho.

Mas embora duas editoras tivessem manifestado um interesse inicial por sua proposta, nenhuma oferta consistente foi feita. Ao contrário, Jim recebeu várias cartas de recusa, afirmando já existirem muitos livros sobre o assunto no mercado. Um editor sugeriu que, se os casos de Jim focalizassem figuras da política, poderia haver algum interesse já que uma eleição importante aconteceria no ano seguinte. A agente de Jim, então, encorajou-o a reescrever a proposta.

Inicialmente Jim concordou, mas cada vez que se sentava para reescrever a proposta sentia-se angustiado e frustrado. Ele era um crítico rigoroso – logo que punha alguma coisa no papel, relia o que escrevera e riscava. A euforia que o animara a escrever a proposta tinha se esgotado, e aquele trabalho se transformara numa tarefa desanimadora. Não conseguia se concentrar na proposta e sempre adiava a sua conclusão. Afinal, admitiu para si mesmo que nunca iria escrever aquilo.

Jim sentiu-se humilhado por ter se deixado levar tão longe pelas fantasias de fama literária. Tornou-se desinteressado pela advocacia e, apesar de tentar dedicar-se novamente ao trabalho, tudo lhe parecia mais tedioso do que antes.

Jim perdeu a autoconfiança não só em escrever, mas também na prática da advocacia. Se a sua chance de tornar-se um autor famoso pôde desvanecer-se tão depressa, talvez perdesse a próxima causa também. Não demorou para que o seu pessimismo contaminasse tudo o que fazia. Se sua mulher planejava um passeio no fim de semana, ele logo ruminava a idéia de que ia chover. Se ele tinha um compromisso do outro lado da cidade, irritava-se porque o trânsito o faria chegar atrasado. Sentia-se ansioso, se afligia facilmente e não estava dormindo bem. A esposa de Jim ficou preocupada e insistiu para que ele procurasse a ajuda de um profissional.

Depois de dois meses de psicoterapia, Jim conseguiu perceber sua negatividade e seu pessimismo. Ele compreendeu que a reação ao livro recusado era semelhante aos desapontamentos e inseguranças que sentira quando criança. Percebeu que, para evitar novos desapontamentos, estava procurando ver tudo no futuro como negativo – afinal, assim não haveria surpresas.

Para ajudá-lo a recuperar o otimismo, seu terapeuta sugeriu que Jim voltasse a focalizar a atenção no "trabalho do dia". Ele o ajudou a aprender maneiras de redescobrir o que o excitara na advocacia no início da carreira. Jim também decidiu fazer algo que gostava e que abandonara durante anos – matriculou-se num curso de arte. Ali descobriu que pintar também lhe permitia expressar a criatividade, e sem o estresse de tentar publicar um livro. A mulher e os amigos disseram que seus quadros eram muito bons. Jim já estava começando a pensar o mesmo. Ora, quem sabe uma das galerias da cidade se interessaria em exibir suas primeiras pinturas a óleo... foi então que ele lembrou que Matisse havia sido advogado antes de se tornar um artista famoso.

Um estudo recente realizado na Wake Forest University descobriu que, quando fazemos um esforço consciente para experimentar alegria e felicidade, esse esforço compensa. O dr. Will Fleeson e colegas descobriram que os voluntários pesquisados em geral sentiam-se mais felizes quando *agiam* de maneira extrovertida – cantando alto, dando uma caminhada e falando com alguém, ou simplesmente sendo mais diretos e enérgicos.

Os psicoterapeutas usam vários métodos para ajudar os pacientes a minimizar o pensamento negativo. Na *terapia cognitiva*, a negatividade é vista como resultante de suposições e pensamentos negativos conscientes. Para romper com esse hábito, os pacientes precisam aprender a reconhecer seus pensamentos negativos.

Ao aprender as novas técnicas cognitivas, os pessimistas podem de fato tornar-se mais otimistas. Os Drs. Martin Seligman, Albert Ellis e outros descreveram abordagens cognitivas sistemáticas para a conquista do otimismo. Em geral, a pessoa inicialmente se concentra em como um acontecimento específico desencadeia nela um sentimento negativo. Depois aprende a reconhecer as suposições que faz a respeito desse sentimento, e as conseqüências de sua reação a esse sentimento. Por exemplo: seu chefe escolhe outro funcionário como responsável por uma nova conta. Você imediatamente se sente magoado e rejeitado, e imagina que vai ser demitido. Com essa suposição negativa e infundada contaminando sua disposição e suas atitudes, seu desempenho no trabalho declina. Seu chefe acaba convocando-o ao escritório para "aquela conversa". Na noite anterior ao dia da reunião você não consegue dormir, preocupado, imaginando que vai ser mandado embora. No dia seguinte você descobre que, na verdade, seu chefe planejou lhe passar uma outra conta nova, melhor do que a recebida pelo outro funcionário. Não são apenas os acontecimentos que provocam sentimentos dentro de nós, mas também as *suposições* que atribuímos a esses acontecimentos. Algo como: "Sinto-me péssimo por estar atrasado novamente para um encontro com a minha namorada – *e sei que ela nunca mais sairá comigo por causa disso*".

Para quebrar tais padrões e seus resultados negativos, precisamos desafiar essas suposições e, principalmente, evitar a tendência a generalizar os pensamentos negativos. Um erro no trabalho não significa que seu emprego está ameaçado; uma única multa no trânsito não o levará a perder sua carteira de motorista; e uma pequena discussão com sua esposa não é um sinal de divórcio iminente. Se você tende a pensar dessa maneira negativa, procure se lembrar de seus anos de realizações no trabalho, de sua ficha sem multas no departamento de trânsito, dos vínculos de amor e confiança do seu casamento. Isso pode ajudá-lo a encontrar outra perspectiva para os pensamentos negativos.

É possível pôr as preocupações, as aflições e os temores em perspectiva *antes* que eles nos levem a um costume de negatividade. O exercício que apresentamos a seguir pode ser útil. Ao fazê-lo, concentre-se em apenas um sentimento ou situação de cada vez, depois repita o exercício com outra preocupação habitual. Mais tarde, se possível, converse sobre esse processo com um amigo. Isso lhe proporcionará uma perspectiva ainda maior.

Exercício para se manter positivo

- Pense em uma situação que lhe provoca medo ou ansiedade. Comece com uma preocupação simples, rotineira – um desentendimento com um amigo, medo de ter perdido alguma coisa ou talvez de estar atrasado para o trabalho. Represente mentalmente as conseqüências prováveis dessa situação, tais como sentimentos feridos, raiva, culpa, tristeza etc.
- Enquanto pensa na situação e em suas conseqüências potenciais, concentre-se em sua respiração. Respire profunda e lentamente. Enquanto você focaliza sua respiração rítmica, sinta-se relaxar – física e mentalmente.
- Continue a respirar enquanto reflete sobre a situação temida e tente ver um quadro mais amplo: com todos os bons momentos que você e seu amigo passaram juntos, é improvável que uma briguinha vá estragar tudo. Você com certeza vai conseguir substituir o objeto que perdeu. Dando um passo atrás, aprendendo a relaxar e colocando as preocupações em perspectiva, você conseguirá recuperar uma atitude positiva mais depressa.

Perdoar e esquecer

A capacidade de deixar de lado os sentimentos de raiva reduz os níveis de estresse e promove uma atitude positiva. O dr. Neal Krause, da Universidade de Michigan, constatou que pessoas dispostas a perdoar experimentam um aumento do bem-estar psicológico e menos depressão, o que não acontece com os rancorosos. Na próxima vez que alguém for injusto com você e despertar seus sentimentos de raiva, portanto, experimente escrever-lhe uma carta franca. Depois de terminá-la, guarde-a até a manhã seguinte. Com freqüência, o simples ato de escrever sobre os seus sentimentos faz com que eles se dissipem. A leitura da carta após uma noite de sono costuma proporcionar uma nova perspectiva, que o ajudará a se distanciar dos sentimentos negativos – provavelmente o suficiente para tornar desnecessário o envio da carta.

Muitas vezes nos prendemos a sentimentos de raiva em relação a alguém por causa de uma discussão da qual nem lembramos mais. Isso é comum entre casais, amigos de longa data, colegas de trabalho e parentes. Na próxima vez em que você tiver dificuldade de perdoar alguém, tenha em mente que, com o passar do tempo, provavelmente nem se lembrará mais do que aconteceu. Essa constatação costuma ajudar as pessoas a superar a raiva. Procure também compreender o que a outra pessoa está sentindo (culpa, embaraço, frustração). Assim ficará mais fácil compreender o ponto de vista dela e perdoá-la (veja o Passo 3).

Às vezes também precisamos perdoar a nós mesmos. A fixação em sentimentos de remorso ou culpa por erros passados não resolve problemas e com certeza não nos faz sentir melhor. Aprender a perdoar a nós mesmos e deixar de lado nossos enganos nos permite adquirir sabedoria e andar para frente.

Para uma longevidade de qualidade

- Faça um esforço consciente para ser extrovertido e cheio de energia. Lembre-se: a felicidade é contagiosa.
- Perdoe a si mesmo e a quem agiu errado com você. Deixar de lado o rancor reduz os níveis de estresse e estimula uma atitude positiva.
- Construa a auto-estima fazendo escolhas morais. Tenha em mente suas realizações e sucessos para ajudar a refutar as críticas que você mesmo se faz.
- Se você ainda não tem uma vida espiritual ou religiosa ativa, considere a idéia de desenvolvê-la, seja por meio da meditação, de uma religião organizada ou mesmo da busca de harmonia com a natureza.
- Aprenda a ser otimista através de abordagens simples e sistemáticas. Reconheça o que desencadeia a sua negatividade e enfrente as suposições negativas que costuma fazer.
- Evite o pensamento negativo focalizando-se em seus pontos fortes e estabelecendo metas realistas.
- Não se torne um solitário. Peça apoio aos outros e busque ajuda profissional quando preciso.

Passo 3

Cultive relacionamentos profundos e saudáveis

A amizade nasce naquele momento em que uma pessoa diz para outra: "O quê? Você também? Pensei que isso só acontecia comigo."

– C. S. Lewis

Shirley I. tirou finalmente as tão esperadas férias de seus pacientes, da filha, do namorado, dos pais e dos amigos. Uma psicóloga experiente ficou em seu lugar, e sua filha sabia como localizá-la em caso de urgência. Aquela era a *sua* semana para relaxar no seu spa favorito, pôr em dia a leitura e não responder a nenhuma pergunta. Ela avisou a todo mundo naquela manhã: "Só me procurem se for uma situação de vida ou morte. Não quero falar com *ninguém* durante sete dias!" Ao chegar ao spa, Shirley desligou o celular, escondeu-se por trás de enormes óculos escuros ao se instalar junto à piscina e começou a ler um romance.

— Oi, você se importa se ocuparmos estas espreguiçadeiras?

Shirley ergueu os olhos para as duas moças sorridentes:

— Claro que não, fiquem à vontade — ela disse, e voltou à sua leitura enquanto as jovens estendiam as toalhas nas cadeiras próximas à dela. Elas pediram um drinque ao garçom que passava, ficaram tagarelando enquanto passavam bronzeador nas costas uma da outra e finalmente abriram seus livros. Shirley observou o que uma delas estava lendo e comentou:

— Já li este livro e adorei.

A jovem sorriu:

— É mesmo? Ainda bem. Detesto sair de férias sem uma boa leitura.

Shirley concordou:

— Eu também. Aliás, estava tão ansiosa em partir para uma semana de solidão que acabei trazendo seis livros. — As três riram. — É por isso que adoro este lugar! Consigo relaxar de verdade e ficar sozinha. Estou tão exausta de lidar com tanta gente na minha vida que minhas mandíbulas doem de tanto falar. A propósito, meu nome é Shirley.

Elas se apresentaram e continuaram a conversar. Quando os drinques chegaram, Shirley incluiu-os na sua conta e convidou as moças para almoçar enquanto continuavam a conversa.

Os seres humanos são naturalmente sociáveis. Nossa necessidade de intimidade, de conexão emocional e de apoio social começa na infância e perdura pelo resto de nossas vidas. O dr. Rene Spitz e outros estudiosos do assunto descobriram que um grande número de crianças que não eram cuidadas ou acariciadas por suas mães sofriam freqüentemente de atrasos no desenvolvimento, mesmo recebendo uma alimentação adequada.

Os adultos têm uma necessidade semelhante de contato. As pesquisas mostram que pessoas expostas a períodos de isolamento forçado, como os prisioneiros em confinamento solitário, costumam sofrer alucinações e perder a capacidade de distinguir a fantasia da realidade. É fundamental para o nosso bem-estar que permaneçamos intimamente conectados, falando, tocando e nos relacionando cordialmente com pessoas com as quais temos intimidade.

Pessoas sociáveis vivem mais

O dr. Thomas Glass e colegas da Universidade de Harvard comprovaram que passar horas agradáveis com outras pessoas de fato prolonga a expectativa de vida. Eles observaram cerca de três mil idosos americanos para ver como passavam seu tempo em uma variedade de atividades, como praticar jogos, assistir a eventos esportivos e ir a restaurantes. Uma década de pesquisa mostrou-lhes que a chance de viver mais era 20% *maior* nas pessoas que dedicavam mais tempo a se relacionar com os outros do que naquelas que se relacionavam muito pouco ou nunca.

Vários estudos recentes demonstraram os benefícios *físicos* diretos do apoio social. A Dra. Elizabeth Brondolo e colegas da St. John's University de Nova York estudaram um grupo de guardas de trânsito da cidade enquanto eles enfrentavam o estresse diário de advertir infratores e aplicar multas. Os pesquisadores observaram como as ameaças e insultos repetidos por parte dos motoristas afetavam a pressão arterial e outros índices de avaliação física dos funcionários, e que esses efeitos do estresse se reduziam quando eles recebiam apoio e encorajamento de seus colegas.

Ao monitorar as respostas físicas dos guardas ao longo do dia, os pesquisadores verificaram que o estresse causado pelo trabalho fazia a pressão sanguínea disparar. Contudo, quando os colegas lhes ofereciam apoio amigável, especialmente durante os momentos de maior tensão, a pressão permanecia estável.

Permanecer conectado reduz a ansiedade e baixa a quantidade dos hormônios do estresse liberados no corpo. Isso é importante porque esses hormônios contribuem para doenças cardíacas, diabetes, mal de Alzheimer e muitas outras doenças relacionadas ao envelhecimento. O Estudo MacArthur sobre Envelhecimento Bem-sucedido descobriu que o apoio emocional constante está relacionado a uma baixa significativa dos níveis de cortisol e outros hormônios do estresse na corrente sanguínea. Nesse estudo, voluntários com boas conexões sociais também se recuperaram mais depressa de cirurgias, seguindo melhor as recomendações para o pós-operatório e necessitando de menos remédios contra a dor.

Quando temos intimidade com um grupo de pessoas, sentimos que fazemos parte de algo, ganhando um senso de pertencimento. Isso levanta nosso ânimo e nos proporciona auto-estima. Há benefícios práticos também: amigos, parentes, colegas de trabalho e vizinhos estarão disponíveis para ajudar quando necessário. Seja para pedir emprestada uma xícara de açúcar ou para fazer companhia numa ida ao mecânico, é sempre bom ter com quem contar.

Bons hábitos contagiam

Em geral conhecemos pessoas por meio de um denominador comum: nossos filhos estão na mesma escola, somos vizinhos de andar ou trabalhamos na mesma empresa. Portanto, nos predispomos a ter pelo menos uma coisa em comum. A influência de um indivíduo sobre nós depende de nossas experiências anteriores com o mesmo, assim como de nossa história de relacionamentos com outras pessoas. Quando passamos um tempo considerável com certas pessoas, tendemos a adotar e a compartilhar as mesmas atitudes e estilos de vida.

Com freqüência não percebemos o impacto dessas influências de estilo de vida sobre a qualidade da nossa longevidade. Se nos cercarmos de um grupo com hábitos saudáveis, talvez tenhamos mais disposição para trocar uma tarde de sábado de bebidas e comilança no salão do clube por uma partida de golfe numa manhã de domingo.

Os cientistas sociais descrevem como um "círculo íntimo" as pessoas que consideramos mais próximas, em geral cônjuges, filhos, irmãos ou outros parentes e amigos. Para a maioria de nós, o tamanho desse círculo de influência tende a permanecer estável através dos anos, mesmo que algumas pessoas se alternem no círculo. É o que diz o velho ditado: dize-me com quem andas, e te direis quem és.

Kimberly L., uma estilista de 42 anos, foi apresentada a Richard T., arquiteto, no clube de tênis que freqüentava. Ele era divertido e gentil, e ela há quase um ano não conhecia ninguém com quem tivesse vontade de sair. No começo, ele a acompanhou nas partidas de tênis e caminhadas, seus passatempos prediletos, mas logo passaram para jantares e festas com o amplo círculo de amigos de Richard.

Kimberly gostava de estar com Richard mas, quanto mais tempo passava com ele, menos tempo ficava na quadra de tênis, nos passeios ao ar livre e na academia de ginástica. Começou a sentir-se sonolenta, ganhou alguns quilos e até chegou atrasada ao trabalho uma ou duas vezes. Sua melhor amiga, Alice, observou que ela parecia um pouco cansada.

Certa vez, quando terminavam de jantar já tarde da noite num restaurante francês, Richard sugeriu que fossem ao seu bar favorito para um último drinque. Kimberly respondeu que já bebera o suficiente para uma noite no meio da semana e que o melhor era irem para casa e tratarem de dormir para enfrentar a ginástica na manhã seguinte. Richard ficou na defensiva e disse que não precisava de uma mãe para dizer-lhe o que devia ou não fazer. Para não iniciar uma discussão, Kimberly cedeu e acompanhou Richard e os amigos ao bar.

Na manhã seguinte, Kimberly acordou com um pouco de ressaca e se atrasou para o trabalho. Depois de uma longa conversa com sua amiga Alice, decidiu dar um ultimato a Richard: ou eles dariam um tempo nas festas ou deixariam de sair juntos. Richard ficou irritado e disse que então eles iriam dar um tempo. Mesmo magoada, Kimberly continuou firme. Os primeiros dias foram difíceis, mas ela sabia que estava fazendo o melhor para si própria. Além disso, Alice lhe deu todo o apoio.

Uma semana depois, Richard telefonou e pediu desculpas. Ele disse que sentira a falta dela e estava pronto para se redimir. Perguntou se não podiam combinar uma partida de tênis. Kimberly concordou e mais tarde pagou os drinques num bar bem tranqüilo.

Como no caso de Kimberly, freqüentemente podemos influenciar os outros, assim como eles podem nos influenciar. Algum de nós provavelmente já aconselhou os filhos a escolher bem os seus amigos. Talvez também possamos nos beneficiar desse conselho.

Limpando o entulho dos nossos relacionamentos

Às vezes continuamos apegados às nossas relações mesmo depois delas terem se tornado prejudiciais ou até mesmo tóxicas. Relacionamentos doentios podem complicar a nossa vida e nos levar a repetir padrões negativos que acabam em frustração e culpa. Quando temos muitas dessas amizades tóxicas, sofremos do que chamo de *entulho relacional*. Quando isso acontece, é hora de fazer uma faxina emocional.

Uma limpeza no entulho de relacionamentos significa passar menos tempo com algumas pessoas e mais com outras, ou talvez podar completamente algum relacionamento. Se um conhecido nosso faz exigências pouco razoáveis ou exageradas do nosso tempo e nossos recursos, pode consumir energia e nos deixar emocionalmente exauridos.

Com freqüência as pessoas permanecem em relacionamentos prejudiciais apenas por uma questão de hábito. Os sentimentos de negativismo e desconforto decorrentes dessas amizades tóxicas podem estar instalados há tanto tempo que parecem imutáveis e eternos. Algumas pessoas sequer percebem que *podem* se livrar desses sentimentos. Uma vez que mudamos ou podamos um relacionamento tóxico, a redução do estresse beneficia muito a qualidade da nossa longevidade.

Por outro lado, é possível revigorar um relacionamento que saiu dos trilhos. O melhor meio para duas pessoas se reconectarem é encontrar um tempo em que possam estar juntas e durante o qual possam compartilhar seus pensamentos e sentimentos sem a interferência de mais ninguém. Para decidir se vale ou não a pena restaurar a amizade com uma pessoa, você deve considerar há quanto tempo se conhecem, se no passado você e ela resolviam bem as diferenças e se essa pessoa tem sido ou não uma influência positiva em sua vida.

Um relacionamento verdadeiro e satisfatório requer tempo para se enraizar, e para a maioria de nós o tempo é limitado. Por isso precisamos fazer escolhas sábias sobre as pessoas com as quais gastamos nosso precioso tempo livre – e, idealmente, com quem podemos ter relacionamentos mutuamente enriquecedores.

Barbara e Greg W., ambos com mais de 50 anos, estavam casados há quase 30. Numa noite em que saíram para jantar com os velhos amigos Jane e Alan, Jane insistiu em ajudá-los a preparar uma grande festa para comemorar a data. Principalmente porque, segundo ela, Barbara e Greg não tinham feito "absolutamente nada" quando completaram bodas de 25 anos. Jane, é claro, não considerava muito significativa a viagem romântica a Roma que o casal fez naquela ocasião. Jane disse que a festa *tinha* de ser num novo hotel de luxo que ela acabara de decorar – o bufê era divino! E eles *tinham* que começar a fazer a lista dos convidados imediatamente!

Naquela noite, Barbara se entusiasmou com a idéia de Jane. Ela precisava de um vestido novo e Greg também não podia deixar de comprar um terno. Ah, e já tinha dito a ele que Jane conhecia a papelaria mais maravilhosa para encomendar os convites? Greg ficou espantado: "Mas nós não tínhamos combinado de passar nosso aniversário visitando as crianças? Pensei que você queria brincar com a nossa nova neta." "Eu *quero!*", Barbara respondeu já na defensiva. "Vamos trazer as crianças para ficar aqui uma semana inteira. Foi isso o que Jane e Alan fizeram. Vai ser ótimo!" Greg fitou o reluzente e moderno apartamento para onde os dois haviam se mudado depois que o filho mais novo casara. Ficou na dúvida se seria mesmo uma boa idéia trazer as crianças. Além do mais, exceto quando suas filhas se casaram, Barbara nunca se interessou tanto por festas.

Nas duas semanas seguintes, Jane fez Barbara viver a agenda de uma promotora de eventos – menus, flores, música, convites e, o mais importante: a lista de convidados. Como Barbara não conseguia decidir tudo e não se importava mesmo com muitos dos detalhes, acabou deixando várias decisões nas mãos de Jane. As contas, entretanto, eram lançadas diretamente nos cartões de crédito de Barbara, e Greg não estava *nada feliz* com a situação.

Uma noite, quando Barbara se preparava para dormir, Greg revisava as contas.

— Você contratou um fotógrafo por 15 mil dólares? Por que sua irmã não pode tirar as fotos? Ela é boa nisso!

Barbara retrucou do banheiro:

— O rapaz fotografou o casamento do filho de Jane! Ele é incrível! Temos sorte de poder contar com ele!

Greg resmungou alguma coisa sobre "muita sorte" enquanto Barbara se deitou na cama e disse:

— Só espero que os convidados caibam no salão de baile do terraço do hotel.

Greg respirou fundo:

— De quantas pessoas você está falando?

Barbara apanhou a lista de convidados que Jane imprimira para ela.

— Não devem passar de 150.

Greg estendeu a mão para a lista:

— Posso ver isto?

Passou os olhos nos nomes.

— Por que está convidando os Frank? Não falamos com eles há cerca de três anos.

Barbara ficou de novo na defensiva.

— Judy Frank vai ao mesmo cabeleireiro que Jane, então ia saber sobre a festa. E tenho que convidar a irmã e o cunhado de Jane, e os pais dela também. Eles podem se sentar na mesma mesa que o Dr. Robertson.

Greg ficou tonto.

— Nosso antigo pediatra?

Barbara fez beicinho e explicou:

— Ele também foi pediatra da Jane! E os dois ainda são muito amigos.

Greg continuou a examinar a lista, aborrecido.

— Pensei que você não gostasse de Christine Fowler. Você não disse que ela era a rainha das fofoqueiras?

Barbara deu de ombros.

— E é. Mas prefiro que fale que dei uma festa maravilhosa a dizer que sou uma bruxa por ter deixado de convidá-la.

Greg suspirou.

— Até parece a Jane falando.

Barbara ficou chateada, virou-se para o outro lado da cama e começou a chorar. Greg largou a lista e abraçou-a.

— Desculpe, meu bem. Sei que você tem trabalhado muito nisso, e não queria chateá-la.

Ela fungou.

— Eu sei. Tudo bem. Acho que estou só estressada. Organizar

tudo isso, gastar todo esse dinheiro, ter todos os filhos e netos vindo aqui... estou me sentindo sobrecarregada.

Greg beijou-a de leve.

— É o *nosso* aniversário de trinta anos de casamento, querida. Sempre podemos dar um jeito de largar tudo isso e voar para algum paraíso tropical...

Barbara se virou para encará-lo:

— Está brincando? Jane nunca mais falaria comigo!

A semana seguinte foi outra roda-viva de preparativos. Era preciso marcar passagens de avião para as crianças, encomendar as roupas, fazer compras e providenciar alguns pequenos reparos na casa. Sexta-feira à tarde, Jane telefonou para Barbara e avisou que ainda havia algumas pessoas a serem acrescentadas à lista de convidados: os Klein e os Rupert do clube de tênis. Eles adoravam Barbara e Greg, e Jane *tinha* de convidá-los para a festa. Barbara reclamou:

— Jane, a capacidade máxima do salão é de 160 pessoas, e já chegamos nisso.

Jane pensou um momento e disse calmamente:

— Barbara querida, sua irmã e a família dela ainda não confirmaram se vêm. São seis pessoas! E moram a milhares de quilômetros, pelo amor de Deus! Você não precisa encorajá-los a vir...

Barbara ficou chocada.

— Mas é a minha irmã! Ela foi minha dama de honra quando me casei. Eu *quero* que ela venha.

Jane, imperturbável, retrucou:

— Estava apenas dando uma sugestão, meu bem. Você pode aceitar ou não.

Naquela noite, Barbara decidiu parar com tudo. No dia seguinte, ela e Greg ligaram para a papelaria, para o florista, o hotel, o fotógrafo, e conseguiram recuperar a maior parte do dinheiro do sinal. O estresse de Barbara se evaporou quando ela compreendeu que a festa, mais do que uma comemoração dos seus 30 anos de casamento, se tornara um trampolim para Jane se realizar como uma mulher sociável e popular. Ela e Greg não precisavam dos Klein ou dos Rupert, tampouco de uma amiga exigente para lhes lembrar do que era importante em suas vidas.

Dois dias antes do aniversário de casamento, Barbara e Greg pegaram um avião para a Costa Leste e foram visitar os filhos e netos. A família da irmã de Barbara também foi para lá, para comemorar. Depois, o clã inteiro acompanhou Barbara e Greg ao aeroporto, de onde eles partiram em sua viagem romântica para as Bahamas. Barbara não esqueceu de levar a lista dos convidados da festa para lhes enviar cartões-postais da ilha. Nem os Klein e os Rupert foram esquecidos.

Empatia: o básico da qualidade social

Imaginar as coisas como elas são na perspectiva de outra pessoa e conseguir entender os seus sentimentos é o que chamamos de empatia. A habilidade de expressar essa conexão cria o laço emocional que nos mantém ligados socialmente. Graças à empatia, nós nos sentimos menos sozinhos no mundo e nos tornamos capazes de construir intimidade, amizade e amor.

Ao participar de grupos, experimentamos juntos a empatia e compartilhamos um objetivo comum, uma causa ou uma meta, nos tornando parte de uma rede social. Associações de ex-alunos, clubes de leitura, instituições de caridade, associações de moradores e grupos de ação política são apenas exemplos de grupos de pessoas unidas em torno de interesses semelhantes.

As redes sociais podem aumentar nosso sentimento de pertencimento, de objetivo de vida e de valor pessoal, o que, por sua vez, promove uma atitude positiva. Elas podem nos ajudar a superar uma dificuldade ou um período difícil como um divórcio, a demissão do trabalho, a morte de alguém que amamos. Também amenizam o estresse dos momentos felizes, como um casamento ou o nascimento de um bebê. E não temos que obrigatoriamente recorrer à família ou aos amigos para colher os benefícios dessa ajuda: só o fato de saber que eles estão à disposição já nos faz sentir confiantes.

Recentemente, um grupo de cientistas descobriu que ajudar os outros realmente melhora a saúde física e mental. Nessa pesquisa, voluntários que trabalhavam com crianças pequenas apresentavam mais força física e vigor, melhor interação social e mais estímulo mental do que o grupo de controle que não se dedicava a esse trabalho social.

Algumas pessoas têm uma capacidade inata de empatia. Elas colocam instantaneamente suas necessidades de lado para ficarem emocionalmente disponíveis para um amigo ou parente. Entretanto, essa generosidade às vezes não é tão espontânea. Muitas vezes é preciso fazer um esforço nesse sentido, especialmente quando estamos envolvidos nas intermináveis complicações das nossas próprias vidas. Você provavelmente gosta de pensar que largaria tudo por um amigo em caso de necessidade, mas quando esse dia chegar e você tiver que abrir mão dos ingressos daquele show tão disputado, será preciso algum esforço.

A maioria de nós conhece uma ou mais pessoas que parecem não ter qualquer capacidade de empatia e, não fosse por causa do trabalho, da família ou de obrigações sociais, preferiríamos nos afastar delas. Pessoas assim em geral não escutam nem lembram o que lhes dizemos, ou até mesmo o que elas próprias nos dizem. Parecem insensíveis aos sofrimentos alheios e incapazes de compartilhar suas alegrias. É difícil conectar-se com quem não tem empatia, e essas pessoas costumam ser rotuladas de chatas ou narcisistas. Felizmente, a maioria delas pode desenvolver essa habilidade com um pouco de trabalho e algumas técnicas simples.

Começamos a aprender empatia na infância, ao observá-la em nossos pais. Eles nos alimentam e cuidam de nós, o que nos ajuda a desenvolver o sentimento de identidade e a capacidade de identificação e relacionamento. A partir dos carinhos que recebemos de nossos pais, de suas palavras de compreensão, sorrisos, sinais de apoio e outras formas de comunicação não-verbal, aprendemos a regular nossas próprias reações emocionais. Essas primeiras experiências dão forma à nossa capacidade de aproximação emocional.

Ao amadurecer e nos tornarmos mais independentes, nós nos afastamos de nossos pais e procuramos a empatia de pessoas que pensam como nós e compartilham os mesmos interesses, desejos e valores. Finalmente, desenvolvemos relações íntimas fora da família e aspiramos a níveis mais profundos de empatia no casamento e em outras relações de longo prazo.

A forma poderosa de empatia amorosa que toma conta de muitos de nós quando temos filhos nos leva a uma intensa proximidade e ligação com eles. Quase todos os pais sacrificariam a própria vida sem hesitar para proteger seus filhos.

Quando sentimos na própria pele a dor, a perda ou a alegria, fica mais fácil criar empatia com o outro. Quem já viveu a morte de um filho, marido, esposa ou dos pais sabe muito bem como é difícil para qualquer pessoa passar pela mesma experiência. Por outro lado, a alegria de segurar seu primeiro filho ou neto ou de ver a sua filha mais velha se casar é um sentimento maravilhoso para ser compartilhado com um amigo que está vivendo esse momento pela primeira vez.

Nossa capacidade de empatia é freqüentemente ameaçada quando nossos pais envelhecem e assumimos o papel de cuidar deles. É mesmo um papel confuso cuidar de pessoas que sempre cuidaram de nós. Nessas horas, talvez seja bom pensar que foi a empatia que garantiu à espécie humana mais um degrau na seleção natural. Ela deu a nossos ancestrais mais antigos a conexão emocional que lhes proporcionou uma vantagem na sobrevivência. Em grupos, eles se tornaram mais aptos a enfrentar os predadores e a alimentar a prole. Não há dúvida de que, sozinhos, eles teriam menos probabilidade de sobreviver. A ciência atual vai além e indica que nossa conectividade social é mais do que uma vantagem de sobrevivência: ela tem também uma base biológica.

Ligados para nos conectar

Graças a estudos recentes feitos em neuroimageamento, os médicos estão descobrindo o que parece ser a "ligação elétrica" da empatia em nossos cérebros. A Dra. Tania Singer e sua equipe, do Instituto de Neurologia do University College, em Londres, estudaram casais apaixonados. Mediram a atividade cerebral em casais de voluntários quando um dos parceiros recebia um estímulo de dor, como um choque elétrico bem rápido. Essa pessoa mais tarde observava que seu parceiro parecia sentir a mesma dor. Se o voluntário de fato sentiu o estímulo doloroso e se acreditava que seu parceiro sentira não vinha ao caso. O fato é que as mesmas localizações cerebrais eram acionadas, sugerindo que esses centros emocionais cerebrais podem ser o núcleo da experiência da empatia.

Mas não precisamos estar apaixonados para sentir empatia. Basta ver a expressão facial de alguém, seja de dor ou de prazer, para que uma sofisticada rede de conexões neuronais dispare uma mensagem através de um caminho preestabelecido e acione uma resposta dentro de nós. Essa "ligação elétrica" cerebral para as emoções não está gravada em pedra, portanto podemos exercer algum controle sobre o que sentimos. Usando escaneadores de RMI e ressonâncias, os neurocientistas do Centro de Mapeamento Cerebral Ahmanson Lovelace (UCLA) perceberam que quando voluntários observavam expressões faciais, certas áreas cerebrais se iluminavam. Depois, apenas com a imitação dessas expressões faciais, os voluntários conseguiam iluminar exatamente as mesmas áreas cerebrais.

Essas descobertas reforçam os primeiros conceitos de empatia. Quando o psicólogo alemão Theodore Lipps cunhou o termo, no final do século XIX, ele postulou que de fato imitamos as ações de outra pessoa quando sentimos empatia por elas. Esse "efeito camaleônico" foi observado em indivíduos empáticos quando imitavam inconscientemente os maneirismos e as expressões faciais de outros, e não se manifestava naqueles que demonstravam pouca empatia. É por isso que, muitas vezes, os indivíduos pouco empáticos são considerados inexpressivos.

O aprendizado da empatia

Na escola aprendemos uma variedade de coisas mas ainda não existe, num currículo padrão, nenhuma matéria chamada empatia. Se existisse, ela certamente ajudaria a nos comunicarmos efetivamente com as pessoas importantes nas nossas vidas.

A empatia está cada vez mais sendo aceita como uma habilidade que pode ser ensinada com o objetivo de estimular a conectividade social. Ela fortalece o sentimento de proximidade e de completude nos nossos relacionamentos. Começamos a aprender a empatia, assim como a linguagem, na primeira infância. E, assim como na linguagem, podemos continuar a desenvolver essa habilidade ao longo da vida. O processo da empatia envolve vários componentes que podem ser aperfeiçoados com a prática.

RECONHECER OS SENTIMENTOS DOS OUTROS

Por volta dos 12 anos, a maioria de nós tem consciência das próprias emoções e pode reconhecê-las nos outros. Podemos aprender a ter empatia pelo outro com base nas nossas próprias experiências que parecem semelhantes àquela pela qual o outro está passando.

Alguns têm mais dificuldade em identificar estados emocionais sutis. Mas a habilidade de reconhecer as sutilezas nas expressões faciais assim como na linguagem verbal e corporal pode ser adquirida, praticada e aprimorada. Para ajudar seus pacientes a reconhecer as emoções, por exemplo, alguns psicólogos lhes mostram fotos e desenhos que expressam emoções como raiva, culpa, medo ou tristeza. Uma vez que nos tornamos capazes de reconhecer o estado emocional de outra pessoa, conseguimos reagir com empatia.

OUVIR COM ATENÇÃO

Quando travamos uma conversa, é natural querer falar quando um pensamento ou uma reação se desencadeia dentro de nós. Contudo, interromper alguém no meio de uma frase ou de uma reflexão pode distrair ou frustrar essa pessoa, e acabaríamos por não a ouvir dizer o que realmente está sentindo. Os grandes conversadores freqüentemente são pessoas que falam pouco mas ouvem muito. Indivíduos empáticos tendem a dar tempo para que o outro conte o que está sentindo do modo mais completo possível. Esse tipo de escuta atenta requer autocontrole: não ficar interrompendo quem fala nem deixar a mente vagar, além de evitar movimentos desnecessários ou irrequietos que possam distrair a pessoa que está com a palavra.

O exercício a seguir não só ajuda a construir essa habilidade para ouvir como também serve de ferramenta para pôr a conversa em dia com seu parceiro (a) ou com um amigo (a). Às vezes, apenas cinco minutos de escuta atenta, sem interrupção, são suficientes para se conectar com uma pessoa com a qual você cruzou às pressas durante vários dias, mesmo vivendo sob o mesmo teto.

Exercício de escuta atenta

Este exercício pode ajudar a evitar que nossos pensamentos e reações nos distraiam, além de controlar o desejo de mudar de assunto e permitir uma participação verdadeira na conversa. Você pode praticá-lo com uma pessoa amiga, cônjuge, membro da família ou até com alguém que não conhece muito bem. Reserve 15 minutos, para que cada um possa ter a sua vez.

- *Uma pessoa fala*. Durante três a cinco minutos, um dos participantes fala sobre algo que está acontecendo em sua vida. Pode ser uma crise, uma questão crônica, uma coisa que aconteceu ou que vai acontecer. Os principiantes podem preferir, no começo, abordar sentimentos ou situações que não envolvam diretamente quem escuta. Se o assunto envolve o ouvinte, quem fala deve ter cuidado para tratar apenas de seus próprios sentimentos sobre a situação, evitando criticar o ouvinte. Este exercício *não* é de ataque e defesa; é, sim, de falar, ouvir e ser compreendido.

- *Outra pessoa escuta*. O ouvinte não deve interferir nem para dar apoio. Em vez de dar um pulo e dizer: "Sei o que você quer dizer! Já me senti exatamente assim!", o ouvinte deve manter contato visual e concentrar-se no que a outra pessoa está dizendo. Mesmo que a mente do ouvinte vagueie momentaneamente para pensamentos como "O que vou dizer quando chegar a minha vez?", ele deve expulsar esses pensamentos e voltar a sua atenção para o que lhe está sendo dito.
- *Troca de papéis*. Após três a cinco minutos, os papéis se invertem, e quem ouvia passa a falar sobre algo que está vivendo, e a outra pessoa passa a ser um ouvinte atento. O assunto pode ser completamente sem relação com o primeiro. Se for relacionado àquilo que a primeira pessoa falou, a segunda pessoa deve ser cuidadosa em não retaliar ou atacar e, ao contrário, concentrar-se nos sentimentos de quem fala.
- *Discussão da experiência*. Depois que ambos os parceiros tiveram a oportunidade de falar e ouvir, eles passam os cinco minutos seguintes discutindo como sentiram a experiência. Muitas pessoas acham que basta ouvir com atenção para desenvolver um sentimento quase imediato de empatia e de compreensão. Ao serem ouvidas com ponderação, elas se sentem compreendidas e cuidadas. Pode-se precisar de tempo para perder o hábito de interromper quem fala com encorajamentos, pensamentos, sentimentos, ou com a própria experiência, mas com a prática vai ficando mais fácil.

COMUNICANDO A SUA RESPOSTA EMPÁTICA

A compreensão do que outra pessoa está vivendo constitui uma grande parte da empatia. Expressar essa compreensão é igualmente importante, e é o que une as pessoas de verdade. Comunicar-se com outra pessoa sobre as suas preocupações, sem críticas, faz com que ela se sinta compreendida. Esse tipo de troca envolve habilidades básicas de comunicação verbal e não verbal, incluindo o contato visual, a expressão facial e a linguagem corporal. Mesmo os comunicadores natos podem aperfeiçoar essas habilidades.

Um modo de manifestar a sua compreensão depois de ouvir atentamente é deixar claro que você ouviu o que lhe foi dito. Você pode falar algo como "Quero ter certeza de que compreendi isso..." ou "Deixe-me ver se compreendi bem". Então você repete o que a pessoa lhe disse sobre seus sentimentos ou sobre a situação que está vivendo, e tenta parafrasear as palavras dela. Pedir mais detalhes também pode ser útil. Perguntas complementares demonstram à pessoa que você a ouviu, que se interessa e que gostaria de saber mais.

Se o seu parceiro (a) está enfrentando uma situação difícil, você pode começar reconhecendo os esforços dele (a). Se nada pode fazer para ajudar, deixe que ele ou ela saiba que você o (a) compreende e está querendo ouvir. Às vezes, emprestar um ouvido não crítico pode ajudar mais do que tentar resolver a situação.

Comunicar compreensão e compaixão a nossos companheiros não só os aproxima de nós como também pode aprofundar a satisfação sexual. Uma vida sexual satisfatória contribui para a longevidade de qualidade, física e emocionalmente.

Sexo e uma vida mais longa

Pesquisadores do mundo inteiro relataram uma ligação positiva entre a atividade sexual e a expectativa de vida. Um estudo recente determinou o nível de atividade sexual de cerca de mil homens de uma cidade do sul do País de Gales e depois acompanhou a saúde deles nos dez anos seguintes. A expectativa de vida daqueles que eram ativos sexualmente – os que relatavam orgasmos duas ou mais vezes por semana – era 50% maior do que a dos homens que tinham orgasmos menos de uma vez por mês.

Um dos maiores benefícios que o prolongamento da vida sexual traz para a longevidade pode ser a sua associação a um nível menor de ataques cardíacos, o que, segundo pesquisadores, está relacionado à liberação do hormônio DHEA (desidroepiandrosterona) durante o orgasmo. Descobriu-se que a testosterona, hormônio que estimula a pulsão sexual tanto nos homens quanto nas mulheres, também ajuda a reduzir o risco de ataque cardíaco. Além disso, ao queimar calorias e gorduras, a atividade sexual também contribui para manter a forma física.

Ter uma atividade sexual parece também estimular o sistema imunológico. Um estudo feito com universitários verificou um nível 30% mais alto de imunoglobulina naqueles que tinham relações sexuais uma ou duas vezes por semana, em comparação com estudantes em abstinência sexual.

A pesquisa mostra que, além de melhorar a saúde física e dar mais chances à longevidade, a atividade sexual saudável também promove qualidade de vida. A satisfação sexual reduz a tensão e nos ajuda a dormir melhor, talvez pela liberação de endorfina e outros hormônios. Os estudos também demonstraram que ela alivia a dor crônica nas costas, a ansiedade e as enxaquecas. Experiências sexuais positivas em geral elevam a auto-estima, e muitas religiões e culturas encaram a expressão sexual como um instrumento para a elevação espiritual.

Ame quem está do seu lado

Uma vida sexual saudável estimula a intimidade, os sentimentos de afeição e a proximidade entre os parceiros. A expressão do desejo sexual é um ingrediente básico na união de um casal, e casais sexualmente satisfeitos têm maior probabilidade de permanecerem juntos.

Embora a intimidade sexual seja boa para a saúde, o estado emocional e a perspectiva de longevidade, muitas pessoas consideram um desafio manter a paixão viva ao longo de vários anos. Necessidades da família, pressões do trabalho, doenças e uma multiplicidade de preocupações podem tornar algumas pessoas fisicamente esgotadas e exauridas emocionalmente no final do dia, quando o sexo será a última coisa a passar pelas suas cabeças. As estratégias a seguir são simples e podem ajudar os casais a se comunicar melhor, a fortalecer a intimidade e, finalmente, a levar a uma vida sexual mais satisfatória.

PRIMEIRO, AME QUEM VOCÊ É

É muito fácil culpar o parceiro (a) pela perda do interesse sexual. Por ele ou ela não se vestir ou agir de modo sensual, não tomar a iniciativa de contato íntimo ou nem mencionar sexo. No entanto, antes de acusar o parceiro, pense um pouco em você mesmo e no que pode ter acontecido para que o seu desejo sexual acabasse. Deixar de lado sentimentos negativos como raiva, culpa e medo nos dá uma atitude mais positiva e ajuda a recuperar a auto-estima sexual. É claro que, à medida que ficamos mais velhos, nossos corpos se modificam. Mas não é verdade que o desejo e a qualidade sexual necessariamente declinem com a idade. Na verdade, ao ganharmos mais experiência e sabedoria, fazer sexo pode se tornar mais agradável do que nunca. Ao praticar a atenção consciente – viver o momento e permanecer consciente de todas as sensações que atravessam nosso corpo –, ficamos mais bem-humorados e mais disponíveis emocionalmente para o companheiro (a), e isso, por sua vez, o (a) ajudará a superar suas distrações e temores.

FALAR DE SEXO

Falar com um (a) parceiro (a) sobre desejos e fantasias sexuais pode ser difícil. Mas os benefícios podem ser tão grandes que um pequeno desconforto compensa o esforço. Os parceiros devem começar discutindo as experiências sexuais que viveram juntos e que foram particularmente satisfatórias. Tente o seguinte exercício:

1. Conte ao seu (sua) parceiro (a) algo que ele (ela) fez no passado e que realmente funcionou. Ele (ela) pode não ter percebido que isso era tão prazeroso para você.
2. Seu parceiro em seguida lhe contará algo que você fez e que ele (ela) realmente apreciou.

Esse tipo de conversa pode dar início a um diálogo sexual que levará ao compartilhamento de fantasias e, conseqüentemente, a uma intimidade sexual mais satisfatória.

DEMONSTRE QUE OUVIU

Responder positivamente e imparcialmente aos desejos sexuais de seu parceiro promove uma intimidade maior. Se você lhe contou o que lhe dá excitação na cama e ele reagiu experimentando é um indício de que ouviu, de que se importa e de que quer agradar. Essa é uma definição de amor tão boa quanto qualquer outra. Seja acendendo algumas velas, comprando um novo pijama sensual ou oferecendo uma massagem, tomar a iniciativa é uma maneira de demonstrar o seu interesse e o seu desejo de lhe proporcionar satisfação.

MAIS DICAS PARA A CONEXÃO ÍNTIMA

Até os casais mais unidos podem sentir que os desafios representados pelo trabalho e pela família os deixam esgotados física e mentalmente, o que às vezes os impede de conservar a intimidade sexual. Há várias medidas positivas que as pessoas podem tomar para superar essas e outras barreiras. Pense sobre algumas das seguintes sugestões:

Programe um encontro íntimo. Planeje com antecedência uma ocasião para ficar a sós com o seu parceiro – talvez um jantar em seu restaurante favorito, seguido de uma noite romântica num hotel, ou mesmo uma noite aconchegante em casa, sem mais ninguém. A perspectiva em si já pode ser excitante.

Crie o clima. Antes de ir para a cama, enfeite o quarto com algumas velas, deixe tocar uma música suave e, se os dois gostarem de incenso, acenda um.

Programe os seus medicamentos. Muitas pessoas têm dores que podem distraí-las do "clima". Por isso, verifique o tempo que seu medicamento leva para fazer efeito — seja ele um antiinflamatório, um analgésico ou um estimulante da função sexual — e não esqueça de tomá-lo como programado.

Experimente algo inesperado. Nem todo ato amoroso precisa ser um evento de destaque precedido por velas e rosas. Às vezes um rápido contato sexual – completado pela excitação e a pressa – pode ser uma variação saborosa. Seja um contato casual no banheiro, enquanto as crianças estão vendo TV, ou um rápido intervalo na hora do almoço, essas variantes freqüentemente têm uma qualidade furtiva e divertida que pode ser estimulante.

Aceite as suas fantasias. Tente contar alguns pensamentos privados e excitantes. Quase todo mundo tem fantasias sexuais, e explorá-las com seu (sua) parceiro (a) pode lhe trazer um novo nível de intimidade.

O valor dos compromissos

Segundo informações dos Centros de Controle e Prevenção de Doenças, o casamento aumenta a expectativa de vida em até cinco anos. Inúmeros estudos verificaram que as pessoas casadas vivem mais tempo – mais ainda para as pessoas com casamentos felizes – e que os casais que mantêm atividade sexual são os mais satisfeitos com as suas vidas, de um modo geral.

Novas pesquisas da Universidade de Warwick, na Inglaterra, indicaram que a felicidade de um dos parceiros se reflete no estado mental do outro. O estudo examinou mais de 9.700 casais casados e comparou-os com 3.300 que viviam juntos sem serem casados. Um marido mais feliz correspondia a uma esposa mais feliz e vice-versa. Mas isso não acontecia com os casais não-casados. O estudo mostrou que nos casais que coabitavam sem formalizar a união, a conexão emocional era mais frágil. Uma espécie de preço a se pagar por um maior senso de autonomia.

O número de divórcios nos Estados Unidos praticamente dobrou nos últimos quarenta anos, o que fez com que florescesse uma verdadeira indústria de "educadores matrimoniais" que oferecem tratamento para as rupturas familiares. Existem três tipos básicos de técnicas de aconselhamento de casais. Na mais comum e tradicional, a terapia comportamental, o terapeuta ajuda o casal a aprender as maneiras de resolver suas diferenças de uma forma mais empática. Já na terapia orientada para um exame interior, são usadas ao mesmo tempo técnicas comportamentais e estratégias para compreender as razões do outro cônjuge e neutralizar disputas crônicas de poder. Uma terceira abordagem da questão, a terapia centrada na emoção, ajuda as pessoas a reconhecer que o parceiro tem necessidades e a aceitar estilos que podem ser muito diferentes do seu. Os parceiros aprendem a avaliar e a se adaptar a essas diferenças, ao invés de tentar mudá-las. A dra. Susan Johnson, da Universidade de Ottawa, estudou essa forma de terapia relativamente breve – envolve geralmente de oito a doze sessões – e descobriu ganhos significativos, que perduravam por pelo menos três anos para a maioria dos casais, mesmo para aqueles que estavam à beira de um divórcio. Esse é um índice muito mais alto de sucesso do que o verificado nas terapias de casal mais tradicionais.

Muitos casais não precisam da ajuda de uma terapia formal para solucionar seus conflitos e manter o relacionamento nos trilhos. Mas mesmo casais bem-sucedidos e felizes podem se beneficiar de algumas estratégias simples para manterem-se conectados e satisfeitos:

Reserve um tempo. Muitas pessoas são tão ocupadas com múltiplas tarefas que não lhes sobra tempo para conversar sobre suas preocupações do dia-a-dia e assuntos pessoais com seus parceiros. Transforme num ritual diário o tempo em que fica com seu parceiro

– sem crianças, amigos, televisão ou outras distrações. Esse tempo pode ser usado para dizer o que está na sua cabeça e como está se sentindo. Às vezes, apenas ficar junto *sem* falar nada pode ser justamente aquilo de que você mais precisa.

Mantenha o senso de humor. Todos os casais discutem. O que define um casamento bem-sucedido é *como* o casal discute. Tente pontuar um desentendimento com um sorriso ocasional ou alguma observação bem-humorada para mostrar que compreende as idiossincrasias da outra pessoa.

Não perca o contato. Um meio eficaz de manter a proximidade emocional durante um período de distância pode ser um telefonema rápido ou um e-mail para que seu parceiro saiba que está pensando nele.

Não critique. Concentrar-se exclusivamente nas fraquezas de seu parceiro pode fazê-lo cair na defensiva e sabotar as suas tentativas de se conectar. Tente falar sobre os sentimentos que as ações dele provocam em você, em vez de simplesmente criticar essas ações. Em lugar de dizer "Por que você tem que ser tão indelicado e bater a porta quando estou trabalhando?", experimente "Quando você bate a porta enquanto estou trabalhando, perco a seqüência dos meus pensamentos e sinto-me frustrada e incapaz."

Tenham uma vida social como casal. Encontre coisas que vocês dois apreciem fazer juntos, e tente fazê-las com outras pessoas com as quais vocês gostam de passar seu tempo, especialmente outros casais com o mesmo estilo de vida. Compartilhar opiniões e novas idéias com outras pessoas alimenta o seu próprio relacionamento e o mantém animado.

Cuide-se. A maioria das pessoas em relacionamentos de longa data compreende que seu parceiro não pode atender a todas as suas necessidades pessoais. Além de assumir a responsabilidade por seu plano de saúde, você deve cuidar de si emocional e socialmente. Exemplos: partidas regulares de tênis, reuniões para jogar cartas à noite, clubes de leitura, grupos de apoio, teatro comunitário, associações esportivas e envolvimento com grupos religiosos ou de caridade são alguns dos modos pelos quais podemos nos reabastecer independentemente dos nossos parceiros. Ao voltar, mais tarde, estaremos energizados emocionalmente e prontos para desfrutar cada um da companhia do outro.

Mesa para um

Muitas pessoas passam grande parte da sua vida adulta sozinhas, seja porque não casaram, porque se divorciaram ou enviuvaram. E embora hoje a sociedade aceite melhor o indivíduo independente, a ênfase ainda é no casal, assim como na segurança proporcionada pelo grupo. Se você já se sentou sozinho numa mesa em um bom restaurante, sabe o que isso significa. Não raro as pessoas agem como se você tivesse uma doença contagiosa, enquanto os garçons perguntam, insistentemente: "Está esperando alguém?"

Formar um casal não é a solução social para uma longevidade de boa qualidade para todo mundo. Há vantagens em permanecer sozinho e capaz de tomar decisões baseadas nas suas próprias necessidades e nos seus desejos, sem ter de chegar a um acordo para atender aos caprichos de outra pessoa. Mas a necessidade de conexão social permanece, e as pessoas sozinhas que mantêm fortes laços com a família, os amigos e grupos da comunidade vivem mais do que as que não o fazem. Mulheres sozinhas que tendem a conservar relacionamentos mais fortes e duradouros com amigos e com a família vivem vários anos a mais do que os homens na mesma situação. Faz bem às pessoas que vivem sozinhas desenvolver suas conexões, seja por meio do esporte, da profissão, de encontros com amigos, do trabalho voluntário ou de outras atividades sociais.

O melhor amigo do homem

Muita gente gosta de animais domésticos, mas a maioria não sabe que eles podem contribuir para que seus donos tenham uma expectativa de vida mais longa. Estudos de pacientes com doenças cardíacas descobriram que aqueles que tinham animais de estimação viviam mais – freqüentemente mais de um ano – do que os que não tinham. Um estudo da UCLA mostrou que os que tinham cachorros necessitavam de menos cuidados médicos para dores induzidas pelo estresse do que os que não tinham, e esses efeitos terapêuticos não se limitam aos caninos. Ter gatos, periquitos, tartarugas ou simplesmente olhar para um aquário cheio de peixes faz baixar os níveis de estresse, contribuindo para a longevidade de qualidade.

Algumas pesquisas indicam que os donos de animais têm níveis baixos de pressão arterial e de colesterol. Há também vantagens práticas para os donos, como ter uma companhia para caminhar, um alarme que soa quando alguém se aproxima da porta, e, como é o caso do meu cachorro, um pequeno amigo que alegremente "limpa" qualquer migalha de comida que tenha caído no chão da cozinha.

Ao considerar ter um animal de estimação, pense nas suas preferências e também no que seria prático para você e sua família, seu espaço doméstico e arredores. Mesmo as pessoas alérgicas podem encontrar um bichinho com o qual possam conviver.

Cuidar dos pais

Graças aos avanços da tecnologia médica, tanto os filhos adultos como seus pais idosos estão desfrutando de uma vida mais longa e de melhor saúde. Ainda assim, o risco de doenças crônicas aumenta com a idade e alguns filhos adultos, às vezes ainda às voltas com as necessidades de seus próprios filhos, se vêem responsáveis pelo cuidado de seus pais.

Como as pessoas continuam a buscar o apoio emocional dos pais ao longo da idade adulta, pode ser difícil, do ponto de vista psicológico, ver esse papel se inverter. Para os pais, o fato de depender da ajuda de seus filhos pode às vezes ser visto como uma humilhação.

Sob o aspecto prático, muitos pais idosos e filhos adultos não estão preparados para enfrentar os problemas médicos, financeiros, jurídicos e geográficos que podem surgir quando os pais necessitam da ajuda dos filhos. É importante preparar-se com antecedência para essa possível transição. A maioria de nós, que temos um bom relacionamento com nossos pais e nossos filhos, quer que essa relação de cuidado continue, o que é muito natural. Para ajudar nesse período de transição associado ao cuidado dos pais, algumas estratégias podem ser consideradas:

Seja empático. Cuidar dos pais pode desencadear uma série de sentimentos, tais como ansiedade, medo e culpa. Tente prever algumas das preocupações da outra geração. Entre as muitas questões à mão, o filho adulto precisa considerar o possível desconforto de seu pai, ou mãe, por ter de ser cuidado por ele. O pai pode, por exemplo, prender-se ao sentimento de desamparo que seu filho pode estar sentindo. Manter a empatia tornará mais fácil falar sobre os sentimentos e manter a proximidade.

Peça ajuda. Tanto os pais quanto os filhos adultos com freqüência relutam em pedir ajuda. Os pais não querem ser uma carga para os filhos, e muitos filhos não recorrem a outro membro da família ou a acompanhantes na hora de assumir o cuidado com os pais. É costume que uma filha assuma a maior responsabilidade do cuidado mas, se ela estiver sobrecarregada e evitando buscar ajuda, toda a família será prejudicada.

Questões de dinheiro. Entre pais e filhos, o dinheiro pode ser um símbolo de amor, poder, cuidado, ansiedade, represália ou uma variedade de outros sentimentos. Concentre-se em esclarecer questões práticas, tais como: qual é o rendimento atual e quais são as reais necessidades dos membros da família? É melhor buscar os conselhos de um bom advogado sobre testamentos, administração de bens e outras questões financeiras antes que as discussões familiares sobre esse assunto gerem conflitos.

Moradia. Se os pais não podem mais viver sozinhos, surgem dúvidas sobre qual seria a melhor saída. Alguns filhos adultos recebem os pais em suas casas, o que freqüentemente funciona bem, sobretudo se os pais mantêm a privacidade e têm seu papel dentro da família. Para outros, um arranjo de assistência domiciliar ou uma boa residência para idosos pode se tornar a melhor alternativa.

Questões de saúde. Muitos filhos adultos se envolvem com os cuidados relativos à saúde de seus pais quando estes se tornam incapazes de tomar todas as decisões. O fundamental é respeitar a privacidade dos pais, mas também é importante perceber quando entrar em ação. Buscar orientações com antecedência é um bom meio de ter certeza de que os desejos dos pais serão atendidos.

Para manter os relacionamentos íntimos e saudáveis

- Conecte-se e envolva-se socialmente, seja você solteiro (a) ou casado (a). Procure passar o tempo com um grupo saudável. Os bons hábitos são contagiantes.
- Limpe o entulho dos relacionamentos cortando da sua agenda amigos e conhecidos cuja companhia se tornou "tóxica".
- Desenvolva e mantenha suas habilidades de empatia. Ouça o outro, tente identificar-se com os sentimentos dele e deixe que ele saiba que você o compreende.
- Se você está vivendo um relacionamento íntimo, esforce-se por cultivá-lo: dedique um tempo a ficarem juntos; compartilhe os sentimentos dele sem criticá-lo, e fique em contato com amigos e outros casais. Uma vida sexual saudável acrescenta qualidade à longevidade.
- Ter um animal de estimação contribui para uma expectativa de vida mais longa. Além de companheiros adoráveis, os animais de estimação também podem reduzir o seu estresse.
- Preparar-se com antecedência para enfrentar os desafios emocionais e práticos do cuidado com os pais faz com que essa inversão de papéis seja menos estressante, tanto para os pais idosos quanto para seus filhos adultos.

Passo 4

Promova uma vida sem estresse

A realidade é a principal causa de estresse entre aqueles que estão em contato com ela.

– Lily Tomlin

Alan F., 53 anos, abre os olhos lentamente nessa manhã de segunda-feira ao som de sua estação favorita de música clássica ajustada ao despertador. Ele se sente descansado e calmo enquanto relembra o maravilhoso fim de semana que passou com a família na praia. O tempo estava magnífico, todos se divertiram muito, e ele não pensou um minuto sequer em trabalho. Durante o café-da-manhã, Alan promete a si mesmo que não deixará as pressões do trabalho o absorverem esta semana. Ele está debaixo do chuveiro quando subitamente a água fica gelada. Tudo bem: compartilhar a água quente é um conceito que seus filhos ainda não aprenderam. Ele apanha a toalha e diz consigo mesmo que isso não é tão grave. A manhã continua linda.

Ao fazer a barba, ele se corta – de novo. Ao que tudo indica, sua esposa ainda não parou de usar a gilete para depilar as pernas. Mas tudo bem, talvez ela esteja certa e ele tenha mesmo uma certa dificuldade de compartilhar suas coisas. Sua esposa, a *especialista* em compartilhar, entra e lembra a Alan que ele precisa passar no banco para assinar aqueles papéis. Enquanto se veste rapidamente, ele não consegue imaginar como achará tempo para passar no banco durante a tarde, que será caótica. Já atrasado, procura freneticamente as chaves do carro, que estão perto de seu celular – que está descarregado. A arrumadeira deve ter desligado a tomada do carregador novamente quando usou o aspirador ontem. Mas não faz mal, ele pensa, não tem problema, é só recarregá-lo no trabalho.

Finalmente, depois de ligar o rádio na estação de música clássica, ele começa a relaxar no meio do trânsito quando percebe a luz vermelha de uma viatura da polícia atrás do seu carro. Alan sente os músculos das costas se retesando ao olhar por cima do ombro. Enquanto tenta adivinhar o que a polícia pode querer com ele àquela hora, escuta o locutor da rádio anunciar que o tempo na praia vai melhorar ainda mais depois do fim de semana. Alan lamenta que seu celular não esteja carregado para ligar para o trabalho, dizer que está doente e voltar para a praia.

O estresse, fator que mais contribui para as doenças que surgem com a idade, não pode ser evitado de todo. A maioria das pessoas, como Alan F., se estressa com as pressões do trabalho, os aborrecimentos em casa e muitos outros tropeços cotidianos. Contudo, ao aprendermos a minimizar o estresse e responder a ele, podemos começar a limitar seu impacto sobre nossas vidas e a prolongar a longevidade, tornando-a ao mesmo tempo mais saudável.

O estresse não resulta apenas de crises ou problemas. Às vezes acontecimentos positivos – ter um bebê novo na família, ser promovido ou planejar uma grande comemoração – podem nos estressar também. Outras vezes, trata-se de uma perda – a morte de um amigo ou de um parente, um mal-estar físico, ou quem sabe um divórcio. Até mesmo um incidente trivial pode nos desestruturar, como uma crítica ocasional, uma chave de carro perdida ou uma unha quebrada. Seja qual for a sua causa, a ciência já mostrou que o estresse enfraquece nosso corpo e acelera o envelhecimento.

Sob estresse intenso, nosso corpo mobiliza energia e libera hormônios do estresse, como o cortisol. Em conseqüência, nossa freqüência cardíaca, pressão arterial e freqüência respiratória aumentam, fazendo com que mais oxigênio seja levado aos nossos músculos. Durante essa reação aguda, certas funções, como a digestão, ficam bloqueadas. Essa reação é uma ferramenta fisiológica de sobrevivência, útil em muitas situações de perigo. Entretanto, quando o estresse se torna crônico, essa reação é permanentemente acionada e a liberação contínua de cortisol acaba prejudicando o organismo.

Um estudo recente mostra que o estresse crônico pode acelerar o próprio envelhecimento das células. Cientistas da Universidade da Califórnia em São Francisco descobriram que voluntários com nível mais elevado de estresse tinham indicadores de envelhecimento celular equivalentes aos de pessoas dez anos mais velhas. Com o passar do tempo, níveis elevados de cortisol e de outros hormônios do estresse literalmente encolhem os centros da memória em nosso cérebro e aumentam o risco de mal de Alzheimer. O estresse permanente também é associado a um risco maior de pressão alta, irregularidade nos batimentos cardíacos e algumas formas de câncer.

Um estudo feito há vinte anos com aproximadamente 13 mil pessoas verificou que o estresse crônico aumentou o risco de morte por derrame ou doença cardíaca. Também foi comprovado que o estresse mina o sistema imunológico, o que reduz nossa capacidade de combater gripes e infecções. Para algumas pessoas, o estresse afeta o sistema digestivo e leva a doenças que vão da úlcera gástrica à síndrome do cólon irritável. O estresse pode ainda elevar o nível de açúcar no sangue. O que é, como se sabe, um risco para o desenvolvimento de diabetes. O peso corporal e os níveis de obesidade também se elevam com o estresse crônico, já que o mesmo pode estimular a leptina, hormônio do apetite.

Embora aquilo que desencadeia o estresse muitas vezes esteja fora do nosso controle, o modo como percebemos um fato causador de estresse e o modo como reagimos a ele determinam diretamente seu impacto sobre a nossa saúde. Nós *podemos* aprender técnicas simples de redução de estresse para melhorar nossas respostas a ele e reduzir seus efeitos. Muitos dos passos sugeridos aqui, como fazer exercício regularmente e comer bem, desfrutar de relacionamentos saudáveis e manter uma atitude positiva, ajudam sem dúvida a reduzir o estresse.

Como medir o estresse?

Compreender a si próprio, identificando o que mais lhe causa estresse e como você reage instintivamente, é o primeiro passo para pensar em como evitar as situações mais estressantes e como lidar com as suas reações. Os sintomas do estresse podem ser tanto físicos quanto mentais, e nem sempre são óbvios. Se você for capaz de estabelecer uma ligação entre um sintoma específico de estresse e uma causa para o mesmo, estará dando um grande passo para uma vida pouco estressante. Para ter uma idéia do seu nível de estresse e do que desencadeia sua reação a ele, responda às seguintes perguntas:

Questionário sobre nível de estresse

	Baixo		Médio			Alto	
Como você situa o seu nível de estresse?	1	2	3	4	5	6	7

Em que grau as seguintes situações lhe causam tensão ou irritação?

	Baixo		Médio			Alto	
Discussão com amigo ou parente	1	2	3	4	5	6	7
Espera por uma mesa no restaurante	1	2	3	4	5	6	7
Atrasar-se para um compromisso	1	2	3	4	5	6	7
Prazos para a conclusão de trabalhos	1	2	3	4	5	6	7

Como é o seu índice de relaxamento quando...

	Baixo		Médio			Alto	
Assiste a um show ou filme na televisão	1	2	3	4	5	6	7
Lê um livro ou uma revista	1	2	3	4	5	6	7
Caminha, corre ou faz outro exercício	1	2	3	4	5	6	7

Com que freqüência você tem...

	Baixo		Médio			Alto	
Insônia	1	2	3	4	5	6	7
Falta de ar	1	2	3	4	5	6	7
Ritmo cardíaco acelerado (taquicardia)	1	2	3	4	5	6	7
Mãos ou pés frios	1	2	3	4	5	6	7
Impaciência ou irritabilidade	1	2	3	4	5	6	7
Dor de cabeça	1	2	3	4	5	6	7
Arrependimento por tratar mal a alguém	1	2	3	4	5	6	7
Tensão ou preocupação	1	2	3	4	5	6	7

Faça a soma total dos pontos, que pode variar entre 16 e 112, e registre a seguir.

Total do nível de estresse: _______

Se o seu resultado ficar abaixo de 40, seu nível de estresse é razoável, mas você se beneficiará com um pouco de exercícios para alívio do estresse. Se ficar entre 41 e 80, está passando por um estágio médio de estresse. Aprender e praticar as técnicas para alívio do estresse será um passo importante para favorecer uma longevidade saudável. Se o resultado ficou entre 81 e 112, então você está no grupo de alto estresse e será muito beneficiado com as técnicas de redução de estresse apresentadas neste capítulo.

Como as pessoas respondem de modos diferentes aos mesmos estímulos ambientais, alguns indivíduos parecem lidar melhor com o estresse do que outros. Entretanto, qualquer pessoa decidida a enfrentar a influência que o estresse tem sobre sua vida pode reduzir seus efeitos. Experimente as seguintes estratégias para baixar seus níveis de estresse e melhorar a qualidade da sua longevidade:

Mente alerta

A mente alerta, ou atenção consciente, o sutil processo de ter consciência minuto a minuto dos próprios pensamentos, sentimentos e estados físicos, é uma ferramenta que usamos para chegar a muitos dos passos da *Ciência da Longevidade*. Ao praticar a atenção consciente, ficamos mais aptos a perceber quando já comemos o suficiente, por exemplo, o que ajuda a controlar o peso corporal. Atentos somos capazes de ouvir os outros e de nos comunicar melhor, o que melhora os nossos relacionamentos, leva a uma atitude mais positiva e aumenta o nosso prazer de viver.

A meditação como um meio de alcançar a atenção consciente conquistou popularidade no Ocidente quando os Beatles e outras celebridades passaram a seguir o Maharishi Mahesh Yogi, que na década de 1960 fundou o movimento de Meditação Transcendental. Com suas raízes nas tradições budistas, a atenção consciente é a base não só da meditação como também de muitas outras técnicas para lidar com o estresse, incluindo a auto-hipnose, o biofeedback e a ioga. Também é usada para tratar hipertensão, dor crônica, ansiedade e uma série de outros problemas de saúde.

A comprovação científica mostra que o ato de praticar a atenção consciente promove a saúde e a tranqüilidade mental. Há resultados benéficos significativos durante e após a meditação, assim como uma melhoria na resposta do sistema imunológico a vacinas. E quanto mais as ondas cerebrais se modificam com a meditação, mais eficiente é a resposta do sistema imunológico. Um estudo recente descobriu que a meditação praticada com regularidade aumenta a região do cérebro que regula a memória e a atenção. Tranqüilizar a mente com a meditação parece também facilitar a cura de males físicos. Uma pesquisa mostrou que pacientes que ouviram uma fita de meditação durante um tratamento com luz ultravioleta curaram-se quatro vezes mais rápido do que os pacientes que não meditaram durante o tratamento.

A meditação regular também pode prolongar a expectativa de vida. Cientistas passaram cerca de oito anos acompanhando mais de duzentos voluntários de meia-idade e idosos, todos com níveis moderados de hipertensão, disfunção que costuma se agravar com o estresse cotidiano. Eles descobriram que aqueles que meditavam regularmente apresentavam uma taxa de mortalidade 23% mais baixa que os demais. Óbitos por doença cardiovascular foram 30%

menos freqüentes, e as taxas de mortalidade de câncer foram 49% mais baixas naqueles que meditavam, em comparação com os que não o faziam.

A meditação e outras formas de atenção consciente produzem o que o dr. Herbert Benson, da Universidade de Harvard, denominou reação de relaxamento: um estado de profundo relaxamento físico e mental. Esse estado não só cria uma sensação de calma como também altera a nossa fisiologia: as taxas de respiração e de batimentos cardíacos diminuem, a pressão sanguínea baixa e os músculos se relaxam. Muitas dessas técnicas focalizam-se num mantra ou som repetido que funciona como um ritmo hipnótico. As pessoas também aprendem a observar, a afastar os pensamentos que habitualmente se atropelam em nossa mente e a não focalizar sensações corpóreas que as distraiam.

A meta é manter a mente focalizada em um único pensamento que produz paz ininterruptamente (veja o quadro). Pode ser frustrante no início, uma vez que nossas mentes naturalmente passam de ruminações do passado para preocupações futuras. No começo, muitas pessoas ficam impacientes, achando que não conseguem permanecer concentradas. Suas mentes vagam por pensamentos mundanos, tais como a necessidade de limpar a garagem ou as compras que devem ser feitas no mercado. Mas você não precisa chegar ao nirvana todas as vezes para se beneficiar dos exercícios de atenção consciente. O objetivo é simplesmente descansar de suas ruminações habituais para quebrar alguns dos velhos – e provavelmente negativos ou improdutivos – padrões de pensamento. Se forem praticados todos os dias, esses exercícios ajudarão a melhorar o estado da mente, a saúde de um modo geral e a expectativa de vida.

Pausa para meditação

Para dar a partida no seu caminho para essa prática antiqüíssima, escolha um mantra – um som, palavra ou frase que lhe dê uma sensação de bem-estar, e que tanto pode ser "paz mundial", "amor", "hummm", "om" ou o que quer que lhe transmita calma. Sente-se em uma cadeira ou no chão com as pernas cruzadas e descanse as mãos sobre as coxas, com as palmas viradas para cima. Feche os olhos, relaxe os músculos e respire lenta e naturalmente. A cada expiração repita seu mantra silenciosamente, para si próprio. Tente manter a concentração no seu mantra e na sua respiração, e ignore o impulso para deixar a mente vagar. Se pensamentos externos se infiltrarem em sua mente – "Será que enviei aquela carta?", "Será que respondi àquele telefonema?" –, não se aflija: deixe que eles venham e saiam enquanto você volta ao seu mantra. Quanto mais praticar, mais fácil será deixar que os pensamentos apenas passem por você, sem se instalarem. Após cerca de cinco minutos, abra os olhos e permaneça na mesma posição por mais um minuto aproximadamente, enquanto se prepara para voltar ao seu dia-a-dia. Faça esse exercício diariamente, estendendo-o até sessões de dez minutos.

Cuidado com as tarefas múltiplas

O termo "multitarefa" (em inglês, *multitasking*) surgiu como referência à capacidade de um computador de realizar várias tarefas simultaneamente. Para muita gente, a multitarefa tornou-se um meio de vida, e até mesmo uma chave para o sucesso. De fato, alguns excelentes exercícios aeróbicos procuram envolver o cérebro em duas ou mais atividades desafiadoras ao mesmo tempo. Embora o ato de abrir o e-mail de um computador portátil enquanto se fala ao telefone celular e se lê o jornal possa parecer natural para algumas pessoas (não sendo recomendável ao dirigir, diga-se), muitas vezes a multitarefa pode, ao contrário do que parece, nos tornar *menos* produtivos. E há estudos que mostram que excesso de multitarefas pode acarretar estresse, ansiedade, déficits de atenção e perda de memória.

Para cumprir tarefas múltiplas, o cérebro usa uma área conhecida como córtex pré-frontal. Esse centro "executivo" do cérebro controla a nossa capacidade de avaliar e priorizar várias tarefas. Ironicamente, o maior perigo do excesso de estresse é danificar esse córtex pré-frontal. Numa pesquisa, voluntários desempenharam várias tarefas ao mesmo tempo. A tecnologia de escaneamento do cérebro mostrou que, quando eles se deslocavam de uma tarefa para outra, essa parte frontal do cérebro tinha um momento de descanso. Você talvez tenha passado por um "momento de descanso" do córtex pré-frontal ao discar um número de telefone e de repente esquecer para quem estava ligando quando alguém atendeu. O que aconteceu provavelmente foi que, entre a discagem e a resposta, sua mente se desviou para outro pensamento ou tarefa, e então precisou daquele "momento" para voltar. Pesquisas também mostraram que em muitos voluntários a eficiência no trabalho declinava quando eles desempenhavam várias funções ao mesmo tempo. Quando realizavam uma tarefa de cada vez, seu desempenho era bem melhor.

Não costumamos nos lembrar tão bem das coisas quando tentamos dar conta de vários detalhes simultaneamente. Sem dar um único foco à mente, deixamos de dar a atenção necessária a novas informações que chegam, então essas informações acabam não entrando em nosso depósito de memória (veja o Passo 1). Essa é uma das principais razões para esquecermos os nomes das pessoas, mesmo que tenhamos acabado de conhecê-las. A multitarefa também pode afetar os nossos relacionamentos. Se alguém verifica o e-mail enquanto está ao telefone com um amigo, pode causar a impressão de estar distraído ou desinteressado. Também pode acontecer de essa pessoa perder ou não perceber alguma informação importante que lhe está sendo transmitida.

Para os "multitarefeiros" crônicos, sugiro que reservem uma ocasião (ou várias) regular por dia para desligar o telefone, deixar de lado outras distrações e completar algumas tarefas prioritárias, como organizar a mesa de trabalho, arrumar o armário ou pôr a correspondência em dia. A sensação de completar uma ou mais tarefas pode fazer com que a pessoa se sinta menos pressionada a dar conta de tudo mais tarde, acumulando tarefas.

O hábito da multitarefa nos contagia e, mesmo quando pensamos que damos conta de tudo, estamos operando com bem menos eficiência do que poderíamos. Além disso, podemos estar nos tornando desorganizados. Para combater esse problema, tente deixar de lado tudo menos a tarefa mais importante, e termine-a antes de passar para outra. Você pode também fazer uma lista de suas tarefas e completá-las uma a uma, por ordem de importância, ou simplesmente reservar certas horas do dia para cumprir tarefas específicas. Com a prática, as pessoas conseguem ficar mais atentas para o começo e a conclusão de uma tarefa, o que torna menos provável que elas assumam múltiplas obrigações simultaneamente.

O poder de dizer não

Muitos adultos têm dificuldade para dizer não. As crianças, aliás, já sabem bem disso. Mas a verdade é que essa é uma palavra mágica: quando a usamos com eficiência, ela pode nos ajudar muito a baixar nossos níveis de estresse.

Quando não dizem "não" na medida certa, evitando se comprometer com mais tarefas do que poderiam aceitar, as pessoas assumem responsabilidades em excesso. Acabam sentindo-se ansiosas, ressentidas, e até um pouco imobilizadas. Mesmo solicitações que no começo parecem insignificantes, ou que podem ser deixadas para mais tarde, acabam se acumulando na lista de itens a cumprir.

O tempo é um bem limitado para todos nós. Concordar em prestar muitos favores, organizar mais um jantar, participar de mais uma comissão, apresentar-se como voluntário para mais uma causa ou mesmo dar uma carona para alguém que tem um encontro pode às vezes tornar-se uma sobrecarga e importante fonte de estresse.

Aos 73 anos, Anna, mãe de Shirley, era a matriarca adorada por toda a família. Ao longo da vida, ela sempre cuidou de todos, e continuava a fazê-lo. Embora tivesse sido uma aluna exemplar na escola e pudesse ter entrado para qualquer faculdade que quisesse, Anna preferiu trabalhar como secretária para ajudar o marido e fez um curso comercial. Cuidou sozinha dos quatro filhos sem as babás que seus próprios filhos pareciam precisar para os filhos deles. Quando algum dos seus netos queria algo especial, fosse uma gulodice, um CD ou o brinquedo recém-lançado, ela corria para três lojas no mínimo, até encontrar exatamente aquele artigo ou, ao menos, trazer uma variedade de artigos para que eles escolhessem.

Anna cultivou a imagem de si como uma mãe suprema. Orgulhava-se de ajudar os outros e sentia-se mal quando não podia atender a algum pedido da família ou dos amigos. Mas ultimamente Anna parecia irritada, e sua família achava que ela andava se ressentindo ao fazer algumas das coisas que fazia antes sem nenhum problema. Talvez levar de carro o marido Frank para todo canto, desde que ele ficara com flebite, e cuidar da irmã que tinha Alzheimer fosse demais para ela, junto com todos os outros deveres que já se impunha.

Além de tudo, Anna não sabia pedir ajuda, o que exasperava suas filhas. Quando a mais nova, Shirley, perguntou o que ela queria que trouxesse para o almoço da Páscoa, Anna respondeu:

— Ah, não precisa trazer nada, querida.

— Mas, mamãe, quero trazer alguma coisa para ajudar — Shirley insistiu. — Que tal uma sobremesa? Posso passar na confeitaria no caminho para cá, está bem?

— Oh, querida, não quero que você gaste dinheiro, mas, se insiste, pode trazer o que quiser... Talvez aquela salada que você faz de pepino picado, ou o seu pão integral, mas, por favor, não ponha passas nem nozes. Sabe como o seu pai é.

A família percebeu que havia algo muito errado quando Shirley chegou à casa da mãe para o almoço de Páscoa. Ela entrou na cozinha com a salada de pepino e pão francês bem crocante comprado na loja, e cumprimentou a mãe, a irmã e as duas cunhadas. De repente, na frente de todas elas, Anna pegou o prato de salada das mãos de Shirley e o atirou no chão, gritando:

— Você não podia *ter feito* o pão? Trabalhei como uma escrava a semana toda, tomei conta de sua tia e de seu pai, e nenhuma de vocês sequer se *ofereceu* para fazer o almoço da Páscoa em suas casas!

Anna saiu da cozinha soluçando, deixando todo mundo perplexo.

Para pessoas como Anna, dizer "não" contraria a própria percepção que têm de si mesmas. É o mesmo padrão de pensamento que as impede de pedir ajuda. Anna foi incapaz de perceber que as expectativas que ela mesma colocara sobre seus ombros se tornaram irrealistas. Isso a levou a uma sensação de desespero, agravada ainda mais pela sua dificuldade de pedir socorro.

Depois que a família a convenceu a procurar um psicoterapeuta, Anna teve mais consciência de suas necessidades, o que a ajudou a dizer não quando não tinha condições de atender às solicitações dos outros. Ela também passou a integrar um grupo de apoio para pessoas que cuidam de pacientes de Alzheimer e requisitou a ajuda de seus filhos para transportar o pai.

É comum que, ao aprendermos a cuidar melhor de nós mesmos, tenhamos mais satisfação em ajudar os outros. Como auxílio para que você se sinta mais à vontade dizendo "não" quando for o caso, experimente algumas das seguintes táticas:

Inverta o "não". Tenha em mente que, ao dizer não a uma solicitação, você está dizendo "sim" para alguma outra coisa. Recusar um compromisso extra no trabalho lhe dará mais tempo para desfrutar do fim de semana com sua família.

Faça as regras e siga-as. Se um amigo ou colega lhe pede um empréstimo ou um favor que o faz sentir-se pouco à vontade, você pode tentar dizer-lhe que, "como regra", não empresta dinheiro a amigos, ajuda pessoas a se mudar e assim por diante. Isso minimiza sentimentos potencialmente dolorosos e pode preservar sua amizade ou sua relação de trabalho. Essa técnica do "como regra" também funciona bem com adolescentes que tendem a repetir os mesmos pedidos com freqüência. Você pode simplificar, dizendo apenas: "Você sabe que, como regra..."

Ignore as pressões. Se não tem certeza sobre como responder a um pedido, contemporize. Diga educadamente a quem pediu que voltará a lhe falar depois de consultar a sua agenda. Desse modo, você terá tempo para refletir sobre os prós e os contras do pedido. Se estiver sendo pressionado por uma decisão naquele exato momento, então pode simplesmente recusar devido à premência de tempo.

Seja franco. Todo mundo fica superocupado de tempos em tempos, seja porque está lutando para dar conta de um trabalho no prazo determinado, planejar um evento ou cuidar de um amigo ou parente doente. Às vezes se torna estressante manter compromissos que já havíamos feito, e ser francos a respeito dessa situação é muitas vezes a melhor atitude. A maioria das pessoas sente empatia por estarmos sobrecarregados e em geral encontra uma solução alternativa.

Mundo louco

A raiva é uma reação comum – e às vezes saudável – a situações estressantes. As pessoas freqüentemente relatam o sentimento de alívio que experimentaram ao deixar seus sentimentos de raiva "saírem do peito", e às vezes uma manifestação razoável de raiva pode levar à solução de uma situação estressante. Recentemente os neurocientistas identificaram uma região específica do cérebro que é estimulada quando as pessoas se preparam para satisfazer a fome e outros desejos. Essa pesquisa sugere a idéia de que "a vingança é doce".

Mas é claro que, assim como uma pessoa que está com muita fome pode comer demais, uma pessoa que se sente enganada pode acabar se excedendo em seu "troco". Às vezes o perdão e a empatia podem ajudar a não ir longe demais no desejo de vingança, e esse é quase sempre o melhor caminho para uma solução pacífica (veja também o Passo 3).

Quando nos irritamos também podemos ficar obcecados, e a raiva incontida pode nos levar à fúria, à hostilidade e à infelicidade. Pessoas de "pavio curto", que se irritam a qualquer provocação, podem ter uma expectativa de vida mais curta. A manifestação da raiva se reflete no sistema nervoso e pode aumentar o ritmo cardíaco, a pressão arterial e o risco de acidente vascular cerebral. Há também indícios de que as pessoas de temperamento colérico são mais propensas a sofrer doenças cardíacas.

Sufocar a raiva também não é a melhor resposta. As pessoas que prendem suas emoções e sofrem em silêncio tendem a ter níveis mais elevados de hormônio do estresse no organismo do que aquelas que têm válvulas de escape saudáveis. Estudos sistemáticos apontam para um nível intermediário e ideal de expressão da raiva, entre as explosões descontroladas e a repressão total. Assim, somos capazes de modular a liberação de hormônio do estresse que acompanha a raiva reprimida sem explodir, e talvez sem dizer coisas das quais podemos nos arrepender depois.

Há várias abordagens para o controle da raiva. A maioria das técnicas destina-se a ajudar as pessoas a ter consciência dos seus impulsos subjacentes, a aprender a controlar os sentimentos raivosos e a usar técnicas de relaxamento para minimizar suas reações físicas a tais sentimentos. A raiva descontrolada pode ser às vezes um sintoma de outro problema, como depressão, bebida em excesso ou abuso de drogas. Independentemente da causa de acessos crônicos de raiva, é preciso admitir primeiro que se tem um problema para que qualquer abordagem possa ser bem-sucedida. Quase todo mundo pode aprender como ser firme e expressar adequadamente a raiva sem se tornar agressivo ou destrutivo.

Ria diante do estresse

Todo mundo gosta de dar uma boa risada. O humor nos permite liberar a tensão e deixar de lado sentimentos de medo ou raiva, mesmo que só por pouco tempo. Norman Cousins foi um campeão no uso do humor para combater sua artrite dolorosa e deformante, e a pesquisa sistemática comprova esses efeitos benéficos do humor para a saúde.

Cientistas japoneses estudaram recentemente um grupo de voluntários que assistiam a uma comédia popular na televisão enquanto jantavam, comparando-os a outro grupo que assistia a uma aula enfadonha. Depois do jantar, o grupo que riu tinha níveis de açúcar mais estáveis no sangue. A estabilidade do açúcar no sangue, como se sabe, reduz o risco de diabetes.

O riso também pode nos proteger contra doenças cardíacas. Num outro estudo recente sobre estresse, feito com trezentos voluntários, os cientistas descobriram que 60% das pessoas *sem* doenças cardíacas encaravam a vida diária com mais humor. Outros estudos ligaram o hábito de assistir a meia hora de comédias na televisão a uma pressão arterial mais baixa e melhor ritmo cardíaco, dois fatores que reduzem o risco de ataques cardíacos.

É possível dizer até que a antecipação de uma situação humorística já produz benefícios para a saúde. Voluntários que souberam que assistiriam a uma das suas comédias preferidas dali a três dias tiveram uma queda nos níveis de hormônio do estresse e um incremento nos níveis de substâncias químicas que fortalecem o sistema imunológico. Outras pesquisas verificaram que o riso melhora a nossa capacidade de tolerar a dor. Portanto, seja qual for a sua preferência em termos de humor, uma dose regular de risadas pode não só levantar seu ânimo como prolongar a sua longevidade.

Enrole e desenrole

Deite-se numa cama confortável para fazer o seguinte exercício: Enquanto o resto do corpo se mantém relaxado e confortável, feche lentamente o punho direito, o mais apertado que puder. Concentre-se na tensão do punho direito, da mão, do antebraço. Após cinco segundos, relaxe a mão, deixe os dedos e o pulso ficarem moles, e relaxe durante 15 a 30 segundos. Preste atenção nas sensações de tensão e de relaxamento nesses músculos. Agora repita com o punho esquerdo, depois relaxe. Em seguida, dobre o cotovelo direito, retese o bíceps e mantenha a tensão por cinco segundos. Depois estique o braço e deixe-o cair suavemente ao lado do corpo; relaxe por 15 a 30 segundos. Repita o exercício com o lado esquerdo. Continue com essa seqüência de retesar e relaxar diferentes grupos de músculos sucessivamente em seus braços, nos ombros, peito, rosto, costas, abdome, nádegas, pernas e pés. Depois que completar os movimentos com os artelhos, retese o corpo inteiro por cinco segundos e depois relaxe completamente. Inspire profundamente várias vezes e desfrute a sensação do relaxamento muscular.

O valor do travesseiro

Calcula-se que 100 milhões de norte-americanos sofram de estresse e insônia, que podem causar dano à memória, fadiga, irritabilidade e uma série de outros problemas. A Administração Nacional de Segurança no Tráfego em Auto-estradas avalia que os motoristas que dormem ao volante causam mais de 100 mil acidentes de carro a cada ano. Enganar o sono também pode engordar. Pesquisadores descobriram recentemente que não dormir o suficiente eleva os níveis de hormônios estimuladores do apetite no sangue, o que se reflete num maior risco de sobrepeso.

Uma pessoa normalmente necessita de sete a oito horas de sono a cada noite, mas essa necessidade diminui com a idade. Pessoas privadas de sono tendem a perder energia e motivação; costumam sentir-se com a "cabeça tonta" ou confusas no dia seguinte. Embora uma das metas da redução do estresse seja dormir um número de horas suficiente, nem todo sono é igual. Para que o sono seja reparador, precisamos *permanecer* dormindo a noite toda. Mesmo os ruídos sutis que na verdade não nos despertam podem afetar a qualidade do nosso sono. É por isso que dormir diante da televisão pode nos fazer sentir cansaço no dia seguinte.

Veja algumas dicas para um bom sono:

- *Mantenha um horário*. Nossos corpos se ajustam naturalmente a ciclos diários regulares. Às vezes os problemas de sono resultam de horários temporariamente fora de sincronia com as exigências do nosso estilo de vida habitual. Tente ir para a cama na mesma hora todas as noites e ajuste seu despertador para a mesma hora a cada manhã. Para manter seu corpo nessa rotina, não durma muito tarde e evite tirar sonecas durante o dia.
- *Sossegue antes da hora de dormir*. Evite ver televisão ou comer depois que estiver na cama. Se gostar de ler antes de dormir, deixe de lado histórias que podem causar excitação. Quem prefere ouvir música deve optar por sons mais calmos e deixar o *heavy metal* para as atividades diurnas. A cafeína e os líquidos em geral devem ser evitados. Permaneça também consciente de

quando começou a perceber o sono – é nesse momento em que você deve apagar a luz, ficar numa posição bem confortável e deixar-se relaxar.

- *Tome um banho.* Muitas pessoas acreditam que uma chuveirada morna ou um banho de banheira antes de ir para a cama relaxa os músculos e ajuda a dormir.
- *Crie uma área de conforto.* Arrume os móveis do quarto, a luz e o nível do som de modo que eles contribuam ao máximo para a calma e o conforto do ambiente (veja o Passo 5).
- *Fique ativo durante o dia.* Uma das melhores maneiras de dormir bem à noite é garantir uma boa quantidade de atividade física durante o dia. No entanto, cuidado: fazer exercícios à noite, perto da hora de dormir, pode causar excitação e atrapalhar o sono.
- *Fale com seu médico.* A insônia crônica pode ser um sintoma de depressão ou de alguma outra disfunção, portanto consulte seu médico caso os esforços para melhorar o sono sejam ineficazes.

A força da acupuntura

Essa antiga terapia chinesa tem sido usada como tratamento para várias formas de dor e para uma série de estados relacionados ao estresse. A acupuntura consiste na inserção de agulhas muito finas na pele em áreas específicas do corpo. Algumas formas de acupuntura usam, no lugar de agulhas, calor, pressão ou correntes elétricas leves para estimular a energia nesses pontos.

A teoria chinesa diz que a energia *chi* flui através do corpo ao longo de caminhos, ou *meridianos*, e que o bloqueio desse movimento causa doenças. Os profissionais tradicionais acreditam que a acupuntura desbloqueia esses caminhos e equilibra o fluxo de *chi*, restaurando a saúde. Alguns médicos ocidentais que a praticam sugerem outras explicações para o modo como a acupuntura funciona. A dra. Hélène Langevin, da Universidade de Vermont, relatou que os pontos da acupuntura correspondem a áreas com tecido conjuntivo espesso, que também contêm grande concentração de terminais nervosos. O estímulo dessas regiões, segundo ela, pode agir sobre as áreas dos nervos que transmitem os sinais de dor. O tratamento aumenta os níveis de endorfinas, o que pode ter efeito analgésico. A acupuntura também eleva os níveis de serotonina, substância química do cérebro que atua como um antidepressivo natural.

Num estudo recente com mais de 15 mil pessoas com dor de cabeça crônica, aquelas que receberam um tratamento de acupuntura durante três meses uma vez por semana sentiram uma melhora significativa das dores, o que não aconteceu com as que receberam apenas tratamentos convencionais. Outros estudos descobriram que a acupuntura alivia a dor e melhora o estado de pacientes com artrite, em comparação com outros tratamentos. Embora nem todos os estudos tenham sido positivos, há evidências suficientes para admitir que esse tipo de intervenção tão antiga tem potencial para aliviar o sofrimento de vários tipos de dor.

Fazendo o seu pé-de-meia

Já que estamos vivendo mais, é importante planejar financeiramente essa sobrevida. Amenizar as preocupações com o futuro é fundamental para aliviar o estresse. As pesquisas indicam que a maioria das pessoas não economiza o suficiente para desfrutar confortavelmente dos anos de aposentadoria. De fato, de acordo com um levantamento feito nos Estados Unidos pela Associação dos Aposentados (AARP), um em cada três aposentados se vê forçado a voltar a trabalhar, seja porque não economizou o suficiente ou porque sofreu perdas desastrosas em seus investimentos. Só um em cada três contribuintes norte-americanos contribui para um fundo de aposentadoria isento de taxas, e aqueles que o fazem em geral contribuem com menos dinheiro do que poderiam ou deveriam contribuir.

Os neurocientistas talvez tenham uma explicação biológica para esse fenômeno. Estudos de neuroimagem sugerem que nosso cérebro é estruturado para preferir a gratificação imediata, ou seja, aproveitar o presente em vez de economizar para o futuro. Por meio da RMI de escaneamento funcional, pesquisadores da Universidade de Princeton estudaram a atividade cerebral de voluntários que escolhiam entre diferentes opções de recompensa em dinheiro. Eles verificaram que as decisões financeiras envolvem duas áreas do cérebro: o córtex pré-frontal, uma região de tomada de decisões, altamente evoluída, e uma região cerebral primitiva, conhecida como sistema límbico, responsável pelas decisões que envolvem recompensas imediatas. Os sujeitos do estudo que tendiam mais a gratificações imediatas manifestaram maior atividade nessa região límbica. Assim, sua predisposição cerebral para uma gratificação imediata pode sabotar suas tomadas de decisão de longo prazo.

As companhias de investimento trabalham para criar novas atitudes em relação à poupança para o futuro, a fim de ajudar as pessoas a superar essa tendência a divertir-se agora e economizar depois. Quanto mais cedo colocarmos em ordem o nosso planejamento financeiro, menos estresse sentiremos a respeito do futuro. Aqui vão algumas estratégias que poderão funcionar com você:

- *Calcule as suas necessidades reais.* Ter uma idéia realista de quanto dinheiro você terá ao se aposentar, com base em seus hábitos atuais de poupança, pode significar um alívio para o estresse ou um alerta para empreender mudanças. Um consultor financeiro ou um consultor de investimentos poderá orientá-lo no cálculo exato desses valores.
- *Vigie seus gastos atuais.* Dê uma olhada séria nos seus gastos atuais. Ao rever os seus hábitos, verifique se há algum item que você pague regularmente e que pode ser cortado. Tentar economizar dinheiro trocando uma ida ao shopping por um passeio agradável e *gratuito* ao ar livre pode ser um agradável desafio.
- *Escolha o seu plano.* Os trabalhadores costumam receber tantas ofertas de planos de poupança de bancos e financeiras que acabam não optando por plano algum. Quando as companhias adotaram a inscrição automática não opcional e as pessoas tiveram que *descartar* o plano que não queriam em vez de *escolher* dentre vários planos, a situação mudou: notou-se um aumento expressivo na proporção dos que passaram a reservar algum dinheiro para os tempos de aposentadoria. Seja qual for o seu caso, faça um esforço para escolher logo o seu.
- *Vá em frente!* Se você contribui atualmente com 1% dos seus ganhos, tente elevar essa contribuição para 2 ou 3% — talvez você nem perceba muito a diferença. Da próxima vez que receber um aumento ou as suas despesas baixarem, aproveite a oportunidade para aumentar seu pé-de-meia.
- *Torne a sua contribuição automática.* Assim você não precisa pensar em fazer depósitos para o futuro a intervalos regulares, e o dinheiro não ficará disponível para gastar agora. Mesmo que o seu empregador não ofereça um plano de aposentadoria, há outras opções. Um consultor financeiro profissional pode

ajudar a escolher o que se adapta melhor às suas necessidades.

- *Fique de olho nos seus investimentos.* Economizar e investir são um excelente começo, mas você terá também que evitar riscos. Perdas de capital podem criar estresse financeiro e emocional. A maioria dos consultores financeiros recomenda que investimentos de risco sejam evitados quando a idade da aposentadoria estiver próxima.

Estresse no ambiente de trabalho

É difícil trabalhar bem sob pressão. No entanto, a maioria das pessoas já passou por algum grau de estresse no trabalho. Nesses casos, é forte o impacto sobre a nossa saúde o nosso bem-estar. O relacionamento com os colegas e o chefe, expectativas irrealistas e até mesmo o ambiente físico podem detonar o estresse. (Veja o Passo 5).

O estresse que decorre diretamente de um problema com o chefe afeta negativamente a saúde dos empregados. Cientistas descobriram que, quando os funcionários dos serviços de saúde trabalhavam para um chefe que consideravam injusto, sua pressão arterial sistólica (quando o coração se contrai) subia treze pontos, e a distólica (entre as contrações) subia em média seis pontos. Isso é o suficiente para aumentar o risco de um acidente vascular cerebral em quase 40%. Quando os funcionários trabalhavam para um chefe que respeitavam e no qual confiavam, que os apoiava com elogios e estímulo, a pressão arterial dos trabalhadores chegava a baixar ligeiramente.

Outros estudos verificaram que o risco de morte por ataque cardíaco dobra entre os empregados durante períodos de demissões. Uma análise feita com mais de 24 mil trabalhadores suecos verificou que durante períodos de fusão de empresas aumentava o número dos que tiravam licenças por doença ou iam parar no hospital por problemas de saúde.

Muitas vezes o estresse dos funcionários parece surgir da combinação de fortes demandas no trabalho com a sensação de que têm pouco ou nenhum controle sobre o que fazem. Quando sentem que têm algum controle em seu ambiente de trabalho, como o poder para dirigir suas próprias ações, as pessoas se sentem mais satisfeitas, sofrem menos estresse e se tornam mais produtivas. Como em geral não podemos eliminar as fontes de estresse no nosso trabalho, a descoberta de outras formas de relaxar pode nos ajudar a evitar ao menos parte das suas conseqüências físicas e emocionais negativas:

- *Organize-se e evite protelações.* No início de cada dia, dedique alguns minutos para estabelecer as suas prioridades e organizar as tarefas diárias. Seja realista sobre o que pode cumprir e evite adiar tarefas difíceis, concentrando-se no que é realmente importante fazer. Isso também o ajudará a minimizar as multitarefas.
- *Sintonize as suas habilidades de comunicação.* Os problemas de comunicação e os mal-entendidos podem ser uma das principais fontes relacionadas ao estresse no ambiente de trabalho. Tente ser bem específico na formulação de questões ou nas reclamações, e evite entrar em conflitos que não o envolvem diretamente. Quando os conflitos surgirem, ouça com atenção antes de expor a sua posição. Se possível, não envolva seus superiores num conflito com colegas a menos que suas tentativas de resolvê-lo fracassem. Lembre-se de que tudo aquilo que você coloca por escrito – especialmente e-mails

– pode se tornar um registro público e permanente, portanto escolha as palavras com sabedoria.

- *Modere a cafeína.* Embora quantidades moderadas de cafeína possam estimular a atenção, o excesso leva à irritabilidade e à ansiedade, o que só contribui para o estresse. Evite recorrer com muita freqüência ao cafezinho quando está sob pressão.
- *Faça pausas regulares para se alongar e relaxar.* Levante-se da mesa de trabalho para se alongar e fazer exercícios respiratórios a intervalos regulares. Se possível, procure sair ou abrir uma janela para receber um pouco de ar fresco durante as pausas no trabalho. Ponha seu despertador para lembrar-se de alongar e de se movimentar. Relaxe seus músculos ao longo do dia.
- *Delegue.* Pessoas que têm dificuldade em delegar poderes e tarefas costumam se estressar sem necessidade. Pedir ajuda na realização de tarefas que outros podem executar lhe permite dispor de mais tempo para completar um trabalho que só você pode fazer.
- *Adapte seu ambiente pessoal.* Fotografias e outros objetos pessoais podem dar personalidade e proporcionar uma sensação doméstica a seu lugar de trabalho, o que certamente contribuirá para a tranqüilidade. Para ter mais comodidade e evitar lesões, procure conhecer os princípios ergonômicos do ambiente de trabalho (veja o Passo 5). Às vezes uma medida simples, como ajustar o ângulo da sua cadeira e a posição do teclado do computador, ou instalar um descanso para os pés, pode aliviar a tensão muscular e reduzir o estresse.
- *Faça a sesta.* Pessoas que estão com o sono atrasado podem se sentir mais alertas e com mais energia para o resto do dia se tiverem alguns minutos para uma soneca à tarde. Um estudo recente feito com voluntários que fizeram uma sesta de

30 minutos demonstrou que depois eles tiveram uma produtividade maior no trabalho, em comparação aos que não fizeram (veja o quadro).

Dicas para uma sesta produtiva

1. Limite sua soneca a não mais de trinta minutos. Sestas mais longas em geral nos deixam uma sensação de cansaço e tontura. Planeje uma sesta de vinte minutos.
2. Muitas pessoas evitam tirar uma soneca durante o dia porque receiam dormir demais. Use um despertador para que isso não aconteça.
3. Pessoas que dispõem de um escritório privado só precisam fechar a porta e desligar o telefone para descansar um pouco. Quem trabalha num local mais público precisa ser criativo para encontrar um local calmo e privado. Alguns preferem ficar no carro ou num lugar sombreado num parque durante a hora do almoço.
4. Não se preocupe se não conseguir dormir. Relaxar com os olhos fechados já o ajudará a sentir-se mais descansado depois.

Adversários do estresse

Existe uma série de outras abordagens que não só reduzem o estresse como melhoram a forma física, o equilíbrio e a clareza mental. A seguir, alguns exemplos:

- *Ioga*. Essa antiga prática indiana promove a saúde e o relaxamento por meio de uma seqüência de posições e de exercícios respiratórios que aumentam a força, o equilíbrio e a flexibilidade. É eficiente para reduzir o estresse e aumentar a clareza mental. Verificou-se que a ioga faz baixar os níveis de colesterol e a pressão arterial, e um recente estudo científico constatou que a sua prática combinada à meditação, num programa de seis semanas para redução do estresse, foi benéfica também para o coração.
- *Tai chi*. É uma forma de exercício de origem chinesa que pode reduzir o estresse, aumentar a força, melhorar o equilíbrio, e que ajuda a evitar quedas em pessoas idosas. Muitos dos movimentos, originariamente derivados das artes marciais, são realizados lentamente e com delicadeza, e dão ênfase à respiração profunda e ao relaxamento. Cientistas descobriram recentemente que o tai chi pode melhorar o funcionamento do coração e do pulmão. Pesquisadores do Instituto Semel de Neurociências e Comportamento Humano na UCLA – Universidade da Califórnia em Los Angeles – relataram que 15 semanas de tai chi ajudaram adultos a se proteger do vírus do herpes (o mesmo vírus que causa a catapora), o que indica que a sua prática pode estimular o sistema imunológico. O chi gong é também é uma antiga prática chinesa e tem semelhanças com o tai chi, com o qual compartilha muitos exercícios destinados a melhorar a concentração mental, o movimento e a respiração.
- *Auto-hipnose*. Esse método em geral combina técnicas de relaxamento e visualização de imagens para induzir a mente a um estado hipnótico, numa forma muito profunda de relaxamento. Foi comprovado que a auto-hipnose baixa os níveis de estresse, reduz a dor e alivia alguns sintomas alérgicos. Também contribui para a concentração e a memória.

- *Massagem*. Além de reduzir o estresse, a massagem terapêutica tem sido usada para tratar os sintomas de vários problemas de saúde, como enxaqueca, dores na coluna e no pescoço e fibromialgia. Alguns especialistas acreditam que a massagem faz mais do que proporcionar alívio temporário da dor, e que pode de fato ativar o sistema imunológico. O Instituto Nacional de Saúde dos Estados Unidos tem um Centro de Medicina Complementar e Alternativa que está empreendendo estudos sistemáticos sobre os efeitos benéficos da massagem para a saúde. Os resultados iniciais são encorajadores.
- *Atividade e vida social*. A atividade física não só melhora a saúde e o vigor, mas também nos ajuda a relaxar – em parte graças ao hormônio endorfina, o antidepressivo natural que nossos corpos secretam durante exercícios aeróbicos. Desfrutar de uma partida de tênis ou de uma caminhada acelerada com um amigo pode reduzir o estresse e trazer benefícios emocionais resultantes da interação social.
- *Controle do entulho*. Muitas pessoas não têm consciência de que uma casa, um local de trabalho ou qualquer outro espaço desorganizado e cheio de coisas acumuladas pode provocar estresse. Reduzir o entulho à nossa volta é um desafio constante ao longo da vida e com o qual podemos lidar melhor se o enfrentarmos diariamente, colocando as coisas onde elas devem ficar e jogando fora tudo que não precisamos, antes que o entulho saia do nosso controle (veja o Passo 5).
- *Abrir-se*. Um dos meios mais eficazes de redução do estresse é falar sobre o que sentimos com alguém em quem confiamos. Seja com o seu cônjuge, o melhor amigo ou um profissional, tirar o peso do seu peito pode ajudar a colocar os problemas na real perspectiva e aliviar o desgaste causado por uma situação estressante.

- *Planejar com antecedência.* Às vezes sabemos ou podemos prever que vamos enfrentar uma situação estressante. Pode se tratar de um jantar de cerimônia na casa de um parente que sempre é desagradável com você, ou chegar ao escritório numa segunda de manhã e ter de se apresentar a um colega que conseguiu a *sua* promoção. Tente encarar essas situações como oportunidades de se fortalecer emocionalmente para lidar com o estresse e de evitar a repetição de erros cometidos em situações semelhantes, quando você não teve tempo para se preparar.

Como a resposta às várias técnicas de redução do estresse é individual, é uma boa idéia experimentar diversas abordagens até encontrar a que mais lhe convém. E, claro, a dica mais importante: sempre que possível, simplesmente caia fora de uma situação estressante.

Vivendo sem estresse

- Pratique a atenção consciente através da meditação, das técnicas de relaxamento da ioga ou de outros exercícios de que você goste. Faça pausas antiestressantes ao longo do dia.
- Evite a multitarefa organizando um horário regular a cada dia para completar tarefas prioritárias; procure terminar uma tarefa antes de começar outra.
- Aprenda a dizer "não" quando for preciso.
- Não reprima de todo a raiva: expressões moderadas de raiva ajudam a modular o estresse.

- Use o humor para obter outra perspectiva de situações estressantes.
- Durma um bom sono todas as noites. Procure combater a insônia sem medicamentos, tomando medidas simples como seguir horários regulares de ir para cama e manter o quarto escuro e silencioso durante toda a noite.
- Descubra maneiras de limitar o estresse no trabalho.
- Dê ênfase a economizar para o futuro.
- Reduza o estresse desentulhando seu ambiente pessoal.
- Planeje estratégias para lidar com situações estressantes que você já conhece ou pode prever.

Passo 5

Cuide do seu meio ambiente

Barbara G. levou chá e biscoitos para o escritório de seu marido, Greg, que estava trabalhando até tarde num caso que deveria enfrentar na manhã seguinte. Para abrir espaço para a xícara de chá, ele teve que deslocar dois montes de jornais e uma pilha de documentos jurídicos, e mesmo assim ainda foi preciso empurrar o telefone e um amontoado de correspondências para o lado da mesa. Barbara ajudou-o ansiosamente a arrumar os jornais. Ela sempre detestou entrar naquela sala: a desordem caótica de livros, pastas, documentos e anotações rabiscadas lhe dava arrepios.

— Como é que você consegue trabalhar nesta bagunça? — perguntou pela milionésima vez.

Ele deu de ombros:

— Eu sei, eu sei, logo que terminar essas duas causas, vou organizar tudo.

Depois relaxou na cadeira, colocou os pés sobre outra pilha de pastas e voltou ao trabalho.

Na noite seguinte, enquanto Barbara tirava os pratos após o jantar, Greg já estava de novo voltando para o escritório. Vinte segundos depois ele chamou Barbara num grito. Ela foi correndo e o encontrou em pé no centro do agora limpo, organizado e imaculado estúdio — as pastas haviam sido enfiadas nas gavetas e a mesa tinha sido encerada e arrumada —, com o telefone, o computador e o fax dispostos sobre a superfície.

— Que diabo aconteceu aqui? — ele quis saber.

— Você gostou? — ela perguntou animada. — Maria e eu fizemos uma limpeza aqui hoje.

Em pânico, ele vasculhou a mesa.

— Onde está o arquivo de Mitchelson? Não estou vendo o arquivo de Mitchelson!

Barbara se dirigiu para o fichário:

— Eu o ajudo a encontrar.

— Não! — ele gritou. — Você estragou todo o meu sistema de organização! O arquivo de Mitchelson estava em cima da terceira pilha da esquerda para a direita, por trás do telefone, perto do fax! Tinha dois clipes amarelos presos na capa!

Nosso ambiente influencia diretamente não apenas o que sentimos, mas as funções do nosso corpo e a extensão da nossa vida. Os lugares onde moramos, trabalhamos e nos divertimos nos afetam física e emocionalmente – e cada um de nós reage diferentemente aos vários fatores ambientais. Esses fatores podem ser gerais, como trânsito e barulho, ou pessoais, como desorganização e estética. Uma longevidade saudável requer que adaptemos os ambientes para satisfazer as nossas necessidades individuais.

De olho na estética

Para criar um lar ou um ambiente de trabalho confortáveis, precisamos focalizar a função *e* o impacto emocional do espaço. Cada um de nós tem seus gostos em estilo e estética, e os bons decoradores procuram conhecer seus clientes pessoalmente para serem capazes de evocar determinadas sensações nos ambientes que decoram.

Uma sala de estar decorada com poucos móveis modernos pode relaxar instantaneamente uma pessoa, enquanto uma decoração rústica pode ser exatamente o que uma outra pessoa precisa para sentir-se acolhida. As escolhas nos campos da arte e da cor podem gerar uma atmosfera que anima ou deprime o nosso estado emocional. Uma cor quente, como vermelho, pode advertir uma pessoa de um perigo, enquanto em outras evoca paixão. Cores frias como o azul e o verde, e neutras, como os tons castanhos, costumam geralmente transmitir uma sensação de calma.

Uma teoria bastante conhecida sobre decoração, o Feng Shui, é a antiga arte chinesa de arrumar a casa ou o ambiente de trabalho de modo a proporcionar saúde, felicidade e prosperidade. Os consultores de Feng Shui aconselham seus clientes sobre muitos detalhes das coisas que os cercam, desde as cores até a disposição dos móveis. Um dos seus princípios se refere à importância da primeira impressão que se tem ao entrar numa casa. Para criar uma sensação aconchegante e acolhedora, às vezes basta simplesmente colocar um grande jarro com flores num canto da entrada. Outro conselho é não colocar camas, escrivaninhas e sofás diretamente sob focos de luz, para evitar aquela sensação de ter algo pendurado sobre a sua cabeça. Em espaços pequenos, um especialista em Feng

Shui recomendaria pendurar um espelho e eliminar móveis desnecessários para dar a impressão de amplitude.

Sons e ruídos à nossa volta, assim como a música que ouvimos, têm um impacto importante sobre nosso estado de espírito e qualidade de vida. Verificou-se que os cirurgiões trabalham mais depressa e com maior precisão quando ouvem música durante procedimentos cirúrgicos. Um tipo específico de ruído, num processo chamado terapia de vibroacústica, é usado para reduzir o estresse e sintomas de dor. Ouvir música clássica reduz comprovadamente as elevações de pressão arterial relacionadas ao estresse. Quaisquer que sejam as suas preferências musicais – country, rock ou rap –, a música contribui para melhorar sua disposição e a qualidade de vida. Para quem dispõe de jardim ou de uma área externa, as fontes são agradáveis ao ouvido, tranqüilizantes para os olhos e eficientes para mascarar ruídos externos desagradáveis, como os do trânsito.

Objetos artísticos, tecidos bonitos e móveis confortáveis aumentam o aspecto acolhedor do ambiente em que vivemos, além de contribuírem para diminuir o estresse e transmitir uma sensação de abrigo. Dispor fotografias e lembranças de pessoas que amamos nos ajudará a evocar a sua presença. Luz natural e plantas, assim como áreas de recolhimento e reflexão, dentro e fora de casa, favorecem a estética e o funcionamento do nosso ambiente.

Seu quarto é sagrado

Passamos quase uma terça parte da nossa vida dormindo. O modo como arrumamos nosso quarto pode reforçar ou prejudicar o sentimento de segurança e conforto que nos ajuda a dormir. A quantidade de sono que temos a cada noite exerce um impacto muito maior sobre a saúde e a longevidade saudável do que imaginamos.

Embora uma quantidade insuficiente de sono traga riscos para a saúde, dormir demais pode ser igualmente prejudicial. Numa pesquisa realizada com mais de 100 mil pessoas, cientistas japoneses descobriram recentemente que quem dorme oito horas ou mais a cada noite tem uma taxa de mortalidade mais alta em comparação a quem dorme apenas seis horas. No entanto, a taxa mais alta de risco de mortalidade foi achada entre aqueles que dormem menos de quatro horas e meia.

O sono também afeta o apetite. Quando não dormimos o suficiente, nosso corpo produz quantidades inadequadas de um hormônio responsável pela sensação de saciedade. A falta de sono, portanto, pode nos levar a ter mais apetite e a ganhar peso. Para a maioria das pessoas, entre seis e sete horas de sono garantem uma boa saúde e uma longevidade de qualidade.

Como ajuda para um sono tranqüilo e relaxante, preste atenção aos seguintes detalhes:

Colchões. Teste vários tipos e verifique qual deles faz você se sentir melhor, levando em conta o conforto e também a firmeza. Encapar o colchão com uma capa antialérgica o protegerá contra ácaros e poeira.

Roupa de cama. Os lençóis de algodão costumam ser mais macios, o que melhora o sono para muitas pessoas, mas os muito finos, que são os mais caros, rasgam-se facilmente e precisam de reposição após repetidas lavagens. Os travesseiros também são importantes. Os de penas de ganso proporcionam melhor apoio para a cabeça e o pescoço, mas quem é alérgico deve preferir travesseiros de espuma. Lembre-se de que até mesmo os travesseiros sintéticos podem abrigar ácaros. A melhor proteção é usar fronhas antialérgicas. Além disso, para as pessoas que costumam ter dores na parte baixa da coluna, um travesseiro adicional sob os joelhos (para quem dorme de barriga para cima) ou entre os joelhos (para quem dorme de lado) é uma boa idéia para reduzir a tensão muscular e proporcionar maior conforto.

Iluminação. Se você gosta de ler na cama, certifique-se de que tem boa iluminação para evitar cansar os olhos ou ter dor de cabeça. Evite, porém, luz *em excesso*, porque o brilho das lâmpadas de alta voltagem não ajuda a cair no sono. Se o seu quarto é exposto à luz matinal, considere a possibilidade de dar às vidraças um tratamento que quebre a luz, se não quiser acordar cedo demais. Ao se levantar, deixe a luz do sol entrar no quarto. Esse é um ótimo meio de começar o dia e nos protege contra as depressões de inverno.

Ruído e temperatura. Devemos levar em conta os ruídos que podem nos despertar, seja o barulho do trânsito, latidos de cachorro ou o cônjuge que ronca. O ronco, quando excessivo, pode ser sintoma de apnéia e requer tratamento. Para outros ruídos inevitáveis, experimente protetores auditivos ou uma máquina de "ruído branco" que reproduza o barulho das ondas ou outros sons calmantes. Prefira um despertador com alarme suave, o que é bem melhor do que os despertadores com som estridente e agudo. Talvez você aprecie uma música tranqüila para ajudar a começar seu dia com o pé direito.

A maioria das pessoas prefere um quarto confortavelmente frio para dormir, com uma temperatura de cerca de 20ºC, o que permite o uso de um cobertor para se aconchegar na cama. Procure abrir uma janela ou ligar um ventilador em velocidade baixa, ou ainda, conforme o clima, ar-condicionado ou aquecimento.

Leitura e televisão. Os especialistas sugerem uma atividade agradável e relaxante como preparação para a hora de dormir. É melhor evitar programas de televisão e leituras excitantes, tipo suspense, que estimulam e despertam a mente em vez de predispor ao sono. Se a televisão o ajuda a "apagar", use um controle automático para não ser despertado no meio da noite por um comercial estridente. Para quem sofre de insônia, o melhor é eliminar a televisão do quarto definitivamente.

Controle do entulho

Freqüentemente a coisa acontece de modo sutil: você entra num lugar e começa a se sentir pouco à vontade, confuso ou inquieto, mas não sabe exatamente por quê. Na próxima vez que isso acontecer, examine o que está à sua volta. Talvez você esteja sofrendo de uma sobrecarga de entulho: os efeitos psicológicos de um quarto, uma casa ou um ambiente de trabalho entulhados de coisas.

Cientistas já comprovaram que animais de laboratório em gaiolas lotadas e entulhadas se tornam agitados, indóceis e anti-sociais. Acúmulo de coisas, entulho e desorganização podem induzir altos níveis de cortisol, o hormônio do estresse que prejudica a memória e a concentração, além de agravar uma série de doenças associadas à idade.

Reduzir o entulho e manter uma casa e um local de trabalho organizados são um desafio diário permanente. Geralmente chegamos em casa depois de um dia atarefado carregando alguns pacotes, pegamos a correspondência e nunca tratamos de jogar coisas fora. Uma pilha de revistas e correspondências já lidas permanece sobre um móvel, um casaco fica pendurado na cadeira em vez de ir para o armário e assim por diante. Temos também a tendência de nos cercar de papéis, acessórios de computador, documentos, fotografias, CDs, roupas, livros, revistas e muitas outras coisas. Com o passar do tempo, o entulho acaba se acumulando até que não encontramos mais aquilo de que precisamos. Algumas pessoas preferem ir à loja de ferragens e comprar uma nova chave de fenda a procurar aquela que deve estar em algum lugar da garagem.

Levado ao extremo, o entulho pode chegar a níveis patológicos. Todo mundo já ouviu falar de pessoas que não conseguem parar de juntar roupas, revistas e jornais velhos, a tal ponto em que o entulho pessoal toma conta do ambiente. Essa forma de desordem obsessivo-compulsiva pode ser tratada profissionalmente, já que muitos desses colecionadores de lixo recusam-se veementemente a se separar de suas preciosas coleções.

A maioria de nós, felizmente, consegue lidar sem dificuldade com isso usando algumas das seguintes dicas para controlar o entulho:

- *Pense pequeno*. Reorganize e desentulhe um quarto ou uma área do quarto de cada vez. Tentar fazer isso na casa inteira ou no escritório inteiro de uma vez é desanimador e só reduz a nossa expectativa de conseguir terminar a tarefa.
- *Use caixas*. Separe os itens e coloque-os em três caixas. Chame uma de *caixa de doações*, a segunda de *coisas para guardar* e a terceira de *dúvidas*. Use essas mesmas caixas em cada área de sua casa ou escritório.
- *Deixe as coisas irem embora*. Tire de casa o mais depressa possível as coisas da caixa "doação". Depois, examine a caixa das "dúvidas" — se não usou nada do que está dentro dela nos últimos doze meses, passe-as para a caixa de doações — sem pena.
- *Separe imediatamente*. Quando receber correspondência ou trouxer compras para casa, separe-as imediatamente. No caso dos folhetos de propaganda, tente devolvê-los pelo envelope de

"resposta paga" com um bilhete pedindo que retirem seu nome da mala-direta.

- *Arrume pelas semelhanças*. Pegue as coisas para "guardar" e procure o que há de comum entre elas, seja função, cor ou textura. Organize-as e deixe as coisas semelhantes juntas, para que seja mais fácil encontrá-las depois. Será muito mais fácil encontrar a chave extra da porta se ela estiver na caixa destinada às chaves do que "em uma das gavetas da cozinha". Colocar rótulos nas chaves também seria útil.
- *Separe as coisas raramente usadas*. Suas roupas de inverno não precisam ficar no seu armário durante os meses de verão. Itens raramente usados podem ser guardados em lugares menos utilizados.
- *Isole o entulho necessário*. Nenhum de nós pode remover inteiramente todo o entulho de nossa vida, mas podemos reservar pequenos espaços para controlá-lo. Seja a clássica "gaveta da bagunça" na cozinha, um armário num quarto de dormir extra ou uma caixa no sótão, assegure-se de que é uma área fora da sua vista. Além disso, de tempos em tempos, faça uma revisão nesse entulho isolado e jogue coisas fora, principalmente se elas estiverem entulhando aquele espaço ou se tornando incontroláveis.
- *Programe um horário para desentulhar*. Organize-se para passar cinco a dez minutos por dia separando todo o entulho que vai se juntando. Carregue uma sacola de papel pela casa e vá examinando os lugares onde você passa mais tempo. Será que livros, revistas e correspondência não estão se empilhando? Seu armário de roupas, sua mesa de trabalho ou sua despensa estão ficando desorganizados? Separar e remexer nas pilhas um pouco a cada dia evitará que você tenha de realizar maratonas de arrumação.

A tecnologia e a sobrecarga de informações

Nas últimas décadas, os progressos tecnológicos em computadores, telecomunicações e outras coisas transformaram o ambiente em que vivemos. Os futurólogos predizem que logo seremos capazes de trocar chamadas em vídeo como trocamos e-mails. Tudo, desde fazer as compras no supermercado, pagar as contas domésticas até reservar uma mesa para jantar num restaurante, será realizado por nossas redes globais em rápida expansão.

Estamos assistindo a uma explosão da tecnologia da informação, e nossos computadores se tornam não só mais interessantes como também mais úteis. Até mesmo a psicoterapia é acessível online. Numa recente conferência patrocinada pelo Departamento de Saúde e Assistência Social dos Estados Unidos, cientistas relataram que a "terapia da fala" proporcionada via internet era eficaz para o tratamento de pacientes com ansiedade e fobia social. Ao mesmo tempo, estudos recentes indicam que os progressos da automação com freqüência são acompanhados de ineficiências. Com programas cada vez mais complexos, estamos vendo mais falhas de *software* e colapsos de computadores que nos fazem perder tempo e reduzem a produtividade.

A sobrecarga de informação resultante está criando uma nova forma de compulsão pelo entulho. Os sistemas de arquivos e as áreas de trabalho dos computadores coletam tanta tralha quanto nossos armários e gavetas. E não se trata apenas de dados eletrônicos, mas de cópias em papel também. O norte-americano médio consome mais de duas toneladas de papel por ano!

Estamos, portanto, entalados de tanta informação. Ela chega por boletins eletrônicos, telefones celulares, rádio, e-mails, TV a cabo com interface para computadores, e até telas de plasma em elevadores. Hoje, uma edição de domingo do *New York Times* provavelmente contém mais informação do que aquela a que uma pessoa comum era exposta durante toda a sua vida há apenas cem anos. Diante dessa informação em excesso, nós nos tornamos insensíveis, indecisos e frustrados.

Algumas inquietações quanto a essa nova tecnologia, contudo, parecem mais serem mitos. Uma lenda popular urbana, por exemplo, diz que o uso excessivo de telefones celulares pode causar tumores cerebrais. Um grupo de epidemiologistas dinamarqueses investigou sistematicamente essa questão e não conseguiu confirmar que o uso de celular tenha qualquer efeito sobre a incidência ou o tamanho de tumores cerebrais.

Estima-se que 75% dos adultos jovens e 20% dos mais velhos usam a internet, e o uso pelos mais velhos aumentou expressivamente durante a última década. Um dos maiores incentivos para que eles a usem é a maior facilidade de contato com parentes. É que os membros jovens da família encorajam seus pais e avós a terem um e-mail, e os mais velhos adoram a novidade. Vários recursos estão disponíveis pela internet para ajudar os mais velhos a desenvolver suas habilidades na informática, entre eles www.generationsonline.com e www.seniornet.org.

Mais de 60% dos usuários abrem seus e-mails uma vez por dia, e uma terça parte faz isso várias vezes por dia. O aumento da popularidade das mensagens imediatas e dos aparelhos portáteis transformou algumas pessoas em viciados em e-mails, que permanecem imersos em conversas on-line durante horas. Embora a troca rápida e fácil de informação eletrônica seja eficiente, o excesso de tecnologia faz com que muitos se desconectem do contato pessoal. O e-mail tem uma qualidade informal que pode diminuir nossas inibições quando nos comunicamos. Sem as sugestões visuais fornecidas pela presença física, fica mais fácil interpretar erradamente o que foi dito. Para se ter uma idéia, os e-mails trocados internamente nas empresas tornaram-se tão problemáticos que muitas empresas, agora, são obrigadas por lei a monitorá-los.

Joyce e Brian carregaram a caixa grande e embrulhada para a casa dos pais dela, e os filhos os seguiram levando o bolo de aniversário e um cartão. A mãe de Joyce, Ellen, fazia setenta anos, e todos se reuniram em volta dela para abrir o presente – um computador novinho em folha. Ellen sorriu, um pouco desapontada.

— Vocês, crianças, não deviam ter gastado tanto. Nunca vou aprender a usar isto. E seu pai só tocaria nele se fosse feito de chocolate.

O avô sorriu; ela tinha dito a verdade. Ele ainda estava aprendendo a usar o controle remoto da nova televisão, seu presente de Natal.

Ignorando seus protestos, Joyce disse a Brian para instalar o computador na saleta.

— Não se preocupe, mamãe, você vai adorar. Pode mandar e-mails para as crianças, ver retratos delas, encontrar novas receitas, jogar bridge, todo tipo de coisas. E já fizemos a sua assinatura num servidor on-line.

Com a ajuda de Joyce, Ellen aprendeu a usar o computador e começou a mandar e-mails para os netos uma ou duas vezes por semana. Ela mandava fotos dos netos para os amigos pela Web, e trocava receitas e dicas culinárias numa sala de bate-papo que Joyce a ajudou a encontrar.

Duas semanas depois, Joyce estava tentando falar no telefone quando Brian chegou em casa.

— O que será que está acontecendo? — ela exclamou, voltando a preparar o jantar. — A linha dos meus pais está ocupada há três horas!

Brian a beijou.

— Provavelmente eles deixaram fora do gancho. Garanto que está tudo bem.

Outro mês se passou e as crianças não viam os avós há semanas. Joyce telefonou para a mãe para combinarem de se encontrarem.

— Mas domingo é Dia dos Pais, e nós *sempre* nos reunimos!

— Vou consultar seu pai – foi a resposta.

Fez-se uma pausa.

— Tudo bem. Vamos estar aqui no sábado às quatro horas. Tchau.

Quando eles chegaram à casa dos pais de Joyce no sábado, o avô estava assistindo a uma partida de futebol na sala. A casa estava uma bagunça — pratos, copos, latas de refrigerante e roupa lavada sem dobrar por toda parte, e o avô nem tinha feito a barba. Ellen estava na saleta, diante do computador. Joyce se aproximou dela.

— Mamãe?

— Agora não! — Ellen sussurrou. — Estou com mais de 500 dólares!

Joyce, horrorizada, viu que sua mãe estava jogando pôquer pela internet.

Joyce e Brian mandaram as crianças brincar do lado de fora e tiveram uma conversa séria com os pais. Ao que tudo indicava, Ellen começara a jogar pela internet algumas semanas atrás e, sem o conhecimento do marido, desenvolvera um pequeno "hábito" que já havia lhe custado 3.500 dólares. Infelizmente, outras perdas – seu relacionamento com o marido, com os amigos e com a família — estavam se tornando evidentes. Ellen ficou envergonhada e não sabia explicar como aquilo tinha acontecido. Ela prometeu parar de jogar e deixar de lado a internet enquanto não encontrasse ajuda para seu novo "problema".

Ellen procurou um terapeuta e compreendeu que tinha de bloquear todos os *sites* de jogo da internet se quisesse conservar o seu computador, porque ficara viciada. O terapeuta a encorajou a cumprir um programa de doze etapas para jogadores. Seu marido, os amigos e a família ficaram de olho nela e a estimularam a deixar de lado os *sites* de jogo. E afinal não foi tão difícil – ela ficou muito ocupada procurando coisas interessantes no eBay. Bem, isso ela ainda não contou ao terapeuta.

Os computadores foram projetados para melhorar a nossa vida, não para tumultuá-la. Assim como podemos controlar o que comemos, também podemos monitorar a quantidade de informação que recebemos, impedindo que ela nos bombardeie e corroa o pouco tempo de que dispomos para estar com as pessoas importantes das nossas vidas. As medidas a seguir constituem passos simples para reduzir a fadiga, a confusão e o estresse resultantes do excesso de tecnologia e informação:

- *Proteja seu endereço eletrônico.* Quem usa um e-mail sabe como é fácil acabar naquelas listas de *spams* comerciais. Se você começar a receber montes de lixo pelo seu e-mail, escaneie suas mensagens e descarte rapidamente aquelas que não são importantes. Você mesmo pode removê-las dessas listas contatando o provedor de internet do remetente (*postmaster@provider-name.com*). Além disso, reserve alguns minutos para baixar um filtro de spam e instalar um software do tipo *spyware* que lhe dará proteção contra mensagens indesejadas e vírus em seu computador. Manter um número de telefone fora do catálogo também eliminará aquelas chamadas telefônicas inoportunas quando você está jantando.

- *Diga não aos grupos de informações.* A menos que deseje participar para fazer novos amigos, procure recusar convites para esses grupos, a fim de economizar tempo e eliminar informações redundantes. Há grandes chances de você ficar recebendo sempre as mesmas informações de jornais, revistas ou noticiários de televisão.
- *Não se perca na Web.* Com uma estimativa de dois bilhões de páginas na Web, é fácil ficarmos entulhados de informação. O domínio de algumas técnicas básicas de busca (veja www.metacrawler.com) pode ajudar a reduzir dez mil entradas a razoáveis dez.
- *Reduza a papelada.* O uso criterioso da impressora pode tornar um bocado de informação mais acessível, mas o acúmulo de papel acontece num instante. Todos os papéis e jornais de que não precisar mais devem ser mandados para o lixo reciclável.
- *Limite as chamadas telefônicas.* Desligue seu celular e não atenda ligações durante reuniões importantes. Se precisa estar disponível para algumas pessoas o tempo todo, experimente adotar um *pager* e limite o acesso a ele.
- *Organize-se.* Use um sistema de arquivos para separar informação que entra de informação que sai. Mantenha arquivos de "entrada" e "saída" num lugar reservado para isso na escrivaninha ou num classificador.

- *Cancele correspondência inútil.* Cancele imediatamente os e-mails que chegam por listas e se acumulam em seu correio eletrônico. Eles sempre trazem, ao final da mensagem, um espaço onde você pode clicar para parar de recebê-los.

Viciados em TV

A televisão transformou o meio ambiente e influenciou nossos comportamentos, gostos, atividades e até mesmo nossas escolhas de bebidas. Ela está entre os mais significativos instrumentos tecnológicos de modelagem da vida social e política. Na média, os norte-americanos passam diariamente cerca de três horas por dia diante da televisão. É mais tempo do que dedicam a qualquer outra atividade, exceto trabalhar e dormir. Some tudo isso e você verá que, durante a vida, o número de horas gastas diante da tela somará *nove anos* quando chegarmos aos 75.

Uma das razões que nos levam a ver televisão compulsivamente é que ela parece acionar uma reação instintiva descrita pela primeira vez pelo fisiologista russo Dr. Ivan Pavlov, famoso por suas pesquisas sobre reflexo condicionado em cães. Reagimos instintivamente às histórias e estímulos transmitidos pela televisão: nosso coração bate mais depressa, os vasos sanguíneos do cérebro se dilatam e o sangue flui dos músculos maiores. Essa reação fisiológica ajuda o cérebro a se concentrar nos estímulos mentais. Os programas de televisão têm cortes rápidos e estratégicos que contribuem para estimular e manter a nossa atenção. Contudo, quando esses cortes se tornam muito freqüentes, eles podem mudar nossa resposta: continuamos a olhar para a televisão mas, em vez de estímulo mental, o que sentimos é cansaço.

O dr. Robert Kubey, da Rutgers University, e o dr. Mihaly Csikszentmihalyi, da Claremont Graduate University, descobriram que a exposição prolongada à televisão pode ter riscos ocultos. Monitorando sistematicamente a disposição e o estado mental de pessoas enquanto elas assistiam a programas de televisão, os pesquisadores verificaram que elas se sentiam relaxadas e passivas, mas que seu nível de estimulação mental era mais baixo do que quando se dedicavam a outras atividades, como a leitura.

Os pesquisadores também descobriram que, quando as pessoas paravam de ver televisão, sua sensação de relaxamento rapidamente declinava, e elas se sentiam menos alertas. Sua capacidade de concentração diminuía, e muitas relataram uma sensação de esgotamento – como se a energia lhes tivesse sido "sugada". Quanto mais as pessoas vêem televisão, menos a apreciam. Os viciados em TV ficam entediados mais depressa e têm mais dificuldades de atenção. Eles também têm um risco maior de se tornarem obesos do que os não-viciados.

Não é o caso de banirmos a TV, é claro. Afinal, muitas pessoas se distraem, obtêm informação e outros benefícios com a televisão. Mas, quando esse hábito acarreta um impacto negativo sobre nosso estado psicológico, devemos tomar algumas medidas simples para controlá-lo:

- Tente planejar-se para assistir programas específicos, de interesse para sua família e seus amigos, em vez de incorrer no hábito de ficar diante da tela durante horas, vendo indiscriminadamente qualquer coisa.
- Faça uma lista dos programas que gosta de ver a cada semana e tente cortar um deles ou mais.
- Pense na possibilidade de rearrumar seus móveis de maneira que o aparelho de TV não seja a peça mais importante da sala. Não deixe que a televisão determine a sua rotina. É você quem deve controlar o controle remoto, não ao contrário.

- Dê uma chance aos livros. Reserve um horário para leitura, talvez antes de ir para a cama.
- Imagine outras atividades para o horário em que você vê habitualmente televisão. Experimente planejar um jogo com o (a) parceiro (a), a família ou amigos, ou simplesmente dê uma caminhada.

Atenção à ergonomia

Ergonomia é a ciência do planejamento e desenho de objetos, sistemas e ambientes que tornem o trabalho adequado às pessoas. Uma área de trabalho planejada ergonomicamente leva em conta a anatomia, a fisiologia e a psicologia na criação de um ambiente que seja confortável, seguro e eficiente para seus usuários. Luz adequada e móveis que favoreçam a boa postura são fatores que reduzem a ocorrência de problemas de saúde relacionados ao trabalho, como dores nas costas, no pescoço e nas mãos, olhos cansados e dor de cabeça. Muitos de nós passamos grande parte do tempo diante de uma mesa de trabalho. A segurança e a estética do espaço em torno da mesa afetam a nossa produtividade e a qualidade da nossa longevidade.

O monitor do computador pode cansar a vista e provocar fadiga, por isso as imagens da tela precisam ser estáveis, sem distorções ou tremores. Os desafios básicos para a ergonomia incluem evitar a má postura, o excesso de movimentos repetitivos e a força, pois todos esses problemas podem causar dor, câimbra, formigamento, rigidez muscular ou perda de força. Pequenas mudanças, como baixar a altura do braço ou elevar a posição dos pés, podem ajudar a evitar as lesões comumente relacionadas ao trabalho. Para ter certeza de que sua estação de trabalho é ergonomicamente segura, veja o *site* da Associação Internacional de Ergonomia: www.iea.cc.

Mesmo influências ambientais sutis, como as cores, podem ter impacto sobre nossa disposição e produtividade. Já é sabido que o pessoal de escritório prefere paredes pintadas de vermelho às paredes brancas, e estudos já mostraram que a produtividade aumenta de modo significativo em escritórios vermelhos. Outras experiências indicam que a memória e a atenção são também influenciadas pelas cores.

A regulagem do termostato é igualmente importante. Muitos funcionários têm discussões acaloradas sobre a regulagem da temperatura em seu local de trabalho. Um estudo recente feito pelo dr. Alan Hedge e colegas da Cornell University observou que os funcionários de uma grande companhia de seguros eram mais produtivos quando a temperatura do escritório subia de 20°C para 20 e poucos graus. A produção aumentava 150% e os erros diminuíam 44%.

Barulho no local de trabalho também reduz a produtividade e, quando é muito alto, pode prejudicar permanentemente a audição. Tal risco depende tanto da duração da exposição ao ruído quanto do volume, medido em decibéis (db). Uma conversa normal (60 db) ou o toque do telefone (80 db) estão no mesmo padrão, mas a exposição ao ruído de uma motocicleta ou de um secador de cabelo (85 db), de uma sirene de ambulância (140 db) ou da partida de um avião a jato (140 db) por mais de oito horas pode acarretar o risco de perda auditiva. Se você se inquieta com o nível de ruído em seu trabalho, considere a possibilidade de usar protetores para os ouvidos ou delimitar a quantidade de seu tempo de exposição ao ruído.

Você é o que você respira

O ar poluído causa muitos riscos à saúde. Agrava problemas pulmonares preexistentes, como a asma, e pode elevar a pressão arterial. Os dias cheios de fumaça relacionam-se a maiores taxas de mortalidade nas cidades americanas, e uma pesquisa recente descobriu que jovens expostos ao nevoeiro enfumaçado das cidades podem ter sua expectativa de vida encurtada.

A exposição constante ao ar tóxico do tráfego pode quase triplicar o risco de ataque cardíaco. Um estudo recente com mais de 900 vítimas de infarto verificou que esses pacientes, no dia que em sofreram o ataque, haviam ficado mais tempo no trânsito do que o habitual. O risco era três vezes maior se elas estivessem em um automóvel ou num transporte público durante a hora que precedeu o ataque, e quatro vezes maior se estivessem se deslocando de bicicleta. Quando as cidades reduzem com sucesso a poluição, as taxas de doença cardiovascular diminuem.

Embora a maioria dos habitantes das cidades não possa evitar respirar o ar fumarento, eles podem tomar medidas para reduzir sua exposição a ele. Uma estratégia, por exemplo, é tentar trabalhar mais horas durante quatro dias para eliminar um dia de deslocamento na semana. Fechar janelas e pára-brisas de carros também ajuda a reduzir a exposição ao ar externo em áreas muito congestionadas. Além disso, experimente não sair à rua no horário de pico da poluição, e reserve a corrida, a bicicleta e outras atividades ao ar livre para horários em que a poluição esteja no seu ponto mais baixo, geralmente no começo da noite ou cedo pela manhã.

A circulação de ar em ambientes fechados também tem seus riscos. Exposição prolongada a poeira e fungos pode causar ou agravar asma e alergias. Só o fato de andar pela casa ou sentar num sofá confortável pode levantar a poeira e os esporos de ácaros, provocando, às vezes, tanta poluição de ar nos pulmões quanto fumar um cigarro.

Embora nem todas as formas de ácaros sejam perigosas, recentes ações judiciais chamaram a atenção do público para os perigos ocultos representados por algumas formas de ácaros domésticos.

Os ácaros podem exacerbar problemas respiratórios e, conseqüentemente, levar a sintomas relacionados ao estresse, incluindo ansiedade e depressão.

Muitas companhias de seguros deixaram de dar cobertura a prejuízos causados por ácaros tóxicos, tais como *Stachybotrys chartarum*. Esse ácaro, típico de ambientes fechados, pode se desenvolver onde quer que haja umidade e ar – telhas, tapetes, móveis, paredes, chão e dutos de ar. As colônias de ácaros às vezes têm o aspecto de manchas finas e um odor de mofo.

O Instituto de Medicina recentemente alertou para os perigos à saúde pública representados pela excessiva umidade em edifícios. Para manter um ambiente arejado e seguro, tenha em mente os seguintes cuidados:

- *Inspecione o imóvel antes de comprá-lo.* A busca de uma casa ou de um apartamento costuma ter um componente emocional. Muitas pessoas tendem a decidir com o sentimento, o que pode deixar em segundo plano as considerações práticas. Invista tempo e dinheiro em inspeções adequadas para garantir que o espaço seja seguro do ponto de vista ambiental.
- *Conserte os vazamentos.* Fique atento aos vazamentos de água. Uma torneira ou um encanamento que vaza pode significar uma ameaça à saúde, porque o acúmulo de umidade cria um excelente hábitat para os fungos e ácaros tóxicos. Além disso, verifique se a sua casa tem impermeabilização e drenagem capazes de prevenir o acúmulo de umidade.
- *Combata a poeira.* Se você é sensível à poeira, pense duas vezes antes de colocar carpetes e outros itens que juntam esporos e poeira, como venezianas. Não deixe de tirar a poeira dos seus móveis em intervalos regulares com um pano úmido, e mantenha o assoalho limpo com um pano úmido.

- *Filtros de ar.* Já existem no mercado purificadores de ar que filtram partículas extremamente pequenas, as que mais agravam a asma e os sintomas alérgicos. São os chamados filtros HEPA (do inglês *high-efficiency particulate air*), que podem ser escolhidos de acordo com o tamanho do aposento. Existe também como um sistema central para toda a casa, apartamento ou local de trabalho. Algumas unidades reduzem a contaminação do ar do ambiente acrescentando-lhe ozônio, que ataca a estrutura celular das bactérias e fungos.

Se você desconfia que seu ambiente de trabalho está contaminado por mofo, converse com seu empregador. Para obter mais informação sobre mofo ou outros agentes de contaminação, você pode dar uma olhada no *site* do Departamento de Segurança Ocupacional no Trabalho e Administração de Saúde dos Estados Unidos (OSHA), no endereço eletrônico www.osha.gov.

Fumar envelhece

Quando eu era criança, muitos dos meus amigos achavam que fumar era o máximo: eles queriam ser parecidos com o homem do anúncio do Marlboro. A maioria das pessoas, até mesmo os médicos, desconhecia os riscos do fumo para a saúde. Por sorte, hoje temos muito mais consciência desses riscos.

Fumar não só aumenta o risco de câncer, derrames e cardiopatias, como também nos faz parecer mais velhos. Os Drs. Darrick Antell e Eva Taczanoski, da Universidade de Colúmbia, estudaram o envelhecimento acarretado pelo cigarro em 34 pares de gêmeos idênticos com idades entre 45 a 75 anos. Verificaram que a profundidade e a extensão das rugas, a flacidez, a qualidade da textura da pele e a quantidade de cabelo grisalho variavam de acordo com a relação deles com o fumo – a aparência do gêmeo não-fumante era muito mais jovem. Um gêmeo que fumara um maço de cigarros por dia durante quarenta anos tinha quase o dobro dos cabelos grisalhos de seu gêmeo que nunca fumara. O fumo também se mostrou muito mais prejudicial à aparência do que a exposição ao sol, a falta de exercício, a dieta inadequada ou o consumo de álcool.

Depois de fisgado pelo cigarro, pode ser difícil largá-lo, mas os benefícios surgem rapidamente depois que se toma essa iniciativa. O monóxido de carbono do corpo baixa acentuadamente, e em uma semana o risco de morrer de um ataque cardíaco diminui. Cinco anos mais tarde, o risco de câncer para essa pessoa é semelhante ao de alguém que nunca fumou. Aconselhamento intensivo e programas educativos, assim como chicletes e adesivo de nicotina, costumam ser eficazes. O antidepressivo bupropiona é às vezes usado para ajudar as pessoas a deixar de fumar. Como já se sabe que o álcool acentua os efeitos prazerosos da nicotina, evitá-lo também pode contribuir para que os fumantes deixem o vício.

Recentemente, o governo dos Estados Unidos reconheceu a importância dos programas de abandono do tabagismo ao aprovar recursos para serviços do Medicare, que ajudam os mais velhos a parar de fumar. Anualmente, 11 milhões de dólares são gastos com esse programa. Custo que será compensado no futuro pelo menor número de hospitalizações e problemas de saúde relacionados ao fumo.

Cautela com o sol

Quase todo mundo já ouviu falar dos riscos do sol para a saúde. No entanto, a luz do sol sobre a pele continua sendo nossa principal fonte de vitamina D, e cientistas do Centro Médico da Universidade

Batista de Wake Forest descobriram há pouco tempo que a exposição aos raios ultravioleta promove relaxamento, o que estimula as pessoas a continuarem se bronzeando. Os pesquisadores acreditam que, quando exposto à luz ultravioleta, o corpo secreta endorfinas naturais, que produzem alívio da dor e sensações de euforia.

Essa melhora da disposição talvez explique por que as pessoas continuam a se bronzear em excesso a despeito da evidência dos riscos do sol para a saúde. Os raios ultravioleta podem prejudicar a pele e envelhecê-la prematuramente, causar catarata e comprometer o sistema imunológico. Exposição prolongada e sem proteção pode levar ao melanoma, um tipo de câncer altamente letal se não for detectado e removido antes de se espalhar.

Se você vai tomar sol, cubra as áreas sensíveis, use chapéu e um protetor solar com fator de proteção (FPS) sempre maior do que 15. A Academia Americana de Dermatologia recomenda a reaplicação do protetor solar a cada duas ou três horas. Lembre-se também que os raios ultravioleta penetram através das nuvens e se refletem na areia, na água e até no concreto, portanto cubra-se e use protetor mesmo em dias nublados. Tente evitar a exposição por volta do meio-dia (em geral entre 10h e 16h).

Use óculos escuros que protejam os seus olhos dos raios ultravioleta. Verifique também se os remédios que está tomando — especialmente antibióticos e medicamentos para acne — não aumentam a sua sensibilidade ao sol. Permaneça distante de aparelhos de bronzeamento artificial e examine a sua pele regularmente, para ter certeza de que não há alterações incomuns. Finalmente, se uma aparência bronzeada é importante para você, considere a hipótese de usar uma das muitas loções autobronzeadoras disponíveis nas farmácias e lojas de cosméticos.

Atrás do volante

Como estamos vivendo mais tempo, vemos com mais freqüência pessoas idosas ao volante. Por volta do ano 2020, estima-se que 40 milhões de norte-americanos com mais de 65 anos terão carteira de motorista. Para a maioria dos adolescentes, a aquisição da primeira carteira marca um ponto decisivo da sua maturidade. A partir daquele momento, eles se sentem adultos e independentes. Por isso, a idéia de ter de renunciar a esse privilégio em determinado momento da vida não é uma perspectiva bem-vista.

Mas a verdade é que, ao atingir determinada idade, as pessoas sentem diminuição dos reflexos, da coordenação motora e da acuidade mental, o que torna a direção insegura. A artrite pode limitar a flexibilidade do pescoço e a deficiência visual pode tornar mais difícil enxergar obstáculos na estrada. Além disso, os idosos costumam tomar medicamentos que interferem na sua capacidade mental, tornando muitas vezes comprometida, inclusive, a capacidade de lembrar de endereços.

É preciso encarar com realismo o fato de que algumas pessoas idosas são um perigo ao volante. Para saber quando deixar o carro na garagem, preste atenção nos seguintes sinais de alerta: acidentes e/ou multas freqüentes, tendência a dirigir muito devagar ou muito perto do carro à frente, nervosismo ou tensão ao fazer retornos ou ao tomar decisões de trânsito.

Uma maneira fácil de começar a reduzir o risco de acidentes é diminuir o tempo passado ao volante. A quantidade de tempo ao volante relaciona-se aos níveis de estresse, e também a aumento de peso. Um estudo recente descobriu que para cada hora adicional dentro do carro o risco de obesidade aumenta em 3%. Pense em trocar o passeio rotineiro no sedã por uma caminhada ou pedalada.

Casas que envelhecem bem

Ao vivermos mais tempo, nosso ambiente às vezes precisa de modificações. Pode ser porque nos aposentamos, ou passamos a trabalhar em casa, ou porque nossos filhos saíram de casa, ou nossos pais vieram morar conosco. Podemos decidir vender a grande casa da família e mudar para um condomínio à beira-mar, ou mais perto dos amigos, de teatros, restaurantes, museus, trabalho ou outras atrações urbanas. Ou talvez estejamos procurando uma casa com poucos degraus, portas mais largas, quarto de hóspede ou simplesmente mais privacidade. O "ninho vazio" pode ser apenas uma desculpa de que precisamos para abrir as asas e explorar um novo ambiente, ou modificar aquele que temos para aumentar nosso espaço.

Garantir que o ambiente se adapte às nossas necessidades de mudança ao longo da vida é uma importante meta para uma longevidade de qualidade. A tendência hoje é de amplitude e serenidade no espaço que habitamos, usando menos quartos e reduzindo o acúmulo de coisas à nossa volta. Muitas vezes, derrubar algumas paredes para criar um espaço mais amplo ou acrescentar paredes para dividir um aposento é suficiente para que a casa se adapte às suas novas necessidades.

Se pais idosos não forem mais capazes de viver sozinhos, eles podem se ver diante da difícil escolha entre mudar-se para a casa de seus filhos adultos, encontrar um centro para idosos ou providenciar uma ajuda em casa. Se cuidar de um dos pais se tornar uma realidade para a sua família, considere as vantagens e as desvantagens das várias opções:

- *Cuidar de pais a distância.* Muitos pais preferem ficar em sua própria casa, com a sua vizinhança, já que assim continuam a manter o apoio emocional e prático de amigos e da comunidade. Em contrapartida, isso tem a desvantagem da distância de outros membros da família, que não moram nas proximidades. A doença dos pais ou um acidente podem fazer com que o filho adulto tenha que pegar correndo um avião, o que acrescenta estresse, custos e inconvenientes à vida familiar.

- *Sob o mesmo teto.* Se você tem espaço, seus pais poderão querer ficar em sua casa. Eles serão envolvidos na rotina da sua família, e o respeito à privacidade de cada um é fundamental nessa transição. Pais que moram conosco podem ser úteis tomando conta das crianças ou ajudando-as nos estudos.
- *Ajuda doméstica ou comunitária.* Contratar uma assistência domiciliar é uma forma de preservar a independência do idoso e ao mesmo tempo lhe proporcionar alimentação, serviços, atividades sociais e supervisão 24 horas por dia. Serviços comunitários oferecem diferentes níveis de cuidado, que vão da hospedagem independente até cuidados especializados.
- *Casas para idosos.* Essas casas proporcionam o mais completo nível de cuidados, inclusive refeições, enfermagem qualificada, reabilitação motora, serviços médicos, cuidado pessoal e recreação. Casas novas e pequenas, com um ar mais doméstico, proporcionam um sentimento acolhedor de comunidade, e muitas instituições tradicionais estão se remodelando para criar um ambiente mais semelhante ao que se tem na própria casa.

Prevenindo acidentes

Medidas simples, tais como apertar o cinto de segurança, usar capacetes e guardar armas de fogo em local seguro (ou tirá-las de casa) salvam vidas a cada dia. Ao avançarmos nas várias etapas da vida, o desafio de manter o nosso ambiente seguro também muda. Com crianças pequenas em casa, o número um dos acidentes domésticos é a queda em escadas. Elas podem se tornar um perigo também para as pessoas idosas. Uso de medicamentos, deficiência visual e artrite aumentam o risco de quedas para os idosos. Assegurar uma boa iluminação, evitar o acúmulo de coisas em áreas de passagem e evitar dobras nos tapetes ou tapetes escorregadios são medidas que ajudam a prevenir acidentes. Aqui vão mais algumas sugestões para manter a segurança doméstica dos mais velhos:

- *Instale corrimões.* São instalações relativamente baratas que ajudam muito as pessoas que sentem pouca firmeza ao caminhar. Tenha pelo menos um corrimão em todas as escadas, e verifique se ele está firme.
- *Degraus seguros.* Verifique se os degraus têm a largura e a altura adequadas e se são resistentes. Procure colar uma faixa de cor contrastante na borda de cada degrau para facilitar a visão, ou use pisos antiderrapantes.
- *Deixe os caminhos livres.* Providencie para que folhas, pedras, excesso de terra ou areia sejam removidos regularmente.
- *Instale barras de apoio nos banheiros.* Barras fixadas nas paredes do banheiro, junto ao chuveiro e ao vaso sanitário, podem ser de grande ajuda para evitar quedas. Se você tem uma banheira, instale duas barras, uma na parede de trás e outra na lateral. Como apoio adicional, pense num banco para a pessoa idosa sentar-se enquanto toma banho no chuveiro.
- *Tapetes.* Um tapete de borracha dentro da banheira ou do chuveiro e um tapete antiderrapante do lado de fora também ajudam a prevenir quedas.

Conservando o seu ambiente

Hoje, felizmente, muitas pessoas têm consciência de que precisam conservar as florestas, os oceanos, a água, a biodiversidade e outros recursos naturais do nosso planeta. Cerca de 80% dos norte-americanos vivem em ambientes urbanos, nos quais os parques e as áreas verdes são refúgios bem-vindos. No planejamento urbano, essas áreas verdes públicas são associadas a maior longevidade. Cientistas japoneses descobriram que uma expectativa maior de vida, de mais cinco anos para os cidadãos idosos de Tóquio, coincidiu com a disponibilidade de espaços adequados para passear perto de suas casas ou apartamentos, assim como com a proximidade de parques e ruas arborizadas.

Contribuir para conservar energia, manter o ambiente verde, reciclar e evitar desperdício ajuda as pessoas a sentir-se bem com elas mesmas e com o ambiente que as cerca. Árvores, plantas e flores dentro e fora de casa reforçam nosso bem-estar físico e mental. A jardinagem freqüentemente é uma atividade agradável para os idosos, além de acrescentar vida e alegria ao ambiente.

Os conservacionistas aproveitam os ciclos naturais e usam vários resíduos de produtos de um ciclo para alimentar outro: a água da cozinha e do banheiro pode ser reciclada para o quintal; cascas de legumes e restos de poda do jardim podem ser usados como adubo. Uma paisagem "comestível" é outra opção: um jardim de vegetais ou de temperos é agradável aos olhos e pode realmente tornar-se útil na cozinha, quando você quiser folhas de alecrim ou de manjericão para completar seu prato.

A conservação dos recursos naturais e a criação de ambientes livres de entulho e de estresse podem nos ajudar a conquistar nossas metas de longevidade com qualidade de vida. Pequenas alterações no modo como planejamos, construímos e mantemos as nossas casas economizarão dinheiro e energia, e aumentarão também nossa saúde e nossa satisfação. Os progressos tecnológicos, por exemplo, tornaram mais eficiente e menos dispendioso o aproveitamento da energia solar com painéis solares. O fácil acesso a tintas não-tóxicas e a ceras e óleos naturais para assoalho e móveis contribui para que as nossas casas fiquem livres de toxinas. Outra possibilidade é instalar torneiras e descargas de vasos sanitários de baixo consumo de água. E, finalmente, em lugares onde a chuva é escassa, você pode pensar num jardim que não precise de muita rega, usando plantas nativas de clima seco.

Dominando o seu espaço

- Tenha em mente a função e a estética quando for planejar sua casa e seu local de trabalho. Tente controlar o entulho e o barulho, e arrume o quarto de um modo que privilegie o sono e o sossego.
- Minimize sua exposição ao sol, à fumaça, aos ácaros, fungos, mofo e outras toxinas trazidas pelo ar.
- Garanta sua segurança na estrada – deixe outra pessoa dirigir se não se sentir seguro.
- Torne o seu lugar de trabalho seguro e confortável, seguindo uma orientação ergonômica.
- Use a tecnologia para evitar sobrecarga de informação.
- Se for preciso cuidar dos seus pais, pense nas vantagens e desvantagens das várias opções para instalá-los confortavelmente.
- Ajude a conservar os recursos naturais para proteger seu meio ambiente.

Passo 6

Exercite-se

Minha avó começou a andar cinco quilômetros por dia aos 60 anos. Agora tem 93, e não sabemos onde ela está.

— Ellen DeGeneres

Anos atrás, nossos ancestrais não precisavam se preocupar com exercícios – eles estavam muito ocupados caçando e coletando alimentos para pensar nisso. Hoje, nosso estilo de vida tende a ser mais sedentário. Passamos a maior parte do tempo sentados diante de computadores, dirigindo carros e olhando para a televisão. É por isso que precisamos planejar exercícios diários. A fidelidade a esses planos não só tem importante impacto em nossa saúde e juventude como também prolonga o número de anos que esperamos viver. O exercício regular acrescenta qualidade a esses anos extras, porque nos faz sentir melhor, física e emocionalmente.

Todas as formas de atividade física, seja caminhar, andar de bicicleta, jogar basquete ou dançar, parecem prolongar uma vida saudável. Um estudo com mais de 16 mil ex-alunos de Harvard, de 35 a 74 anos, descobriu que a atividade física regular realmente acrescenta pelo menos mais dois anos na expectativa de vida. Descobriu-se que os homens que jogavam tênis, nadavam, praticavam corrida ou faziam caminhada acelerada apresentavam uma taxa de mortalidade 33% mais baixa e um risco de doenças cardíacas 41%

menor que o dos colegas sedentários. Estudos feitos com esquiadores e atletas da universidade verificaram que sua perspectiva de vida superava em pelo menos quatro anos a da população em geral. Muitos esportes e formas de exercício ativam tanto o corpo quanto a mente, protegendo o cérebro e prolongando a vida.

Não precisamos correr uma maratona diária para colher os benefícios do exercício. Apenas o hábito de caminhar dez a quinze minutos por dia, ou uma quantidade de tempo que totalize cerca de noventa minutos por semana, reduz acentuadamente o risco de contrair o mal de Alzheimer. Pessoas com atividade física têm taxas mais baixas de ataques cardíacos, câncer de cólon e de mama, diabetes e depressão, e esses benefícios ocorrem em todas as idades. Outro estudo, com mais de quatro mil voluntários, mostrou que ter uma boa forma física cedo na vida contribui para o bom funcionamento cardíaco mais tarde. Homens que se exercitam mesmo após os sessenta anos aumentam sua expectativa de vida.

A prática rotineira de exercícios pode até mesmo estimular a vida sexual. Um estudo com aproximadamente 500 homens de meia-idade verificou que aqueles que se exercitavam com regularidade tinham uma vida sexual mais satisfatória do que os menos ativos. Outra pesquisa descobriu que o nível de atividade sexual dos bons nadadores de meia-idade se comparava ao do adulto médio – vinte anos mais jovem!

Exercícios regulares fortalecem os músculos, os tendões e as cartilagens, além de aumentarem a densidade óssea. Ao ganharmos mais força e equilíbrio, reduzimos o risco de quedas e lesões. Ao estimular a produção de endorfinas, o exercício também nos dá uma sensação de euforia comparada à da corrida. A prática de exercícios favorece o sistema imunológico, melhora a saúde cardíaca, aumenta a circulação e, pelo fato de ajudar a controlar o peso, também baixa o risco de diabetes, de pressão alta e de derrames.

Parecer jovem e *sentir-se* jovem

Quase todas as capas de revistas ou programas de televisão nos lembram: a nossa cultura dá muita ênfase à juventude e à beleza. Com isso, muitas pessoas se sentem motivadas a permanecerem ativas fisicamente, já que isso as torna mais jovens e mais sedutoras. Quando elas se comprometem a cumprir um programa de longevidade de qualidade – que inclui comer os alimentos certos, dormir e se exercitar suficientemente, manter-se participante e mentalmente ativo –, elas perdem peso, sentem-se com mais força e vigor e ganham uma aparência mais jovem e saudável. Em geral, também começam a perceber uma reação positiva por parte dos amigos, da família e dos colegas de trabalho, o que aumenta a auto-estima.

Uma aparência jovem é geralmente associada à beleza, e o que consideramos belo varia entre as culturas e tem profundas raízes psicológicas. Historicamente, as mulheres sofrem mais pressão do que os homens para parecerem jovens e atraentes. Nas sociedades ocidentalizadas, nas quais é pequeno o risco da falta sazonal de alimentos, os cientistas descobriram que a relação entre a cintura e os quadris de uma mulher é um forte indicador de seu poder de sedução sobre os homens. É que a medida da cintura proporciona, segundo eles, informação sobre sua capacidade reprodutiva e sua saúde.

Estudando como as mulheres avaliam seu próprio poder de sedução, pesquisadores descobriram que elas tendem a selecionar a imagem de um corpo relativamente esbelto como o mais desejável, atraente e saudável. Embora isso não possa ser levado a extremos, como acontece com mulheres que desenvolvem transtornos alimentares, a insatisfação com o corpo e a vontade de emagrecer em geral as motivam a adotar uma dieta mais saudável. À medida que envelhece, porém, a mulher afrouxa um pouco a sua preocupação com o peso que considera ideal. Estudos sistemáticos mostraram que, acima dos trinta, as mulheres escolherão uma figura ideal bem mais volumosa do que a que antes consideravam mais atraente.

Quando uma pessoa se percebe bonita, isso aciona uma resposta fisiológica. O dr. Itzhak Aharon e colegas da Faculdade de Medicina de Harvard, em Boston, descobriram que, quando um voluntário via um rosto bonito, seu cérebro ativava um circuito específico que envolve o neurotransmissor dopamina. Trata-se do mesmo circuito neural que controla a vontade de comer, o apetite sexual, o desejo de ganhar dinheiro ou de procurar drogas. Quando a dopamina é liberada no cérebro, as pessoas têm uma sensação de prazer que pode ser reforçada pela repetição. Esta explicaria por que algumas pessoas ficam tão obcecadas com a aparência e o ar de juventude quanto outras ficam com a comida ou as drogas.

Um interesse saudável em manter uma aparência atraente é uma das metas da longevidade de qualidade. Sentir-se em forma e atraente nos ajuda a ter uma atitude positiva em relação a nós mesmos e a nos manter ativos na sociedade. A rotina de exercícios para uma longevidade em boa forma pode melhorar nossa saúde e expectativa de vida, além de proporcionar prazer e satisfação. É claro que muitos fatores além da aparência física concorrem para uma pessoa se sentir atraente, entre eles as características da personalidade, as realizações, a autoconfiança, o humor, a atitude, e também contribuições externas. Muitas pessoas se beneficiam de tratamentos médicos e cirúrgicos em sua busca de beleza e juventude (ver o Passo 8).

Regule a sua marcha

Quem já passou dos cinqüenta anos percorreu um longo caminho desde as aulas de educação física no curso secundário. Muitos se recordam que tinham que correr ao longo de uma raia, tocar os dedos dos pés, subir em cordas e fazer exercícios que, se fossem feitos hoje, lhes causariam mais lesões do que vigor. Hoje, felizmente, temos à nossa escolha inúmeros métodos de exercício físico, e o ideal é experimentar várias técnicas para descobrir aquela que funciona melhor para você. É importante encontrar um exercício que, além de promover saúde, também lhe dê satisfação.

Pessoas que estejam em tratamento para algum problema de saúde devem consultar o médico antes de iniciar um programa de exercícios. Ter a companhia de um amigo ou exercitar-se em grupo é um meio excelente para cultivar não só a forma física como a sociabilidade. Além disso, juntas, as pessoas costumam se estimular mutuamente.

Embora seja melhor aumentar gradualmente o vigor aplicado aos movimentos para evitar lesões, também é importante nos empenharmos em passar para um nível além quando estamos prontos, a fim de colher todo o benefício dos exercícios. Os chamados "atletas de fim de semana" correm alto risco de sofrer lesões e não costumam obter efeitos significativos em termos de aumento da longevidade.

Exercícios básicos para a longevidade

Para que o corpo chegue à sua melhor forma e possamos viver uma vida mais longa e saudável, nossa rotina de exercícios deve atender a três categorias de preparação física: condicionamento cardiovascular, equilíbrio/flexibilidade e fortalecimento muscular. Muitos exercícios proporcionam benefícios em mais de uma dessas categorias. Quando fazemos uma série de exercícios de força, também estamos trabalhando, em certa medida, com o condicionamento cardiovascular. Algumas técnicas de exercício, como ioga ou pilates, trazem benefícios a todas as três categorias.

Dependendo de suas metas e do seu nível de preparo físico, talvez você prefira enfatizar mais uma das categorias que as outras duas, embora todas elas sejam vitais. Se uma pessoa quer perder peso, então aumentar a duração ou a freqüência de seus exercícios de condicionamento cardiovascular pode ajudar a queimar mais calorias. Aqueles que estejam com alguma lesão talvez prefiram dar uma atenção especial ao fortalecimento muscular, principalmente dos músculos em torno e por baixo da área afetada. Em todos os casos, no entanto, concentrar-se no equilíbrio e na flexibilidade é fundamental para evitar futuras lesões.

CONDICIONAMENTO CARDIOVASCULAR

Qualquer exercício contínuo que aumente o nosso ritmo cardíaco melhora nosso desempenho cardiovascular porque, quando o oxigênio penetra na corrente sanguínea, ocorre o fenômeno conhecido como efeito aeróbico. A prática regular de exercícios cardiovasculares – corrida, bicicleta, ginástica aeróbica, basquete, caminhadas, *step*, remo – melhora a eficiência do coração, dos pulmões e do sistema circulatório, fazendo com que eles levem mais nutrientes e oxigênio para os músculos e os outros tecidos. Essas rotinas de exercícios também queimarão calorias e, portanto, contribuirão para a perda de peso, a redução da pressão sanguínea, o fortalecimento do sistema imunológico e o alívio do estresse, assim como baixarão o risco de diabetes, arteriosclerose e outros problemas relacionados ao envelhecimento.

A quantidade de condicionamento cardiovascular de que uma pessoa necessita varia dependendo de sua idade e de seu estado geral. Embora as pesquisas mostrem que sessões mais longas de exercício trazem maior benefício cardíaco, uma atividade física mais breve, porém regular, também contribui para a longevidade. Um estudo recente comprovou que três sessões de dez minutos de trabalho cardiovascular – por exemplo, caminhadas rápidas – ao longo do dia têm o mesmo resultado para a redução do risco de doença cardíaca que uma única sessão de 30 minutos.

Podemos aproveitar ao máximo os exercícios cardiovasculares se mantivermos nossa meta de ritmo cardíaco. Especialistas sugerem que a meta de uma pessoa comum fique entre 70 e 90% de seu ritmo cardíaco máximo (ver quadro).

Como calcular a sua meta de ritmo cardíaco

Seu ritmo cardíaco máximo pode ser calculado subtraindo sua idade de 220. Um homem de cinqüenta anos deve subtrair 50 de 220, obtendo 170 – esse é o seu ritmo cardíaco máximo. Setenta por cento de 170 é 119; e 90% de 170 é 153. Então, durante sua sessão de exercícios cardiovasculares, a meta de ritmo cardíaco desse homem deve ficar entre 119 e 153.

Os medidores de batimento cardíaco, aparelhos muito práticos, que se usam enrolados em torno do peito, enviam a cada instante informação sobre o ritmo cardíaco a um receptor semelhante a um relógio de pulso. Você pode recorrer a um desses para monitorar seus exercícios cardiovasculares enquanto você se empenha em atingir o ponto mais alto de sua meta de ritmo cardíaco. Essa informação também é útil para que você evite ultrapassar a sua meta e se esforçar excessivamente para chegar aos resultados ideais.

A maioria dos treinadores recomenda uma fase de aquecimento antes do trabalho cardiovascular, para aumentar a temperatura do corpo e relaxar as articulações. Esse aquecimento também aumenta ligeiramente a pulsação, preparando o coração para um exercício mais vigoroso. Em geral, ela inclui movimentos de respiração e alongamento, e dura de 5 a 10 minutos. A fase de exercícios propriamente dita pode durar de 10 a 60 minutos, dependendo da sua forma física e de sua meta pessoal, que pode ser, por exemplo, melhorar a saúde cardiovascular, ganhar resistência ou perder peso.

Exercícios cardiovasculares mais freqüentes e mais demorados queimam mais calorias e facilitam a perda de peso. Mas é melhor avançar gradualmente para evitar dores e lesões. Procure também não fazer os exercícios depois de uma refeição muito calórica, quando uma boa parte do sangue que circula em nosso corpo vai para o estômago e o intestino, para ajudar a digestão, e o fluxo de sangue para outros órgãos se encontra relativamente baixo. Sempre que possível, procure oportunidades ao longo do dia para acrescentar uma dose extra de trabalho cardiovascular, como usar a escada em vez do elevador ou trocar o carro por uma caminhada de alguns quarteirões.

Cada exercício cardiovascular deve ser seguido de 5 a 10 minutos de esfriamento, que faz o corpo voltar gradualmente ao seu nível de repouso, permitindo que o coração se ajuste de novo a uma taxa mais lenta de fluxo sangüíneo. Alongando seus músculos depois de exercitar-se você evitará dores e aumentará a sua flexibilidade.

Examine os tipos de exercício cardiovascular a seguir e escolha um (ou mais) que aprecie e que melhor se adapte ao seu estilo de vida. Experimente variar as opções de exercícios para não cair na rotina e perder o interesse pelas atividades.

Caminhada. É a atividade cardiovascular ideal para pessoas de qualquer idade. Caminhar não exige nenhum treinamento nem equipamento especial, tem um risco mínimo de lesões e é um dos exercícios mais fáceis de se enquadrar na rotina de uma vida atarefada. Você pode reforçar o desafio aeróbico de suas caminhadas aumentando a distância ou a duração da distância percorrida; ou desafiar a si mesmo subindo e descendo ladeiras.

Corrida. A corrida proporciona um desafio cardiovascular maior do que a caminhada, e muitos dos seus praticantes parecem ficar viciados na "euforia do corredor" causada pela endorfina. Você pode correr praticamente em todo lugar e em qualquer clima, necessitando apenas de um par de tênis apropriado. Infelizmente, lesões nos joelhos e nas costas podem acontecer. Então será a hora de trocar a corrida por exercícios menos agressivos para as articulações.

Natação. Esse esporte usa quase todos os principais grupos de músculos e, portanto, faz um excelente trabalho bombeando o coração. Como é um exercício sem pesos, é ideal para pessoas que tenham sofrido lesões nas articulações.

Bicicleta. O ciclismo pode ser praticado ao ar livre, de modo que você possa curtir a paisagem, fazer uma compra ou simplesmente se deslocar de um lugar para o outro. Outra opção é a bicicleta ergométrica, que permite que você se exercite enquanto lê ou assiste à televisão. As academias têm salas cheias dessas bicicletas, e as aulas de *spinning* já se tornaram muito populares: nelas os alunos se exercitam ao som de música animada e do estímulo do instrutor. Para obter o maior proveito e não forçar os joelhos, ajuste a altura do selim para que sua perna não fique totalmente estendida quando o pedal estiver no ponto mais baixo.

Esportes com raquete. Tênis e outros esportes com raquete proporcionam a excitação e a alegria de uma competição, além de um desafio para que você aperfeiçoe a sua habilidade. Em adultos jovens, as lesões são relativamente raras mas, depois de anos de uso e desgaste das articulações, alguns adultos mais velhos podem ter de optar por alternativas de menor impacto.

Dança. Além de proporcionar um trabalho cardiovascular, a dança também melhora o equilíbrio e a flexibilidade. Também vem sendo associada a um baixo risco de desenvolver mal de Alzheimer, talvez pelo desafio mental de aprender e seguir novos passos.

Aeróbica. Algumas pessoas preferem se exercitar em grupos em vez de sozinhas, e as turmas de aeróbica são uma maneira divertida para que cada aluno se sinta motivado pelo estímulo dos colegas e do professor. Os exercícios aeróbicos em ritmo rápido proporcionam um bom trabalho cardiovascular, bem como treinamento em habilidade motora e coordenação. Muitas pessoas alternam aulas de aeróbica e *spinning* (veja no item Bicicleta) para se sentirem mais motivadas.

Exercícios com aparelhos. Esteiras, bicicletas ergométricas, máquinas de remo e muitos outros tipos de aparelhos nos permitem ler o jornal ou ver televisão enquanto fazemos nosso exercício cardiovascular diário. Pode-se também ajustar a resistência e a elevação para desenvolver gradativamente o esforço e evitar lesões.

Os aparelhos de *step* (escadas de exercício) não só queimam calorias com eficiência como também ajudam a definir os músculos da parte inferior do corpo. Contudo, como tendem a exigir muito das articulações dos joelhos, muitas pessoas os trocaram pelos aparelhos elípticos, mais modernos, que orientam as articulações dos joelhos para um movimento oval ou elíptico, mais suave. Para quem tem problemas de joelho, as bicicletas ergométricas são também uma alternativa às esteiras e às escadas de exercício.

Trabalho doméstico e jardinagem. Tarefas que exigem ritmo, como varrer, passar pano no chão, cavar ou passar o ancinho na terra proporcionam uma atividade cardiovascular eficiente mas, se você não as realiza rotineiramente, não deixe de aquecer os músculos antes de executálas. Tarefas básicas podem queimar muitas calorias: 10 minutos cortando a grama queimam cerca de 75; passe um tempo igual podando galhos e/ou plantando sementes e você queimará 50 calorias.

EQUILÍBRIO / FLEXIBILIDADE

Acrescentar movimentos regulares de alongamento e treinamento de equilíbrio às nossas metas de boa forma física nos ajuda a manter ou a recuperar equilíbrio e coordenação motora, além de nos tornar menos vulneráveis a lesões causadas por quedas. Esses exercícios também aumentam a flexibilidade dos músculos, responsáveis por nosso desempenho diário em tudo: quando nos erguemos de uma cadeira, nos inclinamos ou corremos para pegar um ônibus. O alongamento evita ainda a rigidez muscular, melhorando a postura e reduzindo dores. Equilíbrio é a capacidade do corpo de se manter ereto. Essa capacidade de permanecer estável sobre os pés envolve a *propriocepção*, um mecanismo cerebral que envia mensagens do cérebro para o corpo e vice-versa, permitindo-nos reconhecer a nossa localização espacial, saber como reagir e quanto de tensão aplicar em cada grupo muscular durante os movimentos. Esse sistema em geral é automático, mas pode ser reforçado por meio de exercício e treinamento.

Exercícios para aumentar a flexibilidade através do alongamento e de outros movimentos são a chave para a rotina que leva à boa forma na longevidade. O alongamento não só reduz o estresse, diminui as dores musculares e aumenta o desempenho: ele também nos ajuda a relaxar durante e depois da atividade física. Embora nem todas as pesquisas tenham confirmado que os exercícios de relaxamento evitam as lesões, muitas delas mostram benefícios para grupos musculares específicos, entre eles os tendões da parte posterior das coxas e os tríceps, na parte posterior dos braços. Em geral, o alongamento é feito como aquecimento, para aumentar o fluxo sanguíneo antes de um exercício, e também como um desaquecimento após uma sessão cardiovascular ou de fortalecimento muscular, para aumentar a flexibilidade enquanto músculos e tendões ainda estão aquecidos.

Alongar e ao mesmo tempo fortalecer os músculos é importante para a manutenção da *amplitude dos movimentos*, ou seja, a capacidade que as articulações têm de se dobrar e se esticar. Nas articulações saudáveis, o movimento aumenta o fluxo sanguíneo, proporcionando-lhes oxigênio, nutrientes e lubrificação, e permitindo assim movimentos suaves e sem dor. Quando as articulações se movimentam menos, elas se tornam rígidas e dolorosas, o que desencoraja mais ainda a movimentação. Exercícios de equilíbrio e flexibilidade estimulam o movimento saudável e nos ajudam a evitar dores e rigidez.

Exercícios simples como manter-se de pé numa perna só, caminhar apoiando-se nos calcanhares ou estender os braços para o céu podem ser muito eficazes para aumentar o equilíbrio e a flexibilidade. Veja agora outras abordagens que possuem o mesmo objetivo:

Tai chi. É um tipo de exercício que incorpora uma série de movimentos lentos e suaves que ajudam a reduzir a tensão e promovem relaxamento (veja o Passo 4). O *qi gong* é uma técnica semelhante, com movimentos menos complicados de *step*. Esses movimentos destinam-se a alongar e estender músculos, ligamentos e tendões delicadamente, aumentar a capacidade respiratória e distender as articulações. São especialmente aconselhados para melhorar o equilíbrio e a flexibilidade. Um estudo recente comprovou que exercícios de tai chi praticados três vezes por semana durante 12 semanas resultam numa melhora significativa da força, da mobilidade e da flexibilidade em adultos mais idosos.

Ioga. A seqüência de posturas e exercícios de respiração da ioga não só ajuda a relaxar (veja o Passo 4) como também melhora o equilíbrio e a flexibilidade. O desafio representado por muitas posturas de ioga consiste em manter o corpo bem aprumado, o que fortalece os músculos envolvidos na busca de estabilidade.

Pilates. Esse sistema de exercícios focaliza a flexibilidade, o equilíbrio e a coordenação, enquanto aumenta a força e o tônus muscular. Originalmente destinava-se a ajudar bailarinos a recuperar-se de lesões e a evitá-las. Constitui-se de exercícios executados numa determinada ordem e que requerem um número pequeno de repetições. O foco está no fortalecimento dos músculos centrais, o que inclui a musculatura do estômago, da coluna lombar, dos glúteos e da face interna das coxas. O pilates também enfatiza o controle e a forma. Muitos exercícios são tão simples que podem ser realizados sobre uma esteira, enquanto outros exigem a orientação de um instrutor e aparelhos especiais. Um programa básico pode ser feito em casa com a ajuda de vídeos ou livros.

Bolas de estabilidade. Também conhecidas como bolas suíças ou bolas para exercício, estão se tornando cada vez mais populares para a prática doméstica, já que são relativamente baratas e muito versáteis. Elas acrescentam estabilidade a cada movimento do exercício, o que exige um trabalho adicional do grupo muscular que o exercício visa trabalhar. Quando aprendemos a fazer exercícios enquanto nos equilibramos sobre uma bola, nossos músculos se fortalecem e ganhamos mais estabilidade para desempenhar as atividades rotineiras.

Pranchas de equilíbrio. São pranchas colocadas sobre cilindros ou esferas. Ficar de pé sobre a prancha e tentar manter o equilíbrio é um desafio para a nossa capacidade. Com a prática, podemos aprender a nos exercitar sobre essas pranchas, o que pode melhorar o equilíbrio, a coordenação, a força muscular e a amplitude de movimentos. Pesquisa recente demonstrou que o treinamento sobre pranchas de equilíbrio reduz significativamente o risco de torções no tornozelo, uma das lesões mais comuns nos esportes.

FORTALECIMENTO MUSCULAR

O levantamento de pesos e o treinamento de resistência aumentam o tamanho e a força dos músculos, além de fortalecer os ossos. Ossos mais densos fazem com que o risco de osteoporose seja menor, tornando-os, portanto, menos propensos a fraturas. Exercícios para aumentar a força também protegem nossas articulações, diminuindo a dor decorrente da artrite. Esses exercícios contribuem para a estabilização dos níveis de açúcar no sangue, o que torna o diabetes menos provável. A massa corporal magra que resulta dos exercícios de fortalecimento muscular proporciona taxas metabólicas mais altas, o que por sua vez ajuda a queimar mais calorias durante o dia.

O fortalecimento muscular não se destina apenas a atletas ou a quem quer construir massa muscular. Na verdade, pessoas mais velhas parecem colher benefícios do treinamento de resistência e dos exercícios com pesos. Estudos verificaram que homens mais velhos que passam três meses fazendo exercícios com pesos podem duplicar ou triplicar a força e o tamanho dos músculos longos das coxas. Mesmo aqueles que residem em casas de idosos mostraram melhora acentuada na força e densidade dos ossos graças a esse tipo de exercício.

Grupos musculares bem equilibrados diminuem o risco de lesões que ocorrem quando um grupo muscular é mais forte do que o grupo muscular oponente. A melhor maneira de evitar tais desequilíbrios musculares é ter certeza de que, quando você exercita um grupo muscular específico, está exercitando também o grupo muscular oponente. Por exemplo, se você fizer várias flexões de bíceps para o músculo anterior do braço, deve igualmente trabalhar o músculo oponente, o tríceps, na parte posterior do braço, para manter o equilíbrio. Também é recomendado que comece usando um peso leve o bastante para permitir que você faça de dez a 15 repetições de cada exercício. À medida que a sua força aumentar, o peso irá aumentando também.

Como esses exercícios forçam muito a fibra muscular, é importante intercalá-los com períodos adequados de descanso, para que seus músculos se recuperem e se reconstruam. Pode-se fazer isso com um treinamento cruzado, ou seja, trabalhando os diferentes grupos musculares em dias alternados, o que permite esse tipo de descanso. Você pode trabalhar um grupo muscular como o dos braços, ombros e peito num mesmo dia, e outro grupo, digamos as coxas, panturrilhas e glúteos, no dia seguinte. Muitos ginastas gostam de alternar exercícios cardiovasculares num dia e sessões de fortalecimento muscular no dia seguinte, incluindo exercícios para flexibilidade e equilíbrio todos os dias. A seguir, algumas opções a serem consideradas em seu programa de fortalecimento muscular.

Aparelhos com pesos. Existem muitos formatos e tamanhos desses equipamentos. São relativamente fáceis de serem usados e muito mais seguros do que os halteres, porque orientam os movimentos de elevação dos pesos e reforçam a postura correta. Com eles fica mais fácil trabalhar especificamente os grupos musculares visados.

Já os halteres só são eficazes quando aprendemos a usá-los e mantemos a postura correta.

Halteres. Como permitem trabalhar nossos músculos em qualquer ângulo, os halteres freqüentemente são mais versáteis do que os aparelhos de peso, que têm um número limitado de funções. Mais baratos, constituem também o meio mais rápido de se aumentar a força muscular e o volume dos músculos. Eles ajudam a desenvolver controle, equilíbrio e coordenação. Instruções adequadas sobre o modo correto de usá-los aumentam a eficácia dos exercícios e evitam a ocorrência de lesões.

Fitas elásticas. Usadas para fortalecimento muscular e também nos exercícios de alongamento, essas fitas apresentam vários graus de elasticidade, e podem ser usadas para trabalhar os grupos musculares da parte superior e da parte inferior do corpo. À medida que sua força aumenta, você poderá enrolar a fita em volta das mãos para torná-la mais resistente, ou mudar para uma fita mais resistente em si. Leves e disponíveis em farmácias e lojas de material esportivo, elas podem ser carregadas aonde quer que se vá.

Boa forma sem dor

Nosso corpo, ao envelhecer, leva mais tempo para se curar de lesões – nem sempre podemos "ir levando", como fazíamos aos 20 ou 30 anos. Um pequeno estiramento nas costas ou uma torção no joelho podem significar uma a duas semanas aplicando gelo antes de voltarmos à quadra de tênis. Mas, se não estivermos bem condicionados fisicamente, fortes e flexíveis, ficaremos muito mais tempo longe dela.

Aproximadamente quatro de cada cinco norte-americanos sofrem de dor crônica ou intermitente nas costas em algum momento de suas vidas. Por sorte, a maioria deles encontra alívio e uma melhora concreta com exercícios específicos. Os fatores de risco habituais para as dores na parte inferior das costas são músculos abdominais fracos e pouca flexibilidade.

Tonificar os músculos do estômago com exercícios abdominais ajuda a fortalecer e proteger as costas e os músculos circundantes. Acrescentando exercícios de alongamento, seu corpo ficará mais flexível e alongado, o que evitará futuras dores causadas por lesões. O programa Pilates é um meio excelente de proteger as costas, com seu foco no fortalecimento dos músculos "centrais" – aqueles que cercam o tronco e a pelves –, que dão apoio à coluna e ajudam o corpo a se alinhar corretamente.

Para trabalhar a parte mais central do seu corpo, ponha em ação seu músculo abdominal mais profundo, tossindo uma vez. O músculo que você sentir se contraindo lá no fundo do abdome é o abdominal transverso. Esse não é o único músculo da parte central do corpo mas, ao tentar mantê-lo contraído durante os exercícios, os outros músculos dessa região também serão trabalhados.

Além do Programa de Boa Forma na Longevidade que apresento a seguir, e que inclui uma série de exercícios para alongar, fortalecer e tonificar os músculos e proteger as costas, várias outras intervenções simples podem aliviar quem sente dor nessa região: use sapatos de salto baixo; evite permanecer muito tempo sentado, ande e se alongue a intervalos regulares; dobre os joelhos ao erguer objetos pesados; durma de lado com um travesseiro entre os joelhos. Quem sente dor nas costas e está acima do peso verá que ao perder alguns quilos o desconforto diminuirá.

Muitos atletas e não-atletas sofrem igualmente de problemas de joelho e essa articulação se torna mais vulnerável com a idade.

Fortalecer os músculos quadríceps (frente das coxas), os músculos dos lados interno e externo das coxas e os pequenos músculos e ligamentos que cercam a rótula pode proteger essa área de lesões, além de impedir que ela saia do lugar. Vários dos problemas de joelho relacionados a exercícios podem ser corrigidos com o uso de sapatos apropriados ou palmilhas. Correr muito em superfícies duras, como asfalto, pode contribuir para esses problemas, e os corredores em geral preferem correr na terra macia e em vias cobertas de cascalho. Se você sentir dor no joelho ao fazer exercícios, pare e aplique gelo logo que possível. Se o desconforto não melhorar, consulte um médico.

Programa de Boa Forma na Longevidade

Você não precisa freqüentar uma academia, usar roupas especiais ou aparelhos de alta tecnologia para iniciar uma rotina de exercícios que incorporem as três regras básicas das áreas de boa forma na longevidade: condicionamento cardiovascular, equilíbrio/flexibilidade e fortalecimento muscular. Tudo de que precisa é de um pouco de tempo, uma cadeira e uma toalha de banho. Se não tiver halteres, pode começar usando latas de conserva de 500 gramas. Depois que tiver aumentado a sua força e resistência, procure comprar halteres mais pesados.

CONDICIONAMENTO CARDIOVASCULAR

Se você é novato no condicionamento cardiovascular, procure começar com uma caminhada enérgica de cinco minutos, depois vá progredindo até dez minutos, depois 15, e finalmente até vinte ou mais. É uma boa idéia fazer o aquecimento antes de qualquer tipo de esporte ou exercício físico e terminar a rotina cardiovascular ou de fortalecimento alongando os músculos. Você pode usar alguns ou todos os exercícios de alongamento incluídos na seção Flexibilidade e Fortalecimento Muscular, a seguir. Pode fazer seu condicionamento cardiovascular no mesmo dia que o fortalecimento muscular ou em dias alternados, dependendo do tempo disponível e do seu nível de preparo físico.

FLEXIBILIDADE E FORTALECIMENTO MUSCULAR

Inicie a sua rotina lentamente, repetindo os movimentos enquanto se sentir confortável. Aos poucos, você irá aumentando sua força e vigor e conseguirá aumentar o número de repetições e séries, assim como o peso que consegue erguer.

Alongamento alternado sobre a cabeça. Esse exercício de flexibilidade ajuda a melhorar a amplitude de movimento dos braços, ombros e peito, assim como relaxa a tensão muscular nas costas e nos lados do tronco. Fique de pé com os joelhos dobrados e os pés afastados, na largura dos quadris. Erga os dois braços sobre a cabeça e lentamente estique-os em direção ao teto, alternando o braço direito e o esquerdo, sem mover o quadril; faça 12 repetições. Respire profundamente e expire quando abaixar os braços. Repita o alongamento mais duas vezes.

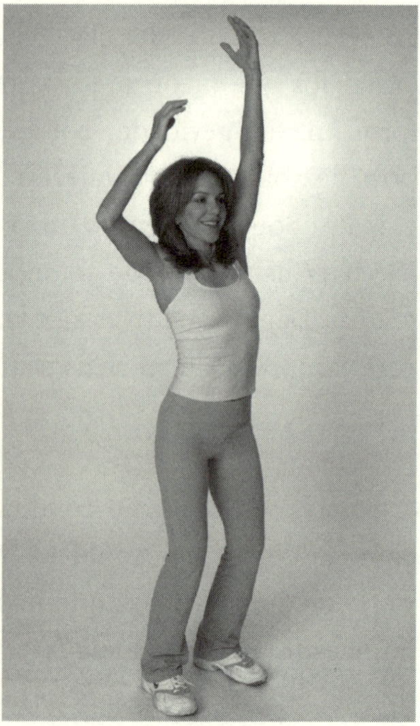

Alongamento lateral. Esse alongamento trabalha os lados do tronco e a cintura. Fique de pé com os pés afastados na largura dos ombros e mantenha os joelhos ligeiramente dobrados. Eleve o braço direito sobre a cabeça, procurando levá-lo para o lado esquerdo o mais longe que puder. Mantenha-se nessa posição e respire contando até cinco. Retorne lentamente o tronco à posição ereta durante a expiração. Levante o braço esquerdo sobre a cabeça, procurando alcançar o lado direito o mais longe que puder. Mantenha a posição enquanto conta até cinco. Volte lentamente à posição inicial. Repita de ambos os lados.

Alongamento do quadril. Os flexores do quadril ajudam você a levantar a perna em qualquer posição. Alongar os flexores do quadril ajuda a contrabalançar as prolongadas flexões de quadril a que muitos de nós nos submetemos quando permanecemos sentados por muito tempo. Alongar os músculos da frente dos quadris pode contribuir para prevenir a escoliose.

Ajoelhe sobre o joelho esquerdo e estenda a perna direita à frente, com o joelho dobrado e o pé inteiro pousado no chão. Transfira o peso do corpo para a perna direita dobrada e force o joelho direito para a frente. Não deixe o joelho direito ultrapassar o pé direito. Tente manter a pelve encolhida e os músculos abdominais

retesados. Respire profundamente por 15 a 30 segundos, sentindo o alongamento através do quadril esquerdo, da coxa esquerda e do músculo isquiotibial direito. Relaxe e depois repita com o lado oposto.

Alongamento do quadríceps. Os músculos quadríceps nos ajudam quando dobramos e esticamos as pernas, e também quando flexionamos os joelhos. Fique de pé com a mão esquerda apoiada numa cadeira virada para a parede, dobre a perna direita para trás e segure o tornozelo com a mão direita. Mantendo os joelhos juntos e a perna de apoio ligeiramente dobrada, puxe suavemente o pé direito para perto do glúteo. Sinta o músculo dianteiro da coxa alongar-se ao levar o pé para trás e para cima. Mantenha o pé nessa posição contando até 12, e repita com o outro lado. *Variação: Para um trabalho extra de equilíbrio, tente fazer esse alongamento sem segurar em nada.*

Alongamento do tendão-de-Aquiles. O tendão-de-Aquiles faz a conexão dos músculos da perna com o pé, permitindo-nos esticar os artelhos, erguer-nos sobre eles e caminhar. Um alongamento e um aquecimento bem feitos antes de passar para os exercícios ajudam a proteger o tendão-de-Aquiles e os músculos que o cercam.

Fique de pé diante de uma parede, à distância de um braço, e apóie as mãos espalmadas na parede, na altura dos ombros. Incline-se para a frente e estique a perna direita para trás. Dobre o joelho esquerdo e, mantendo a perna direita esticada, encoste o calcanhar direito no chão e empurre o peito para a frente. Sinta o alongamento nos músculos da panturrilha direita e da musculatura isquiotibial, assim como no tendão-de-Aquiles. Inspire e segure a posição contando até 12. Repita com a outra perna.

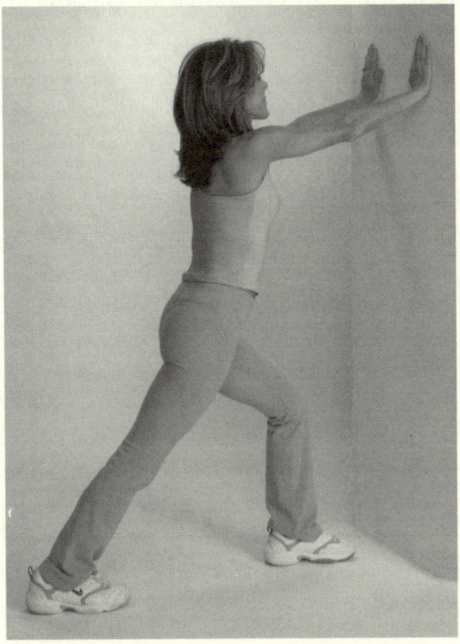

Elevação da perna para a frente. Os exercícios a seguir fortalecem os músculos da frente, de trás e dos lados da perna, protegendo os joelhos,

quadris e pelve. Apoiando a mão esquerda nas costas de uma cadeira ou na parede, erga lentamente a perna direita para a frente, mantendo-a reta e com os artelhos esticados. A perna de apoio deve ficar ligeiramente dobrada para proteger as costas do esforço. Faça uma pausa de um segundo com a perna nessa posição e depois baixe-a lentamente. Após dez repetições, mantenha a perna direita levantada nessa posição. Dobre então o joelho ligeiramente e depois o estique, mantendo os dedos do pé em ponta. Faça isso dez vezes, depois troque a perna e repita a série. *Variação: Para trabalhar o equilíbrio, tente fazer esses exercícios sem nenhum apoio.*

Abdução do quadril. De pé, apoiando-se de lado numa cadeira ou parede com a mão esquerda, mantenha a perna esquerda ligeiramente dobrada enquanto levanta a perna direita, *reta*, para o lado, os pés dobrados. Permaneça nessa posição, contando até três, depois baixe a perna. Repita dez vezes, mantendo os quadris e o corpo retos durante o exercício. Troque de lado e repita com a outra perna. Progrida até chegar a duas séries.

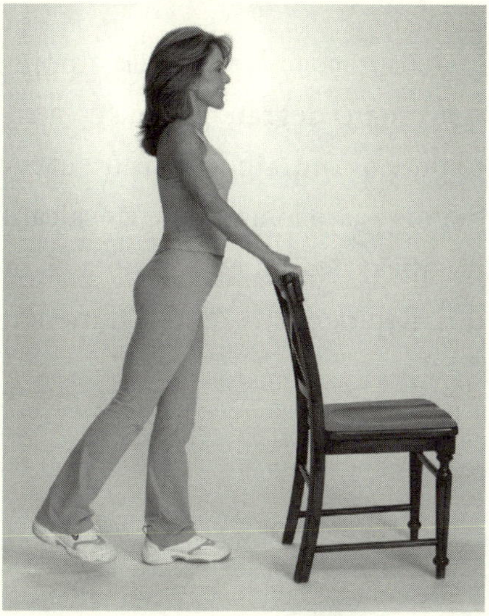

Extensão do quadril. Pouse as duas mãos nas costas de uma cadeira. Mantenha os músculos abdominais contraídos e não curve as costas enquanto empurra a perna direita bem para trás, até sentir a pressão atrás da coxa e na área do glúteo. Segure a posição, conte até três e solte. Repita dez vezes e depois troque de perna. *Variação: Tente fazer o exercício com a perna que está sendo trabalhada dobrada no joelho, mas depois de cada movimento para trás não a deixe ultrapassar a perna de apoio.*

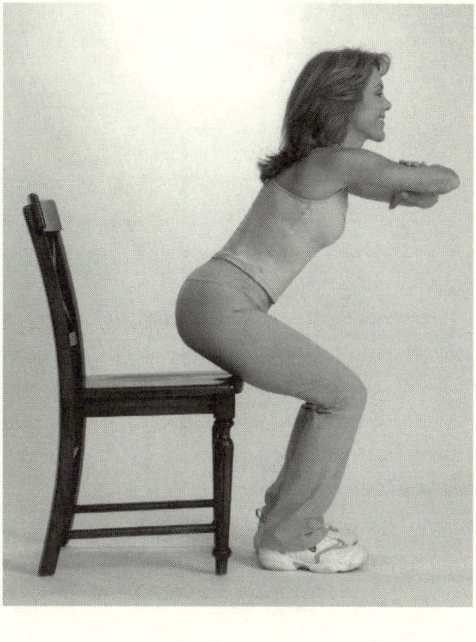

Agachando-se na cadeira. Este exercício tonifica coxas, quadris e glúteos. Fique de pé, diante de uma cadeira, com os pés ligeiramente mais separados do que a largura dos quadris, os artelhos apontados para a frente e os braços cruzados na frente do peito. Faça como se fosse sentar, mas no momento em que tocar a cadeira volte a se erguer. Repita dez vezes. Aumente gradualmente até vinte repetições. *Variação: Quando se sentir em forma, tente fazer este exercício sem a cadeira.*

Fortalecimento da panturrilha. Apóie-se na parte da frente do pé sobre o primeiro degrau de uma escada. Eleve os calcanhares tanto quanto puder, contraindo os músculos das panturrilhas. Faça uma pausa, depois baixe lentamente os calcanhares até que fiquem mais baixos do que o degrau e você sinta os músculos das panturrilhas alongados. Repita dez vezes. Vá aumentando até duas ou três séries.

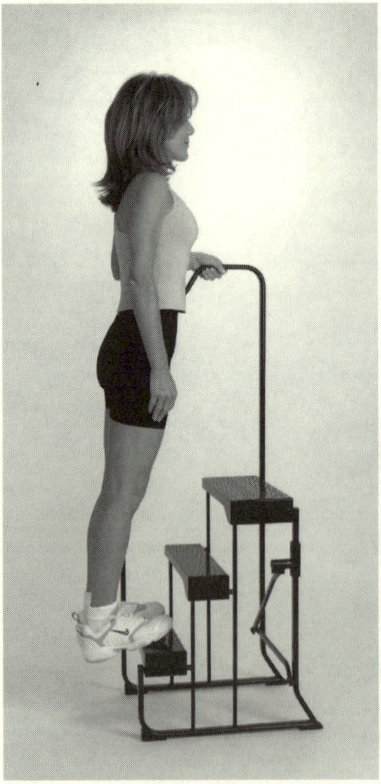

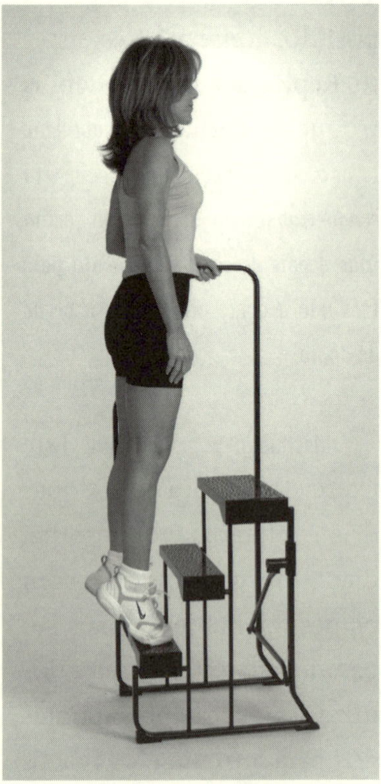

Contração do bíceps. Este exercício é ótimo para fortalecer os músculos frontais do braço. De pé, com os pés afastados à mesma distância dos ombros e os joelhos ligeiramente flexionados, segure dois halteres na altura das coxas com as palmas das mãos para cima e os cotovelos encostados junto ao tronco. Mantenha as costas retas e os músculos abdominais contraídos. Erga lentamente os dois pesos em direção aos ombros, sem mover os cotovelos e sem girar os pulsos. Volte lentamente à posição inicial, mas não estenda totalmente os braços. Repita 12 vezes. Gradualmente, vá aumentando para três séries.

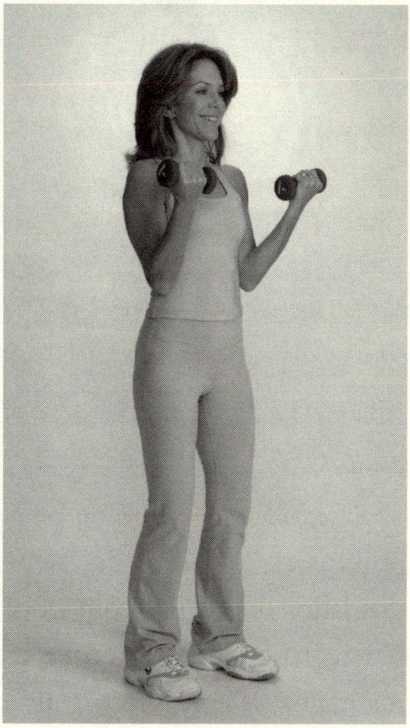

Remadas para cima. Os dois exercícios seguintes destinam-se à região mais alta das costas e aos ombros. Fique de pé, com os pés afastados na distância dos ombros e os joelhos ligeiramente flexionados. Segure em cada mão um halter na frente das coxas, com as palmas para dentro. Inspire enquanto ergue os pesos somente até logo abaixo do queixo, com os cotovelos dobrados na altura dos ombros. Mantenha essa posição por um minuto e depois, lentamente, volte à posição inicial. Mantenha os pesos junto ao corpo durante todo o exercício. Repita de 10 a 12 vezes e aumente gradualmente para duas séries.

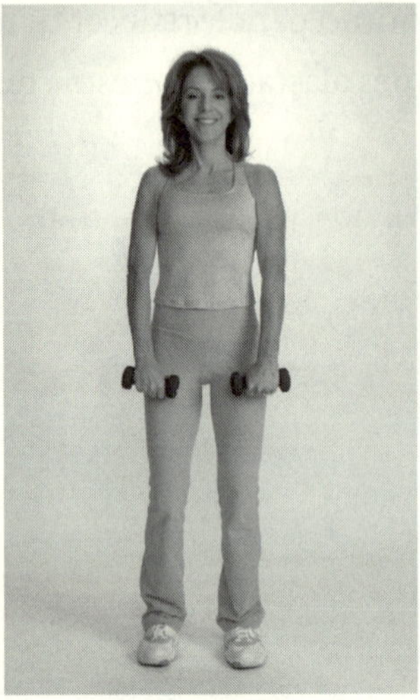

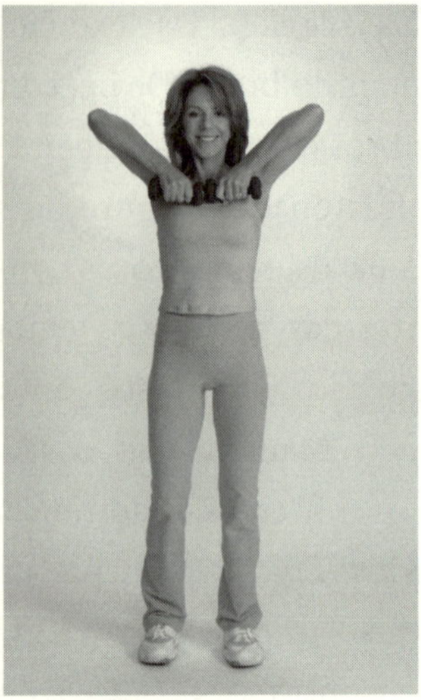

Elevação lateral. Fique de pé com os pés afastados na largura dos ombros e os joelhos ligeiramente flexionados. Segure os halteres dos lados do corpo, com as palmas voltadas para dentro. Eleve os braços lateralmente até que eles alcancem a altura dos ombros e mantenha os cotovelos ligeiramente flexionados. Faça uma pequena pausa e volte à posição inicial. Repita 12 vezes. Aos poucos, chegue a três séries.

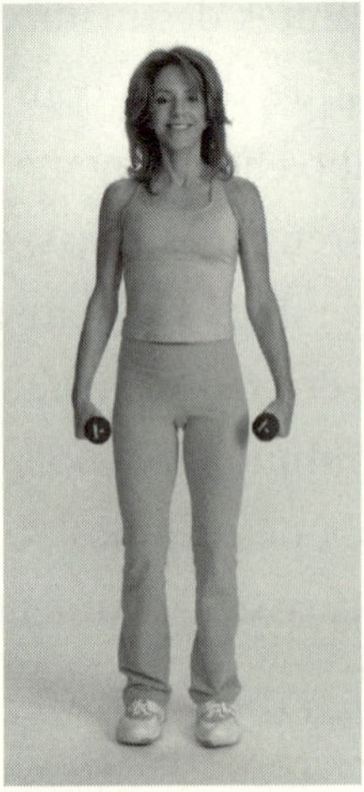

Alongamento do tríceps. Este exercício fortalece e tonifica os músculos das costas e do braço. Segure o peso na mão direita e apóie a mão esquerda nas costas de uma cadeira. Com os pés afastados na mesma distância que os ombros e os joelhos flexionados, mantendo as costas retas, incline-se para a frente, levando o cotovelo direito para trás, na altura do ombro, com o braço dobrado em ângulo reto. Estenda lentamente o braço a partir do cotovelo até que ele fique reto, com a ponta do peso apontando para cima. Mantenha a posição por um instante e volte lentamente à posição inicial, com o braço e o cotovelo imóveis. Faça de 10 a 12 repetições com cada braço. Gradualmente, chegue a duas séries.

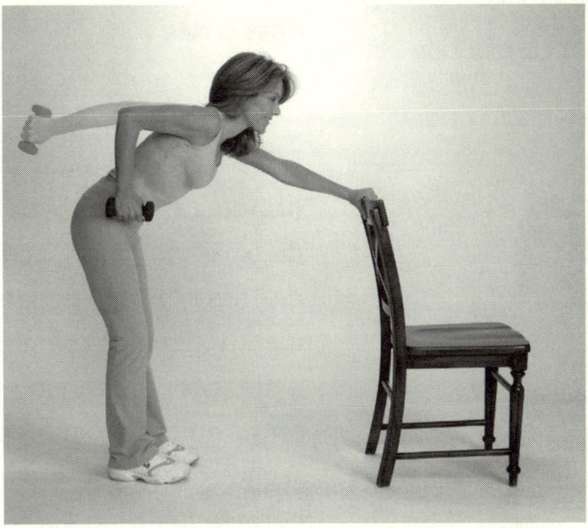

Força para cima. Este exercício trabalha os ombros, o tríceps e a parte superior das costas, além de ajudar a dar força nos movimentos dos braços para cima, por exemplo quando precisamos erguer coisas pesadas. De pé, com os pés afastados na largura dos

ombros e os joelhos ligeiramente flexionados, segure um peso em cada mão na altura dos ombros, lateralmente. Dobre os braços em ângulo de 90°, com as palmas voltadas para cima. Atenção para manter as costas retas e a cabeça alinhada com a coluna enquanto empurra os halteres ao mesmo tempo para o alto, sem forçar os cotovelos. Pare um momento, depois volte à posição inicial. Repita 10 vezes. Aos poucos chegue a duas séries.

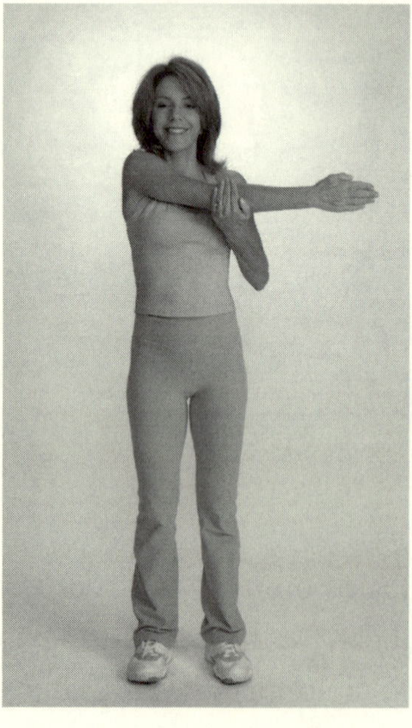

Alongamento do ombro. Você já trabalhou a parte de cima e a parte de baixo do corpo, então é hora de fazer mais alguns alongamentos. Estenda o braço sobre o peito, com a mão em direção ao outro ombro. Com a outra mão, segure o cotovelo e puxe o braço para junto do corpo o máximo possível. Mantenha a posição contando até 10, solte e alongue o lado oposto, também contando até 10.

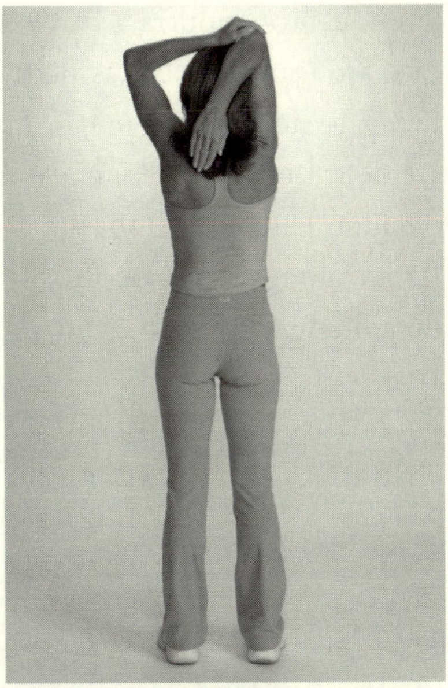

Alongamento do antebraço. Erga os braços acima da cabeça. Dobre o cotovelo direito, deixando cair a mão direita por trás da cabeça. Segure o cotovelo direito com a mão esquerda e puxe-o para baixo, por trás da cabeça. Sinta o alongamento do tríceps no braço direito e no ombro. Mantenha a posição enquanto conta até 10, depois repita com o outro lado.

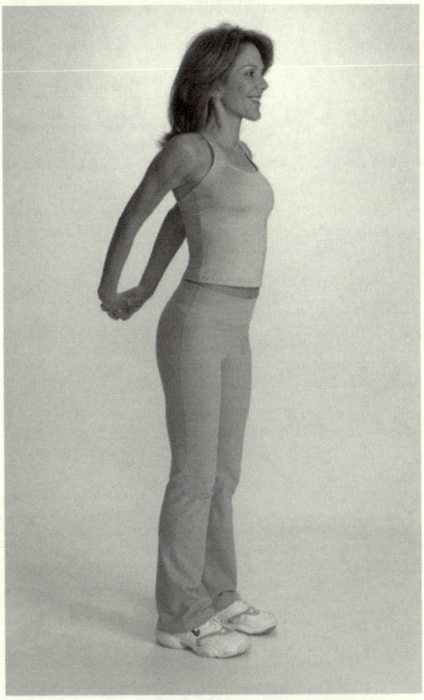

Alargando o peito. Junte as mãos atrás das costas. Mantendo o peito alto, erga o máximo que puder os braços esticados. Mantenha a posição por 15 segundos, depois repita. Para um maior desafio, incline-se para a frente e eleve os braços o mais alto que puder.

Esticando-se como um gato. Este é um movimento de ioga destinado a relaxar a parte inferior das costas e a região pélvica. Também ajuda a soltar a tensão que se acumula nos ombros e na região superior das costas. Apoiando-se nas mãos e nos joelhos, expire o ar enquanto empurra a barriga para dentro, deixando cair a cabeça e arqueando as costas para o teto o mais alto possível – como um gato ao se espreguiçar. Mantenha a posição enquanto conta até dois. Depois inspire e, simultaneamente, levantando a cabeça e olhando para o alto, abaixe as costas numa posição côncava, para fazer o alongamento oposto. Repita quatro ou cinco vezes, mantendo a fluidez dos movimentos.

Alongamento dos músculos isquiotibiais. Estes músculos, na parte posterior das coxas, trabalham em oposição aos quadríceps, na frente delas, mas perdem em força e flexibilidade. Sem um alongamento adequado, podem ficar vulneráveis a lesões e estiramentos causados por movimentos repentinos. Deite-se de costas com as pernas estendidas. Dobre o joelho na direção do peito e firme uma toalha passando-a pelo arco do pé e segurando as duas extremidades. Suavemente, vá esticando a perna na direção do teto até o seu limite. Use a toalha para continuar puxando a perna na direção do seu nariz. Mantenha por três ou quatro inspirações profundas, depois troque de perna.

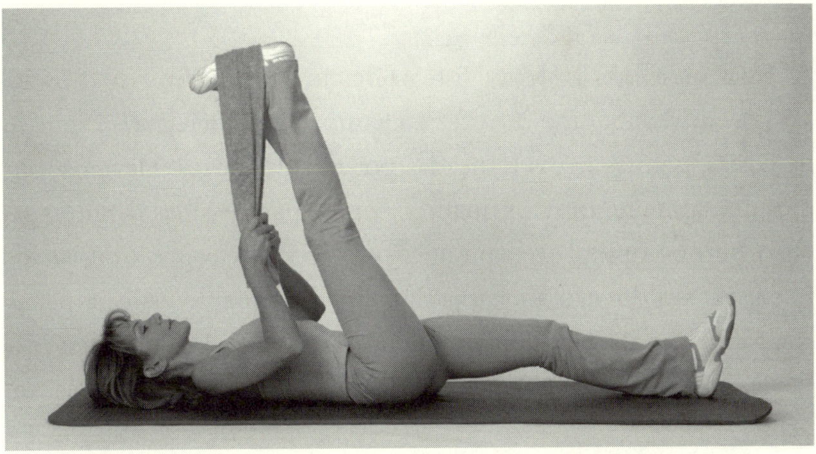

Contração do abdome. Nenhuma rotina de alongamento será completa sem que se trabalhem os abdominais, que formam a parte central do corpo. Deite-se de costas com os joelhos dobrados e os pés encostados no chão. Enlace os dedos por trás da cabeça, mantendo os cotovelos apontados para os lados. Inspire profundamente. Enquanto exala o ar, forçando o umbigo na direção da coluna, eleve do chão a parte superior do tronco. Concentre-se na utilização dos músculos do baixo abdome sem forçar o pescoço. Mantenha a posição por um instante e relaxe lentamente. Complete uma série de 10, mas logo que for capaz procure chegar a cinco ou mais séries.

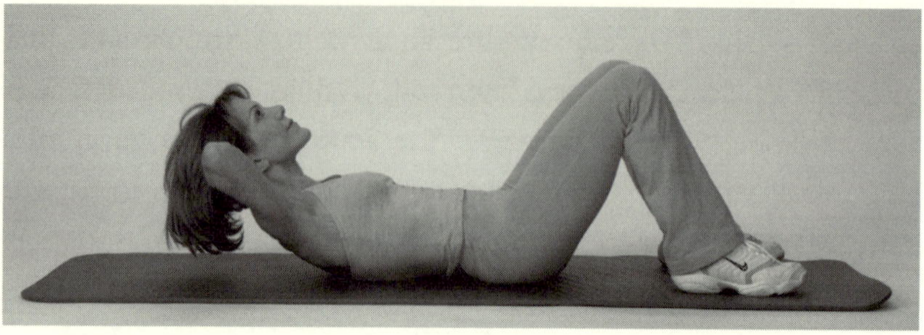

Tônus para os lados do abdome. Este exercício para tonificar os músculos laterais do abdome às vezes é chamado de "bicicleta". Deite-se de costas, com as mãos trançadas por trás da cabeça. Eleve os joelhos diretamente sobre os quadris, com as panturrilhas paralelas ao chão. Respire fundo. Ao expirar, erga a cabeça, o tronco e o cotovelo *esquerdo* em direção ao seu joelho *direito*, enquanto estica a perna *esquerda*. Conte até um, depois mude para o outro lado, erguendo a cabeça, o tronco e o cotovelo *direito* em direção ao joelho *esquerdo*,

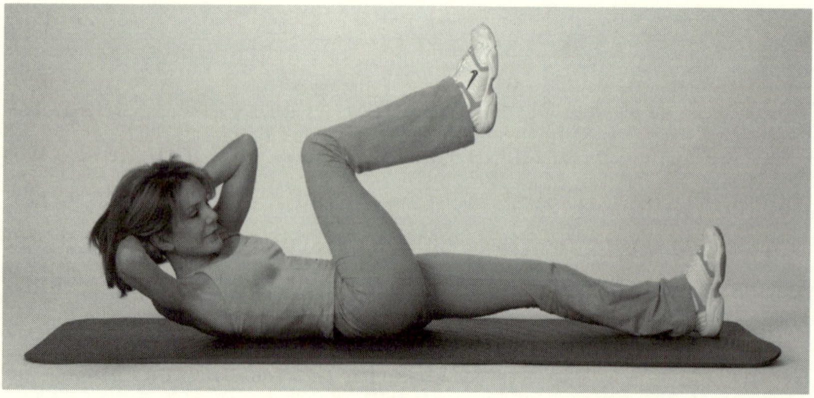

e empurrando a perna *direita* esticada para baixo. Confira se está empurrando o umbigo na direção da coluna em cada expiração e contração. Faça uma série de 10 repetições de cada lado, aumentando o número de séries gradativamente.

Elevação da pelves. Este exercício fortalece os músculos glúteos, os músculos isquiotibiais e os abdominais, enquanto alonga suavemente a parte inferior das costas. Deite-se de costas com os joelhos dobrados e os pés afastados na distância dos ombros, sobre o chão. Primeiro, contraia a musculatura do estômago, depois erga as nádegas do chão suavemente, contraindo-as também. Esforce-se para manter a parte do meio e a de baixo das costas no chão. Mantenha a posição por um momento, depois relaxe. Repita de 12 a 20 vezes. *Variação: Para dificultar um pouco mais, erga as nádegas cerca de 15 centímetros do chão enquanto mantém o estômago e os glúteos contraídos. Permaneça nessa posição contando até três e repita 12 vezes.*

Elevação da perna para trás. Deite-se sobre o estômago com as pernas esticadas e as mãos dobradas sob o rosto ou queixo. Contraia os músculos do estômago, depois erga a perna direita sete a oito centímetros acima do chão, enrijecendo os glúteos. Mantenha-se assim por um momento e depois baixe a perna, repetindo o movimento com a perna esquerda. Faça 10 repetições de cada lado. Ao manter os músculos do estômago e os glúteos contraídos sem levantar muito a perna, você protegerá suas costas. *Variação: Dobre a perna ao erguê-la.*

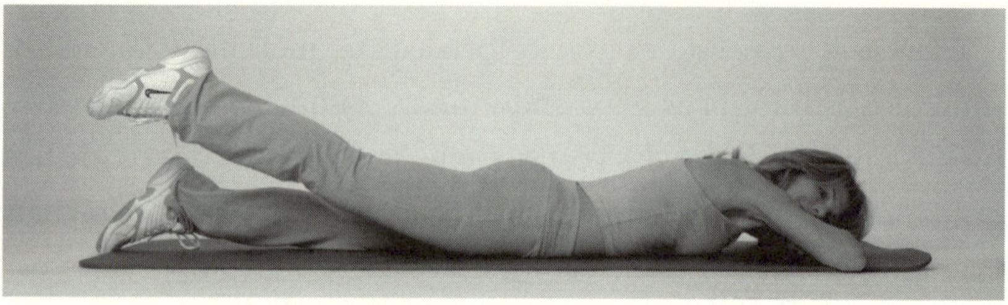

Flexão do quadril. Deite-se de costas com as pernas estendidas sobre o chão. Lentamente, dobre o joelho esquerdo e leve-o por cima do seu corpo para a direita, até sentir o alongamento da parte inferior das costas e do quadril. Mantenha-se assim e conte até 12. Volte à posição inicial e repita com a outra perna.

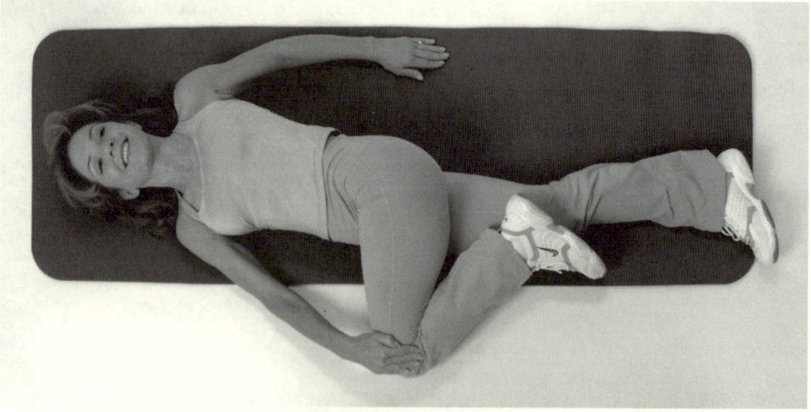

Alongamento do tórax no chão. Deite-se sobre o estômago com as palmas das mãos no chão, sob os ombros. Mantendo a pelve e as coxas sobre o chão, empurre os ombros lentamente para cima até que seus braços fiquem tão retos quanto possível. Sinta o alongamento agindo no peito, ombros e costas. Conte até cinco e volte o corpo para o chão. Repita duas ou três vezes.

O básico para a boa forma na longevidade

- Experimente diferentes tipos de exercícios cardiovasculares e escolha um ou mais que você aprecie e que lhe ofereçam desafio. Esportes e exercícios protegem seu corpo e sua mente.
- Exercite-se com uma pessoa amiga – juntar o lado físico e o social reduz o estresse e nos mantém conectados aos outros.
- Divida a sua rotina em três áreas básicas para a boa forma na longevidade:
  – Condicionamento cardiovascular
  – Equilíbrio e flexibilidade
  – Fortalecimento muscular

- Exercite-se vários dias por semana – não seja um esportista só de fim de semana.
- Desenvolva força e vigor gradativamente para maximizar a boa forma e evitar lesões – passe para o nível seguinte somente quando estiver preparado.
- Se estiver numa situação que necessite de atenção médica, converse com seu médico antes de iniciar qualquer programa de exercícios.

Passo 7

A Dieta da Longevidade

Tudo que você precisa é amor. Mas um pouco de chocolate de vez em quando não faz mal.

— Charles M. Schulz

Você está na metade de uma longa viagem de negócios, exausto depois de visitar cinco cidades em três dias. Quase perdeu sua última conexão e não teve tempo de comer nada no aeroporto. É meia-noite quando finalmente se registra no hotel, cansado demais para sequer chamar o serviço de quarto. Bem, talvez pular uma refeição sirva para perder aqueles quilos a mais que acumulou nos últimos meses. Você se prepara para ir para a cama e procura por uma garrafa de água mineral no quarto, quando de repente o avista, o *minibar*. Você se dirige a ele com determinação: só vai pegar uma garrafa de água e virar-lhe as costas – nada de fritas, de biscoitos, e absolutamente nada, nada *mesmo*, de verificar a gaveta de doces. Ao abri-lo, você dá de cara com um pacote de amendoins salgados, pastilhas de menta cobertas de chocolate, barras de cereais e um tablete gigantesco de chocolate recheado com caramelo e amendoim. A embalagem diz que cada porção do tablete tem apenas 170 calorias. Até que é pouco! Você abre um pedaço da embalagem – apenas o suficiente para umas duas mordidas – enquanto dá uma olhada na televisão. Quando você se dá conta o tablete inteiro já acabou faz tempo, e você ainda nem pegou a garrafa d'água.

Por mais tempo que passemos pensando, falando e lendo sobre comida, muitas pessoas ainda fazem as escolhas erradas para sua alimentação. Apesar da maior atenção dada hoje a dietas para a saúde e perda de peso, muita gente ainda ignora *quanto* deve comer e *quais* são os alimentos saudáveis.

Aquilo que comemos tem um impacto direto sobre a saúde e a expectativa de vida, porque contribui para a maior ou menor vulnerabilidade a doenças cardíacas, câncer e outros males relacionados ao envelhecimento. Um estudo de grande abrangência, realizado durante dez anos, avaliou que pessoas que têm um estilo de vida saudável e adotam uma dieta rica em frutas e legumes antioxidantes, azeite de oliva e outras gorduras monossaturadas, assim como carne de ave e peixe, têm 50% a mais de chance de ter uma vida mais longa do que os voluntários cuja dieta era menos saudável.

A comida também influi muito na nossa aparência e estado mental. Em geral nos sentimos melhor quando parecemos saudáveis e elegantes, e isso fez com que, durante décadas, milhões de pessoas aderissem a várias dietas – subindo e descendo na balança e causando estragos a seus organismos. Atualmente, o problema das dietas mais populares é que elas são difíceis de seguir por muito tempo, o que impede que as pessoas desfrutem dos benefícios a longo prazo. Elas acabam logo recuperando todo o peso que tinham perdido – e mais um pouco. Essas dietas costumam falhar porque deixam seus adeptos não só aborrecidos como também privados de satisfazer seus desejos.

A Dieta da Longevidade funciona de outra forma: ela lhe permite desfrutar das comidas que aprecia (inclusive do bolo de chocolate), ensina a acrescentar uma variedade de alimentos deliciosos e saudáveis às suas refeições e permite que você saiba quando já comeu o suficiente. Assim como os especialistas em forma física põem ênfase no treinamento cruzado do corpo – combinando diferentes formas de exercícios em sessões consecutivas de ginástica para obter o máximo de resultados com o mínimo de tédio –, a Dieta da Longevidade nos ensina a fazer um treinamento cruzado nas nossas refeições, permitindo que nos liberemos da repetição de muitos dos planejamentos alimentares hoje em voga.

O treinamento cruzado na sua dieta

Todos os dias você escolherá alimentos de três grupos principais que a ciência comprovou estarem associados a uma vida mais longa e saudável:

- Frutas e verduras antioxidantes – Ricos em vitaminas, minerais e fitonutrientes, são saborosos, combatem doenças e acrescentam uma infinita variedade de possibilidades a nossos cardápios.
- Proteínas, carnes magras e gorduras saudáveis – Fornecendo os aminoácidos essenciais que mantêm e reconstituem as células do corpo, eles prolongam a sensação de saciedade. Peixes pescados em alto-mar e nozes são fontes especialmente ricas em gorduras ômega-3, que protegem não só o coração como também o cérebro.
- Cereais integrais, legumes e outros carboidratos – Cheios de fibras e nutrientes anticancerígenos, esses carboidratos fornecem energia imediata e mantêm o aparelho digestivo em ordem.

O treinamento cruzado alimentar ajuda o corpo a conservar em equilíbrio esses três grupos de alimentos e torna a dieta atrativa ao distribuir a ênfase entre cada um deles ao longo do dia. Pense nas refeições como um filme em que a estrela é um desses grupos. Nenhum grupo sozinho pode estrelar os três filmes (refeições) do dia. Se você está procurando perder peso, as proteínas – com a sua capacidade de fornecer nutrientes essenciais e satisfazer a fome por mais tempo – devem *estrelar* duas das suas refeições diárias.

Se um salmão fresco grelhado for a *estrela* do jantar, então brócolis cozido no vapor, arroz integral e uma salada com molho de azeite de oliva e vinagre podem desempenhar os papéis secundários. E, é claro, sempre há uma sobremesa saudável após o jantar. Então você já terá feito, durante o dia, um treinamento cruzado nas outras refeições: talvez aveia integral possa ter o papel principal no café-da-manhã, com leite desnatado (proteína) e fatias de melão nos papéis coadjuvantes. O almoço pode ter sido uma salada chinesa com galinha, cheia de folhas coloridas e fatias de laranja como prato principal, e uma pequena porção de galinha com molho de óleo de gergelim no papel secundário.

Fazem parte da Dieta da Longevidade pequenos lanches no meio da manhã e no meio da tarde. Além de proporcionar a energia de que necessitamos para nos agüentar entre as refeições, esses lanchinhos garantem que o nosso nível de açúcar no sangue permaneça estável através do dia, o que não só nos impede de sentir fome como diminui o risco de diabetes e outras doenças. Podemos incluir o treinamento cruzado nesses lanchinhos, combinando o incremento rápido e saboroso de energia obtida com cereais integrais, frutas ou vegetais crocantes à satisfação prolongada de 30 a 60 gramas de proteína, como iogurte, mozarela, ou talvez um punhado de amêndoas.

Para quem gosta de beliscar alguma coisa à noite, enquanto lê ou assiste a um filme, a dieta inclui também a opção de um terceiro lanchinho. Você também pode guardar a sobremesa do jantar para mais tarde, garantindo assim seu lanche noturno. Em nome de um sono mais tranqüilo e do controle de peso, tente limitar esses lanches tardios a algo leve e saudável. Frutas frescas, por exemplo, suco de fruta congelado, iogurte, pipoca.

A Dieta da Longevidade nos permite fazer um brinde diário à vida longa com um copo de vinho ou de outra bebida alcoólica. Pesquisas científicas comprovam que beber com moderação protege nosso coração, reduz o risco de diabetes e estimula o sistema imunológico e as funções cerebrais. Os cientistas descobriram que as pessoas que bebem um copo de vinho por dia têm em média menos gordura corporal e cintura mais fina do que os que bebem muito ou não bebem nada. Outras pesquisas mostraram que o consumo diário de um copo de vinho pode ajudar a nos proteger contra úlceras, gastrites e câncer de estômago.

Talvez você agora esteja pensando: e quando vamos comer aquele bolo de chocolate? Bem, os bolos em geral são muito carregados de açúcar e gordura, mas no final do dia de uma dieta cruzada, talvez um pedaço ocasional e consciente de bolo na hora da sobremesa seja permitido. No dia seguinte, volte a seus morangos ou a uma concha de sorvete de frutas como sobremesa.

Como a dieta se destina a ser permanente, ela inclui uma categoria de alimentos que chamarei de *gulodices*. Trata-se de qualquer comida de que você goste muito, ou de que sinta falta, que *precisa* ter e que não é incluída na maioria das dietas. Para algumas pessoas, é a torta de limão; para outras, um delicado *foie gras*; ou talvez uma pizza de quatro queijos. Bem, essas são as minhas três gulodices – e consigo incluí-las rotineiramente no meu programa alimentar. A inclusão de gulodices na sua dieta tem uma razão científica: estudos que relacionam longevidade a uma dieta saudável *comprovam* que você pode incluir uma gulodice aqui e ali. Sem culpa.

Se a sua meta é perder peso, procure se controlar e intensificar seu programa de exercícios. O velho mandamento de "mais calorias para fora do que para dentro" ainda é válido quando se trata de emagrecer. Depois de um período inicial de dieta mais restrita, uma porção controlada de sua gulodice favorita é uma compensação aceitável para uma semana bem controlada. Adiante você vai ver como ajustar a dieta para uma perda rápida de peso.

É de vital importância manter a hidratação ao longo do dia bebendo pelo menos oito copos de água. Isto não só ajuda a reduzir a fome entre as refeições e lanches como também aumenta o metabolismo, permitindo uma queima mais rápida de calorias. Um estudo recente feito com voluntários verificou que, depois de beber meio litro de água, suas taxas metabólicas aumentaram em 30 por cento e que este aumento se manteve por uma hora. Tente começar o dia bebendo um copo de água. Isto lhe dará uma sensação de frescor enquanto limpa o seu organismo e ajuda a diminuir qualquer efeito de desidratação que possa ter ocorrido durante o sono.

Evitar excesso de sal ajuda a controlar a pressão sanguínea, o que reduz o risco de derrames, ataques cardíacos e doenças renais. Além de manter distante o saleiro, devemos também prestar atenção a alimentos enlatados ou congelados, comidas pré-preparadas e *fast-food*, que em geral contêm altos níveis de sal.

Uma chave para o sucesso da Dieta da Longevidade é desenvolver a consciência de como nosso corpo se sente antes, durante e depois das refeições. Embora o jantar possa ser um dos grandes prazeres da vida, muitas pessoas que hoje têm um estilo de vida de alta pressão e multitarefas permitem que a refeição se torne pouco mais do que um hábito, e certamente bem menos satisfatório do que poderia ser. Algumas costumam comer enquanto trabalham, vêem televisão, falam ao telefone, ou se dedicam a qualquer outra distração ou atividade, sem nem mesmo prestar atenção ao que comem. Na hora da refeição, é fundamental prestar atenção nos seguintes aspectos:

1. Qual o tamanho da sua fome? Pense nisso antes de se servir.
2. Qual o gosto da comida? Prestar atenção ao que estamos ingerindo nos permite comer mais devagar e saborear nossa refeição.
3. Matou a fome? A sensação de que nosso estômago está se enchendo nos permite saber quando já comemos o suficiente.

Além de nos ajudar a perceber quando estamos saciados, a alimentação consciente também nos faz perceber quando já comemos o suficiente de um sabor específico. Em geral, depois de quatro ou cinco bocados de um determinado alimento, nossas papilas gustativas perdem a sensibilidade para seu sabor. É por isso que, mesmo quando uma pessoa não consegue comer mais um pedaço de frango grelhado, ainda é capaz de encontrar espaço para um suflê de chocolate. Ao desenvolver consciência da saciedade das papilas gustativas, fica mais fácil controlar as calorias indesejadas.

Treine-se para usar esta e outras técnicas de alimentação consciente para *apreciar* mais aquilo que come. Essas técnicas também farão com que você coma menos e escolha alimentos mais saudáveis. É possível que passe a perceber o sabor inigualável do suco de limão em certas verduras frescas, ou descubra como gosta do molho *vinaigrette* preparado com o azeite de oliva de que sempre se serviu sem prestar atenção. À medida que fica mais atento a como se sente antes, durante e após sua refeição – cheio, cansado, energizado, inchado – o controle das porções se tornará mais fácil, porque você terá aprendido quanta comida seu corpo necessita para sentir-se bem, e quais comidas lhe dão mais energia e o fazem sentir-se mais saudável. Mais ainda: parar de comer ao primeiro sinal de saciedade é um modo excelente de perder os quilos indesejáveis sem esforço, assim como de manter seu peso ideal.

Os grupos de alimentos saudáveis para a longevidade

Para dar a partida na Dieta da Longevidade, familiarize-se com os três principais grupos de alimentos indicados para a longevidade saudável e com a grande variedade de opções dentro de cada um deles. Cada grupo tem uma lista que inclui várias sugestões de comidas, algumas das quais você talvez aprecie comer com freqüência, e outras que parecem menos familiares. Experimentar as várias opções das listas é um modo excelente de expandir seu paladar e ampliar o repertório de seu cardápio. Aos poucos, acrescente outros alimentos saudáveis à sua lista e personalize a sua dieta.

FRUTAS E VERDURAS ANTIOXIDANTES

Assim como os metais se enferrujam quando expostos à umidade do ar, nossos corpos também são vulneráveis aos oxidantes, conhecidos como *radicais livres*. Não podemos evitar os radicais livres porque eles estão em toda parte – na comida, na água e no ar, e também dentro de nós, como subprodutos de nosso próprio metabolismo. Muitos especialistas acreditam que os radicais livres são os verdadeiros culpados pelo envelhecimento. Nossos corpos estão sob o ataque constante dos radicais livres, e esses ataques, denominados coletivamente de estresse oxidativo, provocam o envelhecimento e doenças como câncer, cataratas, artrite, mal de Alzheimer e doenças cardíacas.

Mas *podemos* combater os radicais livres ingerindo alimentos que contêm antioxidantes como as vitaminas A, E e C; feijões, brócolis e folhas verde-escuras como espinafre; e frutas coloridas como ameixas, morangos e maçãs. Tomates, que contêm um poderoso antioxidante, o licopeno, também podem reduzir o risco de câncer da próstata. Antioxidantes adicionais podem ser tomados sob a forma de suplementos vitamínicos (veja o Passo 8). Recomendo o uso de uma multivitamina e de um tablete de 500 miligramas de vitamina C diariamente.

O quadro na página 216 contém uma lista de frutas e verduras antioxidantes que podem ajudar na elaboração de seu plano de refeições e lanches para a Dieta da Longevidade.

PROTEÍNAS, CARNES MAGRAS E GORDURAS SAUDÁVEIS

Este grupo de alimentos nos ajuda a satisfazer o apetite por mais tempo, o que facilita a meta de atingir e manter o peso ideal. As proteínas e gorduras saudáveis também contribuem para evitar doenças relacionadas ao envelhecimento, como o mal de Alzheimer e as cardiopatias. As proteínas, constituídas de aminoácidos, são o principal componente estrutural de todas as células do corpo e das enzimas que mantêm essas células funcionando. Dos vinte aminoácidos vitais de que nosso corpo necessita para funcionar bem, nove não podem ser sintetizados por nosso organismo e devem ser obtidos pela dieta. São os aminoácidos essenciais.

Proteínas animais, como peixe, aves, carne vermelha, ovos, leite, iogurte e queijo, fornecem esses nove aminoácidos essenciais e são, portanto, consideradas proteínas *completas*. Proteínas de plantas, como as encontradas nas nozes, sementes, legumes e cereais, são comumente chamadas de proteínas *incompletas*, porque podem ser deficientes em um ou mais desses aminoácidos essenciais. A soja é um caso único, porque contém todos os aminoácidos necessários

Frutas e vegetais antioxidantes

Frutas
Abacates
Abacaxis
Ameixas
Cerejas
Cítricas: grapefruit, laranjas, limões, limas, tangerinas
Damascos
Frutas vermelhas: amoras, mirtilos, morangos
Frutas secas: ameixas, damascos, passas
Kiwi
Mamão e papaia
Mangas
Melões
Nectarinas
Pêssegos
Pêras
Tomates: molho de tomate, suco de tomate,
Uva

Vegetais
Abóbora
Abobrinha
Aipo
Alho
Aspargos
Berinjela
Beterraba
Brócolis
Brotos de alfafa
Cebolas
Cenouras
Cogumelos
Couve
Couve de Bruxelas
Couve-flor
Folhas verdes: acelga, alface, espinafre, repolho
Pimentão
Milho
Pepino
Sucos: de qualquer vegetal

para formar uma proteína completa, como a carne. Também contém isoflavonas, um composto de origem vegetal que pode reduzir o risco de alguns tipos de câncer. Muitos alimentos são feitos a partir da soja, entre eles o tofu, também chamado "queijo de soja". Outra maneira de incluir a soja na nossa dieta é através da proteína de soja em pó, que pode ser misturada a frutas ou comida na forma de mingau. Pessoas que adotam dieta vegetariana podem obter as proteínas completas combinando várias fontes de proteínas incompletas, desde que recebam todos esses aminoácidos essenciais diariamente.

O leite e outros laticínios têm alto teor de cálcio e não só fortalecem os ossos como também reduzem o risco de câncer de cólon. Uma análise recente de três grandes estudos verificou que todas as pessoas que bebiam mais de um copo de 250 mililitros de leite por dia apresentavam um risco acentuadamente menor de sofrer desse tipo de câncer do que as que costumavam beber menos de dois copos por semana. Outros estudos sugerem que uma quantidade maior de cálcio, especialmente o que é obtido no leite magro e em laticínios sem gordura, além de ajudar as pessoas a perder peso, também ajuda quem tem mais de 50 anos a impedir o acréscimo de gordura que, na meia-idade, costuma aumentar a cintura.

Muitos alimentos ricos em proteínas contêm gordura e por isto são, erroneamente, considerados proibidos nas dietas. Mas basta verificar no rótulo se eles são desnatados ou semidesnatados. A maioria das pessoas não sabe que ingerir uma certa quantidade de gordura traz muitos benefícios para a saúde, sob a condição de que seja o *tipo certo* de gordura. Há comprovação científica de que alimentos ricos em ômega-3, como peixe, azeite de oliva e derivados de soja, reduzem o risco de doenças cardiovasculares, derrames e mal de Alzheimer.

Um estudo recentemente publicado na revista *Nature* verificou que o azeite de oliva contém uma forma natural do antiinflamatório ibuprofeno (vendido comercialmente nos EUA sob os nomes de Advil e Motrin), o que pode explicar por que o azeite de oliva pode reduzir o risco de câncer, doença cardíaca e mal de Alzheimer. Nossa equipe de pesquisadores da UCLA descobriu que o ibuprofeno e outra droga antiinflamatória bastante comum, o naproxeno sódico (no comércio, Aleve), têm realmente a propriedade de dissolver as placas anormais de proteína às quais se atribui o surgimento do mal de Alzheimer.

Nosso objetivo aqui é evitar alimentos ricos em gorduras saturadas, gorduras trans, e gorduras ômega-6, o que inclui muitos cortes de carne vermelha, carne gorda de aves, manteiga, creme, leite integral, óleos tropicais (ou seja, óleo de coco, de dendê) e grande parte dos alimentos congelados e enlatados (verifique a composição no rótulo). As gorduras trans em geral estão presentes nos alimentos vendidos já cozidos (por exemplo, biscoitos, bolos e bolachas), que também costumam conter grande quantidade de açúcar refinado e farinha de trigo. É sabido que essas gorduras não saudáveis aumentam os níveis de LDL, o "mau" colesterol, o que por sua vez eleva o risco de doenças cardíacas e outros males.

Os alimentos que contêm pequenas quantidades de gorduras saudáveis nos ajudam a absorver as vitaminas essenciais e protegem as membranas das nossas células. Também nos ajudam a saciar a fome, de modo que acabamos somando menos calorias nas refeições. É recomendável limitar ao máximo de seis colheres de chá a gordura acrescentada por dia a um cardápio que tem em média duas mil calorias. Contudo, se você tem baixa estatura ou é uma pessoa inativa, queimará menos calorias por dia, e deverá consumir menos gorduras e menos calorias. Um estudo recente com pessoas que comem habitualmente em restaurantes comprovou que aquelas que passam azeite de oliva (ômega-3) no pão acabam comendo menos pão do que as que usam manteiga (ômega-6). Não estou aconselhando o consumo de quantidades enormes de pão com azeite, mas azeite ou óleo de nozes em quantidade limitada numa salada ou um pouco de óleo de gergelim numa fritada são, sim, ingredientes saudáveis.

A Associação Americana do Coração recomenda que se coma peixe duas vezes por semana, a fim de ingerir uma quantidade satisfatória de gorduras ômega-3. As pessoas que comem peixe freqüentemente tendem a apresentar índices mais baixos de artrite e parecem ter menos tendência à depressão e a alguns tipos de câncer. Salmão selvagem, atum magro, bacalhau, linguado, robalo, camarão, lagosta, vieiras e caranguejo são excelentes opções. Peixes criados em cativeiro devem ser evitados, pois têm mais gordura que os pescados no mar, e essa gordura adicional é em grande parte ômega-6.

Comer peixe em excesso, por outro lado, pode elevar as taxas de mercúrio no organismo, o que em geral causa fadiga, queda de cabelo e outros sintomas. Peixes maiores, como cação e peixe-espada, costumam ter níveis mais altos de mercúrio por quilo do que peixes menores, como salmão ou linguado, que são, portanto, melhores alternativas.

Use a seguinte lista de proteínas, carnes magras e gorduras saudáveis para planejar suas refeições e lanches:

Proteínas, carnes magras e gorduras saudáveis

Carne vermelha (cortes magros)
Peito de galinha
Queijo – sem gordura ou com pouca gordura cottage, cream-cheese light, queijo de cabra, mozarela, ricota, suíço
Ovos (só as claras, de preferência)
Peixe: enxova, bacalhau, arenque, cavalinha, salmão, sardinha, robalo, truta, atum, pescada
Leite: semidesnatado ou desnatado, leite de soja

Nozes: amendoim (que de fato é um legume), amêndoa, nozes comuns
Manteiga de amendoim
Sementes e óleos: canola, linhaça, azeite de oliva, de gergelim, de girassol, de noz
Proteína de soja: em pó, carne de soja cereais de soja, tofu
Peito de peru
Iogurte: semidesnatado ou desnatado de boa qualidade

CEREAIS INTEGRAIS, LEGUMES E OUTROS CARBOIDRATOS

Pesquisadores descobriram que vegetais integrais e alimentos com fibras ajudam a controlar o peso, baixam a pressão sanguínea, previnem derrames e reduzem o risco de diabetes e doenças cardíacas. Os carboidratos são a principal fonte de energia para o corpo, e entre as inúmeras opções neste grupo estão muitos dos alimentos mais saborosos da Dieta da Longevidade. Um risoto de arroz integral com frutos do mar, um pão de cereal integral fresco com a casca dourada, uma salada de verduras crespas são escolhas que me parecem boas em qualquer dieta.

Os cereais integrais, ao contrário dos que são processados, contêm vitaminas, fibras, minerais, fitoquímicos, proteínas vegetais e outros ingredientes saudáveis. Por isso, eles são absorvidos pelo corpo muito mais lentamente que os cereais processados. Pão de trigo integral, arroz escuro ou integral, aveia, massas de cereais integrais, e até mesmo pipocas são opções fáceis neste grupo de alimentos.

O sistema do índice glicêmico

Todos os carboidratos são constituídos de moléculas de açúcar, conhecidas como glicose. Depois que comemos esses açúcares e os digerimos, eles acabam chegando à corrente sanguínea. Um método para classificar os carboidratos, no qual 0 se refere ao carboidrato mais saudável e 100 ao menos saudável, é conhecido como índice glicêmico, ou GI. O GI mede a rapidez com que o açúcar no sangue aumenta depois que comemos algo que contém carboidratos. A estrutura subjacente do carboidrato é que influencia a taxa de GI e determina a facilidade que ele tem de ser digerido. Comidas "instantâneas" são digeridas e absorvidas pela corrente sanguínea muito depressa e têm, portanto, um GI alto. Uma fatia de pão branco, por exemplo, tem um GI alto, fazendo o açúcar no sangue aumentar rapidamente depois que a comemos. Mastigue, porém, um pouco de arroz integral (que tem baixo GI) e você vai digeri-lo muito mais lentamente, o que produz uma alteração menor e mais suave no sangue. Além disso, quando acrescentamos gordura ou ácido (vinagre, suco de limão) aos carboidratos, estes são absorvidos mais gradualmente pela corrente sanguínea. Dietas com GI elevado não são consideradas benéficas quando se tem em vista uma longevidade saudável, uma vez que aumentam o risco de diabetes e de doenças cardíacas. A tabela nas PÁGINAS 222-223 dá exemplos de taxas de GI nos alimentos mais comuns.

As fibras, como componentes dos carboidratos dos cereais integrais, não podem ser quebradas por nosso sistema digestivo; então elas se movimentam através dele e mantêm tudo se movendo com elas, de uma maneira saudável. É em parte por causa disto que, ao comer cereais integrais e outros alimentos ricos em fibras, nós nos protegemos contra constipação, hemorróidas e diverticulite. Por serem ricos em fibras, os cereais integrais também reduzem o risco de câncer de cólon, reto, estômago, pâncreas, endométrio, ovário e próstata. Quando os fabricantes de alimentos processam os produtos que contêm carboidratos, grande parte de suas fibras é removida, o que aumenta o índice glicêmico do alimento (ver quadro). O processamento também remove muitas vitaminas, minerais e fitonutrientes.

Em que medida os alimentos comuns elevam o açúcar no sangue

Mínimo (Índice glicêmico < 40)

Maçãs,	Vagens
Damascos (secos)	Iogurte desnatado
Cerejas	Amendoim
Fettucine	Leite desnatado
Lentilhas	Soja

Baixo (Índice glicêmico 40-54)

Feijão	Laranjas
Farelo de cereal	Suco de laranja
Ervilhas em conserva	Mingau de aveia
Cenouras cozidas	Espaguete
Uvas	Suco de maçã sem açúcar

Moderado (Índice glicêmico 55-70)

Bananas	Farelo de aveia
Arroz integral	Abacaxi
Cereal tipo "granola" natural	Pão de trigo integral

Alto (Índice glicêmico 71-84)

Pão branco	Jujubas
Flocos de milho (Cornflakes)	Wafer de baunilha
Batatas fritas	

Máximo (Índice glicêmico > 85)

Tâmaras secas	Purê de batata instantâneo
Pão francês	Arroz pré-cozido (industrializado)

Um modo fácil de incluir cereais integrais à sua dieta é acrescentá-los às receitas que você já prepara sem eles. Experimente acrescentar arroz integral ou cevada à próxima sopa que fizer, ou a um ensopado de carne e legumes; acrescente aveia integral aos biscoitos. Na massa de um bolo ou de uma torta, substitua metade da farinha de trigo branca por farinha de trigo integral. O resultado não só será saboroso, como você terá consciência de que está contribuindo um pouquinho para a longevidade de quem o comer. Você também pode trocar totalmente o pão branco por pão integral, de trigo integral ou de centeio, e biscoitos de farinha de trigo branca por biscoitos feitos com cereais integrais.

Os alimentos feitos com cereais integrais – incluindo desde um atraente prato de talharim até um *pilaf* de arroz de grãos longos – não são mais privilégios de clientes sofisticados nem encontrados apenas em lojas de *delicatessen*. Eles estão disponíveis nos supermercados e acessíveis a quem se dispuser a prestar atenção no que come. É fácil comprá-los e comê-los, e os benefícios que trazem à nossa saúde e longevidade são enormes. A lista a seguir contém sugestões que ajudam a incluir este grupo básico de alimentos saudáveis em sua Dieta da Longevidade.

Cereais integrais, leguminosas e outros carboidratos

Cevada

Feijões: preto, grão-de-bico, soja e outros

Farelo

Pães: de trigo integral, centeio, aveia, de cereais mistos

Trigo sarraceno: panque-

cas, kasha, bolinhos
Cereais: trigo integral, aveia, farelo,
germe de trigo, kasha
Bolachas de cereais integrais
Lentilhas: sopa, pasta
Aveias: biscoitos de aveia, farelo de aveia
Massa: espaguete, talharim, rigatoni etc de cereais integrais
Ervilhas
Pipoca (sem manteiga)
Arroz integral
Tortilhas de milho
Cuscuz de trigo integral

Michele R. sempre foi alta e magra. Na sexta série, os garotos implicavam com ela chamando-a de "Caniço". Na faculdade, esses mesmos rapazes praticamente se matavam para sair com ela. Michele, que nunca foi uma fã de exercícios regulares, gostava de jogar tênis às vezes ou de caminhar na praia. *Todas* as suas colegas odiavam vê-la comer de tudo sem engordar um grama.

Depois dos 46 anos, no entanto, as coisas começaram a mudar. Michele, que em geral era cheia de energia, passou a se sentir muito cansada, principalmente depois das refeições. E embora tivesse engordado apenas um ou dois quilos desde os tempos da faculdade, suas roupas pareciam não lhe cair tão bem: as calças compridas e as saias ficavam mais apertadas na cintura, as camisetas pareciam ter encolhido, e ela mal conseguia esperar o fim do dia para tirá-las. A situação chegou a um ponto em que Michele se sentia tão exausta após o jantar que, quando recebia visitas, tinha de se esforçar para ficar de olhos abertos e conversar. Como atribuía essas mudanças ao envelhecimento, Michele finalmente me procurou no Centro de Envelhecimento da UCLA.

Depois de uma longa conversa, ficou claro que Michele estava comendo uma dieta muito rica em carboidratos – muitos deles com alto índice glicêmico –, e muito pouca carne e outras proteínas. Essa dieta provavelmente fazia com que a taxa de açúcar no seu sangue disparasse logo após as refeições, e em seguida baixasse rapidamente. O resultado era a sensação de cansaço e exaustão. Não só essas subidas e descidas da glicose no sangue eram prejudiciais a seu coração e à sua longevidade, como também a faziam ganhar peso em torno do abdome. O que, por sua vez, a levaria a desenvolver resistência à insulina e possivelmente apresentar um quadro de diabetes. Além disto, como sua dieta era pobre em proteínas, Michele talvez não estivesse ingerindo em quantidade suficiente os aminoácidos essenciais para que as células de seu corpo e as enzimas funcionassem bem.

Sugeri que ela se alimentasse com uma combinação dos três grupos saudáveis: frutas e verduras; proteínas, carnes magras, e gorduras saudáveis; e cereais integrais. Tudo, é claro, dentro das proporções corretas ao longo do dia. Também observei que, para se manter saudável, forte, e com aparência jovem – e para que as roupas lhe caíssem bem como antes – Michele deveria fazer exercícios regularmente.

Três dias na Dieta da Longevidade

Os benefícios comprovados de cada um dos três grupos de alimentos se somam. Peixes e nozes não só contêm proteína e gorduras ômega-3 como também são boas fontes de vitaminas antioxidantes; muitos cereais integrais também contêm antioxidantes potentes, assim como proteínas, fibras e outros nutrientes; o azeite de oliva e outros óleos vegetais contêm não só gorduras ômega-3 como vitamina E antioxidante. A Dieta da Longevidade torna fácil combinar esses grupos de alimentos e, ao mesmo tempo, tolera aquelas gulodices com que gostamos de nos presentear de vez em quando.

Para que se tenha uma idéia melhor de como a dieta funciona, aqui estão os primeiros três dias que Shirley I. seguiu. Embora ela tenha perdido 900 gramas durante as duas primeiras semanas da dieta, seu principal objetivo não era emagrecer. Sua meta era sentir-se mais saudável e mais forte, melhorar a aparência e colher os benefícios de uma longevidade de boa qualidade.

As receitas marcadas com asterisco podem ser encontradas no Apêndice 1.

PRIMEIRO DIA

Shirley começou o dia bebendo um copo de água logo que acordou.

Café-da-manhã

¾ a 1 xícara de mingau de aveia integral com 1 colher de chá de açúcar mascavo
½ xícara de leite desnatado ou semidesnatado
½ grapefruit
1 xícara de café
Suplementos de vitamina: 1 multivitamina e 1 vitamina C (500 mg)

(O mingau de aveia – integral – é a estrela desta refeição)

Lanche do meio da manhã

½ xícara de queijo *cottage* semidesnatado, mais 1 colher de sopa de passas misturadas

½ banana

Suco borbulhante (1 parte de suco de fruta mais 2 partes de água mineral, servidas com cubos de gelo)

Almoço

Salada: folhas verdes misturadas com fatias de legumes, cerca de 60 gramas de fatias de galinha, 30 gramas de fatias de queijo suíço de baixa gordura, 1 clara de ovo cozida e picada, molho vinagrete (azeite de oliva e vinagre)

2 bolachas cream-cracker de cereal integral

1 pêra

Chá gelado

(A salada – com vegetais e proteína – é o destaque da refeição)

Lanche do meio da tarde

1 xícara de suco ou sopa de tomate

30 gramas de amêndoas torradas

Água mineral com limão

Jantar

Salada de alface com molho de queijo Roquefort*

1 filé de salmão (170 gramas) grelhado com molho de ervas e suco de limão

½ xícara de arroz integral

Brócolis cozidos no vapor

Sorvete de morango*

Copo de vinho branco, água gelada

(O filé de salmão fornece proteína e é o destaque)

Lanche noturno
Iogurte desnatado gelado

SEGUNDO DIA

Um copo refrescante de água

Café-da-manhã
Bolinhos de farelo e passas * com ricota e geléia de fruta
½ xícara de amoras frescas
Café
Suplementos de vitamina

(O destaque é dos cereais)

Lanche do meio da manhã
Prato de vegetais crus: aipo/pimentões vermelhos/tomates
30 gramas de mozarela

Almoço
Sanduíche com 90 gramas de atum com pão de trigo integral acompanhado de alface e tomate
Maçã seca crocante
Água mineral com limão

(As frutas e vegetais e o cereal integral dividem o papel principal, com o apoio da proteína fornecida pelo atum nesta refeição saudável)

Lanche da tarde

Fatias de pêssego com ½ xícara de queijo *cottage* e uma colher de sopa de amêndoas picadas

Água mineral com limão

Jantar

Peito de frango (170 gramas) grelhado com ervas

Talharim com molho Pesto*

Cenouras cozidas no vapor

Bolo de maçã *à la Mode**

Copo de vinho tinto, água gelada

(A estrela é a proteína)

Lanche noturno

Picolé de fruta

TERCEIRO DIA

Um copo de água ao acordar

Café-da-manhã

Omelete vegetal (use 1 ovo inteiro mais 2 ou 3 claras)

½ xícara de amoras ou morangos frescos

Café

Suplementos de vitamina: 1 multivitamina e 1 vitamina C (500 mg)

(A omelete – proteína – é a estrela desta refeição)

Lanche da manhã

½ xícara de iogurte desnatado, simples ou com frutas, mais 1 colher de sopa de passas

Chá (O chá verde é o que tem o maior poder antioxidante)

Almoço

Tigela de sopa de galinha (com a carne branca e legumes)

Salada de espinafre com maçã picada e nozes, molho vinagrete

1 laranja fatiada

Chá gelado

Lanche da tarde

Tiras de legumes crus com 2 colheres de sopa de manteiga de amendoim (de preferência se encontrar uma de baixa gordura)

Chá gelado

Jantar

Salada de tomate, abacate e cebola roxa; azeite de oliva e vinagre

Linguini com frutos do mar*, usando ¾ xícara de linguini de trigo integral

Aspargos cozidos no vapor

Gulodice: Fatia de bolo de chocolate

½ copo de chá gelado misturado com ½ copo de limonada

(Os frutos do mar — proteína — são o destaque da refeição)

Lanche noturno

Maçã em fatias com canela

Perdendo peso

Embora muitas pessoas percam peso mesmo sem querer quando começam a Dieta da Longevidade, outras que desejam emagrecer mais depressa podem introduzir as seguintes modificações na dieta:

- Cortar os carboidratos e fazer mais refeições em que os "destaques" sejam carnes magras e proteínas sem gordura, junto com legumes, saladas e frutas para sobremesa.
- Cortar as bebidas alcoólicas e *todas* as gulodices.
- Limitar as porções. Pesquisas recentes mostram que as pessoas comem menos quando lhes são servidas pequenas porções.
- Lembrar de comer os lanchinhos saudáveis entre as refeições, para não ficar com fome e comer demais depois.
- Não deixar de beber oito copos de água por dia.
- Aumentar os exercícios, principalmente os cardiovasculares. Ter em mente que os exercícios de fortalecimento muscular ajudam a ganhar massa muscular sem gordura, o que acelera o metabolismo e contribui para queimar mais calorias, levando a uma perda maior de peso (veja o Passo 6).

Isto servirá como seu ponto de partida rápido para o programa de dieta, fazendo você sentir que pode controlar sua alimentação. Depois, poderá acrescentar mais cereais integrais, mais álcool se desejar, e até mesmo uma pequena gulodice ocasional. Você pode se manter no programa de redução de peso enquanto precisar, mas, a menos que tenha de perder mais de cinco quilos, deve procurar fazer uma transição para a rotina da Dieta da Longevidade em quatro semanas e desfrutar dos benefícios permanentes de uma alimentação saudável e saborosa.

Dando a partida

Quando estiver se preparando para iniciar a Dieta da Longevidade, é uma boa idéia fazer um balanço do que se tem na despensa e na geladeira e anotar o que precisará comprar para a primeira semana. Planejar alguns dias com antecedência vai ajudar você a não fugir da alimentação saudável.

Se você levar para casa alguns mantimentos básicos, como frutas frescas, legumes e verduras, carnes magras, peixe, arroz integral, azeite de oliva, vinagre, pão e massas de trigo integral, queijo, ovos, iogurte sem gordura e leite, ficará em condições de preparar qualquer uma das refeições e receitas deste livro, e de fazer outras combinações gostosas por sua própria conta.

Muitas pessoas acham que fazer um gráfico para as refeições diárias ajuda a planejar a dieta em treinamento cruzado. Faça algumas cópias da tabela abaixo, que está em branco, e a preencha de acordo com a sua programação, assegurando-se de que cada refeição contenha pelo menos dois dos três grupos de alimentos saudáveis. Coloque um asterisco (*) perto do prato que será o destaque de cada refeição.

Dia	**Frutas/ Vegetais**	**Proteínas/ Gorduras**	**Carboidratos**
Café-da-manhã			
Lanche			
Almoço			
Lanche			
Jantar			
Lanche			

Seguindo a Dieta da Longevidade

- Coma o que gostar mais dos seguintes grupos de alimentos (cada grupo pode ser o destaque em até duas refeições por dia):
  – Frutas e verduras antioxidantes
  – Proteínas, carnes magras, gorduras saudáveis
  – Cereais integrais, legumes e outros carboidratos
- Procure ter consciência de como seu corpo se sente antes, durante e depois de comer, para poder calcular a quantidade conveniente de comida e perceber quando já comeu o suficiente.
- De vez em quando, se presenteie com uma pequena porção de sua gulodice favorita.
- Beba pelo menos oito copos de água por dia.
- Desfrute de dois a três lanches saudáveis por dia, entre as refeições.
- Evite uso excessivo de sal, más gorduras, e carboidratos com alto índice glicêmico.
- Se quiser perder peso, corte carboidratos, álcool e gulodices até atingir a sua meta.

Passo 8

Mais juventude com a medicina moderna

Os progressos feitos pela medicina na última década prometem manter-nos vivos e saudáveis por mais tempo do que qualquer geração anterior. Ainda estaremos vivos, provavelmente, quando passar dos cem anos se tornar uma coisa natural. As modernas tecnologias médicas, como transplante cardíaco e cirurgias oculares a laser, já se tornaram procedimentos de rotina. Técnicas complexas de neuroimageamento – janelas para o antes misterioso e secreto funcionamento do corpo – levaram a novos métodos cirúrgicos que permitem controlar e muitas vezes derrotar importantes doenças fatais, como o câncer de cólon e cardiopatias. Medicamentos mais eficazes com poucos efeitos colaterais nos ajudam a lidar com o mal de Alzheimer da mesma forma que lidamos com a pressão alta – através de testes simples e da medicina preventiva.

Este Passo da *Ciência da Longevidade* aborda as mais novas técnicas médicas que têm como objetivo fazer com que as pessoas *permaneçam*, *sintam-se* e *pareçam* jovens. Algumas intervenções são inovadoras, como as novas curas para o câncer, os meios para acender a nossa libido e os cosméticos destinados a conservar eternamente a juventude.

Com o mapeamento do genoma humano, podemos agora aguardar terapias mais personalizadas, que considerem um perfil genético específico. As células-tronco têm um potencial extraordinário para formar quase qualquer tipo de célula do corpo, e a meta dos cientistas é fazer com que essas células primitivas cresçam para substituir células doentes ou mesmo órgãos inteiros. Cientistas suecos conseguiram recentemente usar células-tronco humanas adultas para gerar células cerebrais em funcionamento.

A nanotecnologia é um novo campo que constrói objetos e substâncias, um átomo ou molécula de cada vez. É uma forma de engenharia molecular que levará a uma revolução nos métodos de produção. Os cientistas já usam a nanotecnologia para construir mini-robôs acionados pela batida de uma única célula cardíaca. Isto um dia poderá levar à produção de músculos cardíacos micro-robóticos que poderão manter nossos corações batendo por muito tempo além de sua capacidade anterior.

De olho na obesidade, que está rapidamente se tornando uma das maiores ameaças para a saúde no século XXI, os cientistas já desenvolveram um hormônio injetável que literalmente desliga o apetite. Nos testes iniciais, ele permitia a uma pessoa perder mais de 2,250 quilos por mês sem fazer força. Um desfibrilador cardíaco implantável também já está sendo desenvolvido para dar um pequeno choque elétrico no coração e acertar seu ritmo automaticamente no caso de um ataque cardíaco, o que poderia salvar milhões de vidas a cada ano.

Graças ao que há de mais novo na medicina, vamos todos começar a fazer planos para parecermos jovens e nos sentirmos jovens bem depois dos oitenta ou até noventa anos. Há novos tratamentos que se destinam a nos fazer *parecer* jovens de várias maneiras – desde tornando a pele mais macia e o cabelo mais abundante – e outros que nos fazem *sentir* com muitos anos menos e com maior capacidade de locomoção. Hoje podemos melhorar a nossa qualidade de vida estimulando a libido e os níveis de energia. Diante do amplo leque de novos medicamentos, tratamentos e procedimentos que se tornam disponíveis, é essencial que você esteja bem informado para escolher e monitorar seu *portfólio médico* com sabedoria – assim como faria com seu portfólio financeiro. Saber usar eficazmente as novas tecnologias médicas é uma chave para esta qualidade essencial da longevidade.

Viver mais

Apenas uma geração atrás, o câncer era quase sempre fatal. Hoje, não só se pode detectar a doença mais cedo, como também há tratamentos mais eficientes que, em vários casos, levam à cura. Câncer e doenças cardíacas, contudo, ainda são as principais causas de morte nos Estados Unidos. Na forma mais comum de doença cardíaca, as artérias coronárias (vasos que fornecem sangue e nutrientes aos músculos do coração) ficam bloqueadas ao longo do tempo com placas de gordura. Pessoas com um sério bloqueio das artérias coronárias podem ser salvas graças à cirurgia do *by*-pass (ponte de safena) ou à angioplastia. Na primeira, as artérias coronárias bloqueadas são substituídas por vasos sanguíneos saudáveis retirados da perna, do braço ou do peito. A angioplastia é uma alternativa menos invasiva para alguns pacientes. Nesse procedimento, o cardiologista insere um cateter com um pequeno balão na extremidade num grande vaso sanguíneo do braço ou da perna e o orienta até a artéria coronária bloqueada, onde o balão é inflado para alargá-la. Um tubo, ou *stent*, é deixado no lugar para manter a artéria aberta.

Com tratamento adequado, problemas crônicos como hipertensão e colesterol alto deixam de ser um risco. Num estudo de pacientes com apenas pequenas elevações de pressão, o tratamento com medicamentos anti-hipertensivos aumentou a expectativa de vida em dois ou três anos. Outros estudos comprovaram que baixar a pressão em apenas cinco pontos reduz o risco de derrame em cerca de 34 por cento e de doença cardíaca em 21 por cento.

Hoje também já é sabido que tomar a substância genérica estatina (redutora de colesterol) nas primeiras vinte e quatro horas seguintes a um ataque cardíaco pode diminuir o risco de morte em 50 por cento. Cientistas constataram que esses medicamentos podem ainda reduzir os óbitos por parada cardíaca em até 55 por cento. Ao baixar os níveis de colesterol no sangue, as estatinas impedem a formação dos depósitos gordurosos que acabam bloqueando a circulação. Esses medicamentos também protegem o coração ao reduzir inflamações responsáveis pela parada cardíaca.

Na última década, o total de mortes por câncer nos Estados Unidos caiu em mais de 12 por cento. O maior declínio – responsável por cerca de cinqüenta e cinco mil vidas salvas – foi encontrado no câncer de próstata e de pulmão nos homens, de mama nas mulheres, e de cólon em ambos os sexos. A detecção precoce do câncer de próstata agora é possível graças à dosagem do Antígeno Prostático Específico (PSA), um simples teste sanguíneo.

Um novo tratamento para o câncer, o bloqueio andrógeno ou hormonal pode impedir o desenvolvimento do câncer por tanto tempo que alguns pacientes vivem normalmente e acabam morrendo por outras causas totalmente diferentes. Os melhores tratamentos para o câncer de mama, como o medicamento tamoxifeno e outros quimioterápicos, contribuem para o aumento das estatísticas de sobrevivência, junto com o já difundido uso da mamografia para detecção precoce. As intervenções invasivas nem sempre são necessárias para salvar vidas. Relatórios recentes publicados na revista *New England Journal of Medicine* verificaram que a lumpectomia (cirurgia conservadora da mama) acompanhada pela radioterapia pode ser tão eficiente quanto uma mastectomia completa.

O câncer cólon-retal é a segunda maior causa de morte por câncer. Se o diagnóstico é feito cedo, pela colonoscopia, pode ser curado por meio da cirurgia. O risco dessa doença aumenta após os cinqüenta anos, especialmente para aqueles pessoas que têm casos na família. Menos de um terço dos norte-americanos com mais de cinqüenta já fizeram uma colonoscopia. Embora o paciente possa achar desconfortável, o exame dura apenas meia hora e pode salvar sua vida.

Sentir-se mais jovem

Além de estender a expectativa de vida, as intervenções médicas – medicamentos, cirurgias e tratamentos alternativos – podem melhorar a qualidade de vida. Muitos pacientes estão aproveitando as novas tecnologias que lhes permitem monitorar seus próprios sintomas eletronicamente. Pulseiras elásticas sem fios lêem a pressão e a transmitem diretamente para os médicos. Balanças "inteligentes" podem enviar seu peso para a clínica e exibir de volta para você as perguntas e as respostas de seu médico.

CONHECENDO OS MEDICAMENTOS

Inúmeros medicamentos se tornaram disponíveis para tratar sintomas de doenças graves e queixas comuns que surgem com a idade. Entretanto, quando tomamos remédios demais, podemos ter problemas com os efeitos colaterais. Saber lidar com os medicamentos pode ser um desafio. Principalmente para os mais idosos, que costumam tomar mais remédios ao longo do dia.

Quando Nancy G. finalmente conseguiu chegar ao apartamento de sua mãe para buscá-la, já sabia que estavam atrasadas para o médico. Apressada, procurou a tabela em que sua mãe anotava diariamente a pressão. Encontrou-a sobre o aparador, escondida sob o estojo da injeção de insulina. Nancy perguntou à mãe se já guardara todos os remédios na bolsa – o médico insistira que levasse todos quando fosse à consulta, para ter certeza de que eles não estavam prejudicando a sua memória. Quando a mãe entrou na cozinha carregando duas sacolas grandes de loja, Nancy mais uma vez se sentiu triste com os esquecimentos dela: "Mãe, eu já disse que não teremos tempo de ir ao centro comercial hoje para trocar esses presentes". Mas ao olhar dentro das sacolas, viu que elas estavam totalmente cheias de caixas, frascos, amostras de remédios e receitas de vários médicos. E aqueles eram só os remédios que ela estava tomando naquele momento.

Uma pessoa idosa toma em média meia dúzia de medicamentos receitados, e quanto mais medicamentos uma pessoa toma, maior a probabilidade de surgirem efeitos colaterais. Um estudo recente verificou que, nos Estados Unidos, um entre cada quatro adultos idosos consome pelo menos um medicamento inapropriado ou desnecessário. Além disto, muitos ainda usam remédios antigos que em geral são menos seguros do que os remédios mais novos.

À medida que envelhecemos, os receptores espalhados em nossos corpos começam a ficar mais sensíveis a drogas, aumentando a possibilidade de que surjam efeitos colaterais com doses muito mais baixas. Mais ainda: nossos organismos se tornam menos eficientes para processar e eliminar os medicamentos e por isso, ao longo do tempo, podem acumular doses mais elevadas dessas drogas no sangue. Então novos efeitos colaterais poderão surgir, assim como interações negativas com outros medicamentos que não tomávamos no passado. Mesmo remédios vendidos sem receita médica e fitoterápicos, que muitas pessoas consideram inofensivos, podem causar efeitos colaterais indesejados ou perigosos. Exemplo: Se uma pessoa toma ginkgo biloba, aspirina e vitamina E juntos, pode ter um sangramento excessivo ao sofrer um ferimento. Devido às mudanças em nossos corpos, os médicos que cuidam de idosos costumam receitar medicamentos primeiro em dosagens baixas para depois aumentá-las gradativamente, conforme a necessidade.

Muitos medicamentos têm efeitos colaterais anticolinérgicos, o que significa que eles se opõem à ação dos remédios receitados contra a perda de memória. Histaminas vendidas sem receita, como Benadryl, podem causar esse efeito. Drogas receitadas contra a ansiedade, como Xanax, Valium ou Librium, são com freqüência usadas em excesso e podem causar sedação e perda de memória, bem como aumentar o risco de quedas. Drogas usadas para regular o ritmo cardíaco ou tratar a pressão alta podem prejudicar os vasos sanguíneos e reduzir a capacidade do coração de bombear sangue. Como nosso tônus vascular já diminui à medida que envelhecemos, remédios que agravam este problema podem levar a tombos, traumatismos cranianos e outras complicações. Deve-se ter muito cuidado ao tomá-los.

A esposa de Alan F. vivia insistindo para que ele voltasse ao médico para sua consulta de rotina, mas Alan nunca tinha tempo: o negócio hoteleiro se tornara tão competitivo nos últimos tempos e havia tantos jovens ambiciosos disputando o seu cargo que ele não podia parar. Além disso, na última consulta o médico havia receitado comprimidos para a pressão que lhe davam tanto sono que ele mal conseguia abrir os olhos depois das nove da noite. Ele sabia que, por causa disso, sua esposa devia estar imaginando que ele perdera o interesse sexual por ela, mas não era nada disso. Simplesmente ficava exausto demais todas as noites para pensar em qualquer coisa parecida com sexo. A tensão doméstica acabou se somando ao estresse do trabalho, o que não estava sendo nada bom para a pressão sanguínea. Alan começou a sentir-se deprimido e pensou em pedir ao médico um antidepressivo. Isso foi antes de saber que os antidepressivos podem minar o desempenho sexual. Bem, isso era a última coisa de que precisava.

Quando Alan finalmente foi ao médico e lhe explicou toda a situação, o médico mudou o remédio para a pressão e pediu para ser avisado sobre qualquer sintoma que surgisse ao começar o novo tratamento. De fato, o médico percebeu que o primeiro remédio que Alan havia tomado associava-se a uma diminuição da libido.

Com a mudança de medicamento, a energia e o entusiasmo de Alan voltaram, junto com sua libido, e logo a depressão passou. O médico até lhe dera algumas amostras de Viagra para experimentar, mas Alan não precisou usá-las. Sua vitalidade renovada melhorou igualmente seu desempenho no trabalho.

Ao discutir uma possível interação de medicamentos com seu médico, não esqueça de mencionar qualquer remédio sem receita que esteja tomando, assim como suplementos de vitaminas e alimentos que possam reforçar ou reduzir seus efeitos. Para se ter uma idéia, alguns remédios interagem até mesmo com o suco de grapefruit. Confirme se precisa mesmo de um determinado medicamento e ponha seu médico a par de tudo o que você está tomando. Isto é especialmente importante se você está sob os cuidados de mais de um médico.

É importante *não* parar de tomar por sua própria conta os medicamentos receitados. Pesquisadores da Universidade de Michigan descobriram que quando pessoas de meia-idade e mais idosas param de tomar os medicamentos receitados sem ouvir seus médicos, 32 por cento delas sofrem um sério declínio na saúde.

O Departamento para Medicamentos e Alimentos dos EUA (FDA) fornece pela Internet um guia (www.fda.gov/oc/buyonline/default.htm) que descreve os riscos de comprar remédios e produtos semelhantes pela Internet. Os perigos estão em toda parte na Web, incluindo produtos contaminados ou ilegais. O guia ajuda os consumidores com pistas para que saibam diferenciar sites ilegais na Internet de outros que são úteis. É preciso, por exemplo, verificar se a farmácia *online* tem licença e se dá acesso a um farmacêutico registrado. Cuidado também com sites que têm sua base em países estrangeiros e sites de farmácias *online* que fornecem medicamentos sem receita médica. Verifique sempre se o site possui um endereço real e um número de telefone. Um endereço de e-mail não basta.

MANTENHA BAIXA A PRESSÃO SANGUÍNEA

A hipertensão afeta cerca de 60 por cento da população, com 10 por cento de aumento na última década. Sob pressão alta, os vasos sanguíneos enrijecidos podem se romper e causar acidente vascular cerebral, em que o sangue vaza para o tecido cerebral e causa um derrame. O derrame é habitualmente descrito como a morte de células cerebrais, o que resulta em uma perda de funções físicas e mentais, ou de ambas. Quando a morte de tecido ocorre no coração, este passa a bombear o sangue com menor eficiência, o que pode provocar parada cardíaca ou morte.

Ao contrário da crença popular, as pessoas não podem saber se têm pressão sanguínea alta, e a maioria dos pacientes com pressão alta não apresenta sintomas. Entretanto, a pressão alta é facilmente detectada com um medidor de pressão sanguínea e o estetoscópio no consultório médico ou com um aparelho de uso doméstico, e controlada com uma série de medicamentos anti-hipertensivos. A estratégia mais eficaz combina remédios e mudanças no estilo de vida – evitar cigarros e comida em excesso e fazer exercícios são medidas cruciais, assim como ficar longe do saleiro. Exercícios regulares e dieta saudável podem muitas vezes eliminar a necessidade de medicamentos.

Um estudo recente sugere que o que antigamente era considerado como pressão normal pode não ser tão normal assim. As orientações atuais estabelecem que a pressão sanguínea sistólica normal (quando o coração está se contraindo) é inferior a 140 milímetros, e a diastólica (quando o coração se relaxa) é inferior a 90. Nesse novo estudo, os pacientes tinham pressão normal, mas mesmo assim estavam na zona de risco de problemas cardíacos. Aqueles que tomaram medicamentos anti-hipertensivos tiveram quedas suaves da pressão sanguínea e 30 por cento a menos de ataques cardíacos, derrames ou hospitalização por dores no peito.

OSSOS FORTES

Mais de dez milhões de norte-americanos, sobretudo mulheres, sofrem de osteoporose, o que significa que seus ossos ficaram porosos, quebradiços e fracos. Fraturas no quadril são o maior risco quando os ossos se enfraquecem, e a cada ano o número de mulheres sofrendo desse tipo de fratura supera a soma das que sofrem ataques cardíacos, derrames e câncer de mama. A idade, o estrogênio, a história familiar e o tabaco são fatores de risco, e o diagnóstico, feito por um exame especial de densitometria óssea, é recomendado para todas as mulheres acima dos 45 anos.

Para manter os ossos saudáveis, a Academia Nacional de Ciências e a Fundação Nacional de Osteoporose dos EUA recomendam doses diárias de cálcio de 1,000 a 1,200 miligramas para homens e mulheres adultos, ingeridas preferivelmente através da alimentação. Caso isso não seja possível, é recomendado o uso de suplementos. Entre quatrocentas e oitocentas unidades internacionais (IUs) de vitamina D também são necessárias para ajudar o corpo a absorver cálcio.

Vários medicamentos estão disponíveis para tratamento da osteoporose. Foi comprovado que a terapia de reposição de estrogênio diminui acentuadamente esse risco, e que os alendronatos (Fosamax) e risedronatos (Actonel) diminuem o risco de fraturas de quadril e coluna.

As calcitoninas (Miacalcin) podem ser tomadas tanto por injeção quanto por vaporização nasal e são eficazes para aumentar a densidade óssea, sobretudo na coluna. Também se descobriu que reduzem as dores decorrentes de fraturas por compressão na coluna. Moduladores de receptores seletivos de estrogênio aumentam a força dos ossos sem efeitos negativos sobre os seios e o útero, mas podem aumentar o risco de derrames.

O estilo de vida tem grande importância no risco de fratura do quadril. Uma rotina de musculação, alongamento e exercícios de fortalecimento (veja o Passo 6) melhora a musculatura e a força dos ossos, assim como o equilíbrio. Os mais velhos que começam um regime de ginástica com pesos não só mantêm seus ossos mais jovens e fortes como melhoram a densidade óssea, passando a sentir-se dez anos mais jovens. Um estudo recente feito com 46 pares de gêmeos idênticos comprovou que o consumo moderado de álcool era associado a maior densidade óssea, o que reduzia o risco de fraturas.

PREVENÇÃO E CONTROLE DE DIABETES

Cerca de dezoito milhões de norte-americanos sofrem de diabetes. Seus corpos têm dificuldade em metabolizar açúcar ou glicose, e freqüentemente são necessárias injeções de insulina para retirar o açúcar das células e manter as reações químicas que sustentam a capacidade mental e a vida. Dieta, controle de peso e exercícios são os meios mais eficazes de prevenir e controlar essa disfunção, mas muitos medicamentos orais também são seguros e eficientes para baixar os níveis de açúcar no sangue. Medicamentos à base de sulfoniluréia estimulam o pâncreas a produzir e liberar mais insulina. Outra opção é o uso de novos medicamentos conhecidos como meglitinidas, que agem rapidamente e podem ser muito eficazes.

Os laboratórios farmacêuticos têm se empenhado em pesquisar remédios para prevenir os sintomas de diabetes antes que as pessoas desenvolvam a doença. A metformina e a rosiglitazona, no mercado respectivamente como Glucofage e Avandia, tratam os sintomas de diabetes, e os estudos mostram que essas drogas podem ajudar a prevenir a doença em alguns casos. Um relatório recente da revista médica *Lancet* registrou que um grupo de pacientes com excesso de peso e em risco de diabetes teve melhoras significativas em relação ao grupo placebo graças a uma nova droga conhecida como rimonabant. O medicamento os ajudou a perder peso, melhorar a reação à insulina e baixar o colesterol no sangue.

VENCENDO O COLESTEROL

Com o passar dos anos, é comum que os níveis de colesterol subam e, se esse problema não for tratado, pode desencadear doenças cardíacas ou derrames. Fatores de risco para desenvolver colesterol alto incluem diabetes, tabaco, pressão alta, falta de exercício e obesidade. Logo, deixar de fumar, perder peso, fazer dieta e exercitar-se com regularidade são medidas que, juntas, contribuem para baixar os níveis de colesterol.

Há anos os médicos nos dizem para controlar nosso colesterol, especialmente o LDL, o "mau" colesterol. Nos Estados Unidos, um novo relatório do Programa Nacional de Educação sobre o Colesterol atualiza orientações anteriores, estabelecendo o índice de risco do LDL em 70 (antes era 100). Esses novos índices significam que cerca de 40 milhões de norte-americanos deveriam adotar alguma medida para baixar seu colesterol, inclusive aqueles que tomam estatinas.

Segundo pesquisa recente, alguns pacientes deveriam usar medicamentos para baixar o colesterol, independentemente de seus níveis de colesterol no sangue. O American College of Physicians recomendou que todos os diabéticos com mais de 55 anos tomassem estatinas, e também os diabéticos mais jovens com outros fatores de risco, como doença cardíaca ou pressão alta. Essas orientações foram o resultado de uma revisão de estudos, que constatou que esses medicamentos reduzem a taxa de ataques cardíacos e de outros problemas do coração em aproximadamente 23 por cento nos diabéticos com risco cardíaco.

As estatinas parecem ter também efeito em outras doenças. Estudos de laboratório mostraram que as estatinas inibiram o crescimento de células cancerígenas do cólon, e um estudo recente de quase quatro mil voluntários descobriu que o uso regular de estatinas por pelo menos cinco anos tinha relação com 47 por cento de redução do risco de câncer cólon-retal. Embora esses estudos sejam encorajadores, os médicos ainda não recomendam estatinas como tratamento preventivo para o câncer, esperando que investigações adicionais confirmem essas descobertas. Outras pesquisas indicam ainda que as estatinas podem retardar o surgimento do mal de Alzheimer ou a sua progressão.

JUNTAS EM MOVIMENTO

A osteoartrite é a forma mais comum de artrite e pode ser uma doença progressiva, para a qual ainda não existe cura. Há tratamentos, porém, que se aperfeiçoaram consideravelmente nos últimos anos. O grande impulso foi o aumento de tratamentos que reduzem a dor e aumentam a mobilidade, evitando a progressão rápida da doença. A maioria das estratégias empregadas hoje inclui medicamentos, fisioterapia, exercícios, controle do peso e, em último caso, cirurgia.

Os medicamentos conhecidos como FAINEs (Fármacos Antiinflamatórios Não Esteroidais) aliviam a dor e combatem a inflamação, sendo disponíveis com e sem receita médica. Entre eles, alguns são à base de ibuprofeno (Advil, Motrin, e outros) e de naproxeno sódico (Aleve). Essas drogas têm efeitos colaterais como sangramento, úlceras no aparelho digestivo e danos para o fígado e os rins. Acreditava-se que antiinflamatórios mais recentes, conhecidos como inibidores de COX-2 (por exemplo, Celebrex, Bextra e Vioxx) eram mais seguros quanto aos sangramentos estomacais, mas seus potenciais efeitos colaterais para o coração levaram os fabricantes a tirar vários deles do mercado.

O Tylenol (acetaminofen), vendido sem receita médica, pode reduzir a dor tão eficazmente quanto os FAINEs, mas ingerir mais do que a dose recomendada pode ser prejudicial para o fígado. Outra abordagem envolve o uso de adesivos de lidocaína sobre a área dolorida, como as costas ou o joelho. Um estudo recente apresentado pela *American Pain Society* verificou que esses adesivos eram tão eficazes quanto o antiinflamatório Celebrex. A lidocaína, que é semelhante à novocaína usada para anestesiar a gengiva quando extraímos um dente, inibe os sinais de dor enviados ao cérebro mas não provoca anestesia. Seu único efeito colateral potencial é uma irritação sem importância na pele.

Desde a difusão das próteses – mais comumente do joelho ou do ilíaco –, as técnicas cirúrgicas progrediram consideravelmente. Hoje há procedimentos que não requerem internação e permitem que os pacientes voltem andando para casa. Muitas vezes, o cirurgião remove a articulação danificada e a substitui por uma prótese de plástico ou metal. Muitas pessoas retornam aos seus níveis normais de atividade, além de melhorar seus movimentos e sentir menos dor.

MAL DE ALZHEIMER: PREVENÇÃO E TRATAMENTO

O mal de Alzheimer atinge aproximadamente cinco milhões de norte-americanos, e outros milhões sofrem de deficiências cognitivas mais brandas, que os colocam em risco de desenvolver essa doença. Parentes e amigos também sofrem ao ver esses pacientes perderem gradativamente a memória e outras funções cognitivas. Estudos recentes mostraram que a adoção de determinados estilos de vida pode baixar de modo significativo o risco de desenvolver a doença. Medicamentos inovadores e vacinas que podem retardar seu surgimento também estão sendo pesquisados.

A maior parte das drogas hoje disponíveis para melhorar a memória e outras funções agem aumentando no cérebro o nível de acetilcolina, neurotransmissor que facilita a passagem dos impulsos nervosos através das sinapses. Os cérebros dos pacientes de Alzheimer têm deficiência de acetilcolina, o que pode resultar tanto de sua produção deficiente como de sua quebra excessiva pelas enzimas chamadas colinesterases. Medicamentos como Aricept, Exelon e Razadyne inibem essas enzimas, e por isso são chamados de "inibidores de colinesterase".

A memantina, no mercado como Namenda, atua nos receptores NMDA (N-methyl-D-aspartate) cerebrais bloqueando o glutamato químico, que superestimula esses receptores e permite a entrada excessiva de cálcio na célula, levando à sua destruição. O Namenda foi aprovado em pacientes com mal de Alzheimer moderado e grave, mas muitos clínicos o consideram também eficaz nos estágios mais brandos da doença. Esse medicamento é seguro quando usado com um inibidor de colinesterase, como Aricept, e estudos preliminares mostram que essa combinação proporciona maior benefício do que o uso de uma só das drogas.

Dosagem de drogas contra demência

Droga	Dose inicial	Dose máxima
Donepezil (Aricept)	5 mg, uma vez por dia	10 mg por dia
Rivastigmine (Exelon)	1,5 mg duas vezes por dia	6 mg por dia
Galantamina (Razadyne ER)	8 mg uma vez por dia	24 mg por dia
Memantina (Namenda)	5 mg uma vez por dia	10 mg por dia

Pacientes de Alzheimer que tomam esses medicamentos precisam de menos remédios para tratar depressão e problemas de comportamento. Eles também ficam em casa por mais tempo do que os que os que não os tomam, adiando assim a internação. Essas drogas não só melhoram a memória e o raciocínio como também reduzem a agitação e a depressão, e podem ajudar no caso de doenças correlatas, inclusive a demência vascular e a demência por corpúsculos de Lewy. Na UCLA, estamos testando essas drogas para ver se reduzem o envelhecimento cerebral em pessoas saudáveis e, ainda, se previnem o mal de Alzheimer.

Cientistas descobriram que quanto mais cedo essa doença é constatada e tratada, melhor é o resultado terapêutico. Em setembro de 2004, o *Centers for Medicare and Medicaid Services*, órgão do governo norte-americano que administra os programas de seguro-saúde, permitiu que o uso da Tomografia por Emissão de Pósitrons (PET) fosse reembolsado para que os médicos pudessem ter um diagnóstico precoce do mal de Alzheimer. Um estudo recente indicou que o medicamento Aricept, quando usado em pacientes com dificuldades cognitivas brandas, retardava o surgimento do mal de Alzheimer.

Na UCLA, a nossa abordagem ao mal de Alzheimer busca proteger o cérebro antes que o dano se instale. Para isso usamos os passos da *Ciência da Longevidade*. Nossos estudos iniciais descobriram que voluntários saudáveis com idades entre 35 e 70 anos, que passaram apenas duas semanas sob um programa de estilo de vida saudável combinando forma física, aeróbica mental, dieta saudável e redução de estresse, experimentavam uma melhora sensível na eficiência cerebral de um centro-chave da memória, no qual o mal de Alzheimer freqüentemente se manifesta. Em algumas pessoas, o nível da memória melhorou em mais de 200 por cento em apenas 14 dias. Era como se esses voluntários tivessem subtraído duas décadas da idade de seus cérebros.

Nossa equipe científica na UCLA desenvolveu um novo modo de usar o PET, para que a evidência física do mal de Alzheimer – formação de agregados de proteína beta-amilóide – pudesse ser medida no paciente vivo, enquanto pelo método tradicional a doença só podia ser comprovada por meio de autópsia. Nosso grupo de pesquisadores conseguiu determinar essas proteínas anormais usando um novo detector PET em pessoas portadoras de uma deficiência cognitiva apenas branda, anos antes de elas terem probabilidade de desenvolver a doença. Isto permitirá que os médicos iniciem estratégias de prevenção tão cedo quanto possível. Muitos laboratórios estão pesquisando medicamentos e vacinas destinadas a quebrar as formações dessa proteína mal elas começam a se acumular nos centros de memória do cérebro.

EVITANDO A MELANCOLIA

Estima-se que 15 por cento da população desenvolva algum tipo de depressão clínica em determinado ponto da vida. Quando deixados sem tratamento, esses pacientes apresentam não só sintomas emocionais de tristeza, perda de interesse e culpa, como sintomas físicos, incluindo perda de peso, fadiga e insônia. Pessoas deprimidas tendem também a sentir mais dor física. O tratamento profissional da depressão pode aliviar os sintomas físicos e emocionais. Muitas depressões envolvem mais de um agente desencadeador ou causa, pois os fatores psicológicos e biológicos se acumulam. Independentemente da causa específica, pacientes que recebem psicoterapia e/ou medicamentos antidepressivos melhoram mesmo quando seus sintomas são graves.

Um aspecto da depressão, a redução na capacidade de concentração, parece tornar-se mais proeminente à medida que envelhecemos. Pessoas de meia-idade e idosos tendem a enfatizar suas dificuldades de concentração, e suas depressões freqüentemente são acompanhadas de queixas quanto à memória. Infelizmente, muitos ainda consideram que a depressão é um sinal de fraqueza, e por isso não buscam ajuda. O que essas pessoas não compreendem é que a depressão não tratada pode aumentar o risco de uma doença física séria ou até de morte, assim como o risco de suicídio. O índice de expectativa de vida para pacientes cujas depressões são tratadas adequadamente é duas vezes maior que o daqueles que não recebem o devido cuidado.

Embora todos os tipos de drogas antidepressivas tenham se mostrado eficazes no alívio dos sintomas da depressão, os medicamentos mais recentes, como fluoxetina (Prozac), sertralina (Zoloft), citalopram (Celexa), ou paroxetina (Paxil), para mencionar apenas alguns, têm um melhor perfil do que o de medicamentos mais antigos, como a amitriptilina (Elavil) ou imipramina (Trofanil). Estes medicamentos mais antigos podem ter um efeito negativo sobre a performance da memória devido a seus efeitos colaterais anticolinérgicos. Alguns deles também causam quedas de pressão que podem ocasionar tombos quando as pessoas se levantam muito depressa.

É melhor começar com doses mais baixas e aumentá-las gradualmente, sobretudo com pessoas mais idosas. Muitos médicos em postos de saúde pública podem tratar a depressão com eficiência usando antidepressivos, mas no caso de uma depressão mais grave e complicada, a experiência de um psiquiatra pode ser necessária. Um psiquiatra com treinamento adicional em geriatria pode oferecer um atendimento mais sofisticado para pacientes idosos deprimidos.

PROTEGENDO A VISÃO

À medida que envelhecemos, a nossa visão tende a declinar. Então fica difícil distinguir as letras miúdas, seja num jornal ou numa caixa de remédios. O problema é tão freqüente que hoje várias editoras andam aumentando o tamanho das letras de suas publicações destinadas ao grande público. Elas estão visando as milhões de pessoas acima dos 60 anos, cuja acuidade visual é mais baixa. Caso você não encontre o romance que deseja ler impresso em letras de tamanho adequado, no entanto, lembre-se de que há uma infinidade de modelos e tamanhos de lentes corretivas disponíveis no mercado.

O risco de desenvolver doenças oculares pode ser reduzido com a adoção de algumas medidas preventivas: usar óculos escuros para bloquear o dano causado pelos raios ultravioleta e ingerir uma boa quantidade de frutas e verduras antioxidantes (ou tomar suplementos de vitaminas A, C e E). Como diabetes e hipertensão podem levar a doenças oculares, uma dieta saudável e a prática de exercícios regulares se revelam estratégias eficazes de prevenção. Além disso, é essencial que se faça exames de vista regulares, que incluem a verificação da pressão ocular.

Cerca de 50 por centro dos adultos idosos sofrem de *cataratas*, que obscurece a visão. Esta situação pode melhorar bastante com a cirurgia de catarata, que substitui a lente interna do olho, o chamado cristalino, por uma lente plástica. A cirurgia convencional ou a laser também pode melhorar a *degeneração da mácula*, uma doença comum em pessoas mais idosas, e que causa visão turva e um ponto central cego em virtude do colapso das células sensíveis à luz da parte central da retina (no fundo do olho).

O *glaucoma* causa perda de visão em aproximadamente três milhões de norte-americanos. A pressão do olho aumenta por causa do excesso de fluido, o que afeta o nervo ótico, um feixe de fibras nervosas no fundo do olho. Quando os sintomas são detectados a tempo, tratados e monitorados, é possível prevenir os pontos cegos e a cegueira. Um dos colírios mais receitados para baixar a pressão ocular é um dos análogos da prostaglandina conhecido como latanoprost (Xalatan). Pesquisas indicaram que após dois anos de tratamento com Xalatan, apenas 7 por cento dos pacientes necessitam de medicamentos adicionais contra o glaucoma ou de mudanças no tratamento. Outra alternativas comumente usadas são bimatoprost (Lumigan), travoprost (Travatan), e timolol (Timoptic). Se os colírios não forem suficientes para baixar a pressão ocular, um medicamento de uso oral pode ser necessário, como um inibidor de anidrase carbônica. Tratamentos a laser e cirurgia convencional são outras opções que podem se tornar necessárias para baixar a pressão ocular.

OUVINDO BEM

Os concertos de rock ruidosos que alguns de nós apreciávamos na juventude eram muito divertidos, mas a exposição àqueles níveis de decibéis pode acabar prejudicando a audição. Cerca de uma terça parte ou mais dos adultos idosos tem perda auditiva em algum grau, e a exposição ao som alto é um dos fatores que mais contribuem para tanto. É melhor evitar a exposição a sons extremos ou usar protetores de ouvido. Embora aparelhos auditivos possam atenuar muitas formas de perda de audição, apenas uma em cada cinco pessoas que se beneficiariam com eles de fato os usa. Um médico especialista em audição pode orientar você sobre a melhor intervenção. A ampla variedade de aparelhos auditivos disponível atualmente inclui o implante coclear, pequeno aparelho que é implantado cirurgicamente sob a pele, por trás do ouvido. Estudo recente demonstrou que tais implantes melhoram acentuadamente não só a compreensão da fala como também a qualidade de vida, de um modo geral.

ESTIMULANDO A LIBIDO

Os indivíduos diferem em suas necessidades e desejos sexuais através da vida. No envelhecimento, há um declínio na produção do hormônio testosterona, o que pode diminuir o desejo sexual.

Além disso, doenças físicas, depressão, mudanças hormonais associadas à menopausa e alguns medicamentos também podem diminuir a pulsão sexual. Dores crônicas também atrapalham, e então uma administração cuidadosa de analgésicos pode tornar o sexo prazeroso. Há vários tratamentos seguros e eficientes que ajudam milhões de pessoas a manter uma atividade sexual satisfatória através da vida.

Estimulantes femininos. Após a menopausa, as mudanças hormonais podem diminuir a pulsão sexual nas mulheres, mas muitas delas encontram um estímulo na terapia de reposição do estrogênio. Embora não esteja esclarecido que a reposição do estrogênio tenha efeito direto sobre a libido, já se constatou que ela ajuda aquelas mulheres que sentem dor na relação sexual. Para evitar os efeitos colaterais das pílulas ou adesivos de estrogênio, muitas preferem a aplicação local de cremes de estrogênio. Esses cremes também ajudam a reduzir a secura vaginal que costuma dificultar a relação após a menopausa. Mas a própria atividade sexual aumenta o fluxo sanguíneo vaginal, que por sua vez estimula a lubrificação.

A testosterona é tida habitualmente como um hormônio masculino, porém as mulheres também têm pequenas quantidades dele em seus corpos, produzidas principalmente pelos ovários. Após a menopausa os níveis de testosterona diminuem, o que pode comprometer o desejo sexual. Embora ainda não estejam aprovados pelo FDA, os adesivos de testosterona mostraram-se eficazes para aumentar o desejo sexual em mulheres com baixa libido. Num recente estudo controlado, esses adesivos aumentaram o desejo e a satisfação em mulheres que tiveram seus ovários retirados cirurgicamente. Esses adesivos em geral são aplicados na parte baixa do abdome e trocados duas vezes por semana.

Estimulantes masculinos. Você provavelmente já viu anúncios na TV mostrando um casal de meia-idade caminhando de mãos dadas na praia, ou um homem e uma mulher relaxando numa banheira. Com a introdução no mercado do Cialis e do Levitra (nomes comerciais), o Viagra não tem mais o monopólio da lista de medicamentos para a disfunção erétil. A opinião clínica é que esses três medicamentos são similares em seus resultados, embora o Cialis se vanglorie de um efeito que dura cerca de trinta e seis horas, enquanto os outros medicamentos só garantem seu efeito por quatro horas.

Os médicos que receitam esses medicamentos devem checar a pressão sanguínea, diabetes e outros problemas de saúde do paciente. Eles também não devem ser usados mais de uma vez por dia, e nunca junto com nitroglicerina – a combinação pode ser fatal. Recentes relatos de perda de visão súbita em alguns homens que tomaram Viagra levaram os fabricantes a mudar seu rótulo, mas ainda não foi confirmado que a droga cause diretamente este efeito colateral.

SUPLEMENTOS E HORMÔNIOS

Pessoas de todas as idades gastam anualmente bilhões de dólares em suplementos dietéticos. Apesar das inúmeras e enfáticas promessas de uma vida sexual melhor, um físico mais musculoso ou a cura de uma variedade de doenças, a segurança e a eficácia de muitos desses produtos com freqüência não corresponde à sua propaganda.

Em 1994, a lei sobre suplementos dietéticos e educação para a saúde estabeleceu normas para os fabricantes. Eles devem ter provas que confirmem as afirmações contidas nas embalagens. No entanto, o FDA não fornece orientações para validar essas provas nem exige que os fabricantes as apresentem.

Muitas das promessas dos fabricantes são realmente atraentes. O suplemento denominado ácido linoleico conjugado ou CLA, por exemplo, foi vendido como eficaz para perda de peso e obtenção de massa muscular e como tratamento preventivo para doenças cardíacas, câncer e diabetes. Embora alguns dos estudos iniciais tenham sido animadores, não há prova definitiva que sustente essas informações. Outros medicamentos, como os produtos à base de ervas vendidos em lojas e pela Internet são, no melhor dos casos, ineficazes. Mas também podem ser perigosos.

Para comprovar que um medicamento realmente funciona para determinada doença ou problema de saúde, os cientistas devem aplicar um estudo "duplo cego". Para isto, precisam comparar o medicamento em questão com um placebo inativo, e assegurar-se de que nenhum dos pesquisadores e nenhum dos pesquisados saibam qual das pílulas é o composto ativo e qual delas é o placebo. A maioria dos suplementos não obtém esse tipo de comprovação. Portanto, todo cuidado é pouco.

Vitaminas. Por sua capacidade de neutralizar os radicais livres – moléculas instáveis que podem danificar o material genético das células saudáveis –, a vitamina E vem sendo estudada e utilizada para ajudar a prevenir problemas relacionados à idade como doença cardíaca, câncer e Alzheimer. Essa vitamina lipossolúvel, ou seja, que se dissolve na gordura, estimula o sistema imune e ajuda a manter os olhos e a pele saudáveis. O indivíduo médio obtém cerca de 10 a 15 por cento de vitamina E diariamente através da alimentação. Para pacientes com mal de Alzheimer, um estudo preliminar verificou que 2.000 IUs diárias de vitamina E retardavam a progressão da doença.

Recentemente, nos Estados Unidos, o Estudo de Saúde das Mulheres *não comprovou* que 600 IUs diárias de vitamina E preveniam ataques cardíacos, derrames ou cânceres dos pulmões, mama e cólon. Comprovou, porém, que a vitamina E aumentava o risco de ataque cardíaco em mulheres acima dos 65 anos. Outro estudo recente, da Faculdade de Medicina da Universidade Johns Hopkins, verificou que pessoas que tomaram 4300 IUs ou mais de vitamina E por dia apresentaram um índice mais alto de morte do que os que as que tomaram placebo. Como as mortes em geral ocorriam em sujeitos estudados que também sofriam de doenças crônicas, os resultados podem não se aplicar a pessoas saudáveis. Embora muitos outros estudos tenham concluído que a vitamina E é segura, este estudo polêmico da Johns Hopkins levou muitos médicos a esperar por novas comprovações antes de recomendar rotineiramente altas doses de vitamina E. Pessoas que não querem se arriscar podem deixar de tomar vitamina E definitivamente, ou reduzir sua dose diária para menos de 400 IUs.

A vitamina C é um antioxidante que pode ser ingerido com segurança numa dose de 500 a 1,000 mg por dia. Como qualquer outra vitamina antioxidante, protege não só a saúde do cérebro como também defende o nosso organismo contra algumas formas de câncer e diabetes, além de aumentar a imunidade a resfriados e vírus. A Dieta da Longevidade (veja o Passo 7) recomenda 500 mg de suplemento de vitamina C diariamente.

A co-enzima Q_{10} é outro antioxidante que vem sendo usado para tratar perda de memória decorrente da idade e para retardar a progressão do mal de Alzheimer e da doença de Parkinson, embora ainda não existam provas científicas definitivas de sua eficácia. Esta co-enzima deve ser tomada com precaução, porque interage com medicamentos usados para tratar falha cardíaca, diabetes e problemas renais ou do fígado.

Tomar diariamente um complexo vitamínico é uma boa idéia porque, ao envelhecermos, nossos corpos perdem a capacidade de absorver muitas vitaminas e nutrientes. A absorção da vitamina B_{12}, por exemplo, é especialmente um problema: 20 por cento das pessoas acima dos sessenta anos e 40 por cento das que têm mais de oitenta perdem um pouco de sua capacidade de absorvê-la. O ácido fólico, antioxidante derivado da vitamina B, dá proteção contra derrames e doenças cardíacas. Alguns estudos indicam que, ao serem tratados com altas doses de ácido fólico ou com vitamina B_{12}, pacientes de Alzheimer tiveram melhoras em sua memória. Uma pesquisa que se estendeu por sete anos descobriu que altas doses de vitamina C e E, betacaroteno e zinco diminuíam em 25 por cento a perda progressiva de visão associada à degeneração da mácula. A Dieta da Longevidade (veja o Passo 7) recomenda um comprimido por dia de multivitaminas.

É importante evitar os efeitos potencialmente tóxicos de megadoses de vitaminas. Isto pode se tornar um problema especialmente com as vitaminas A, D, E e K, que se depositam na gordura e podem permanecer em nossos corpos durante semanas, meses ou mais. Se não tiver certeza da quantidade de vitaminas que deve tomar, fale com o seu médico.

Cúrcuma. Este tempero de cor amarela que é um ingrediente do pó de curry (ou caril), também é o que colore a mostarda. A cúrcuma é usada há muito tempo como uma planta medicinal na Índia. Estudos laboratoriais demonstraram que tem efeitos antiinflamatórios e antioxidantes, que podem proteger as células cerebrais e ajudar na prevenção contra o câncer. Há indícios de sua ação benéfica contra o câncer cólon-retal, de mama, próstata e pulmão. A Índia – onde a comida com curry é muito popular – tem um dos índices mais baixos do mundo em mal de Alzheimer. A freqüência dessa doença em adultos indianos entre setenta e setenta e cinco anos fica abaixo de um quarto da encontrada nos Estados Unidos no mesmo grupo etário. Atualmente, aliás, a cúrcuma está sendo estudada como tratamento para perdas de memória brandas e para o mal de Alzheimer.

Suplementos de Ômega-3. Em virtude de sua capacidade de reduzir o risco de doenças cardiovasculares, derrame e mal de Alzheimer, as gorduras ômega-3, assim como o ácido docosahexanóico ou DHA, já pode ser encontrado no mercado como suplemento. As gorduras ômega-3 minimizam inflamações que podem prejudicar as células cardíacas e cerebrais, além de terem excelente efeito antioxidante, combatendo os radicais livres sem causar novos danos às células. Estudos recentes sugerem que suplementos ricos em ômega-3 podem contribuir para melhorar a disposição das pessoas mais idosas, assim como a memória. Esses suplementos raramente contêm óleo de peixe, que é sensível à luz e à oxidação causada pelo ar. Assegure-se de que a loja onde você compra esses suplementos os mantém refrigerados e compre-os em pequenas quantidades para manter sempre fresco o seu suprimento.

Ginkgo Biloba. O extrato feito da folha desta antiga e popular erva medicinal tem fama de melhorar a memória ao inibir a oxidação das células e favorecer a circulação cerebral. Vem sendo usado para formas brandas de perda de memória relacionadas à idade, estágio inicial do mal de Alzheimer e outros tipos de demência. Um estudo sistemático recente concluiu que o ginkgo parece seguro e que é indicado por seus benefícios para a memória, embora pesquisas adicionais ainda sejam recomendadas. A pesquisa inicial comprovou sua eficácia no tratamento de cãibras nas pernas causadas por má circulação, um estado conhecido como claudicação intermitente. Estudos sobre seu uso como tratamento para degeneração macular e tinitus (zumbido no ouvido) ainda são inconclusivos. Possíveis efeitos colaterais incluem náusea, azia, dor de cabeça, tontura, manchas roxas ou sangramento, e queda de pressão sanguínea. Em vista de suas propriedades anticoagulantes, tomar esse medicamento junto com aspirina e outras drogas que afinam o sangue requer um acompanhamento cuidadoso.

Glucosamina e condroitina. A glucosamina, derivada de mariscos, e o sulfato de condroitina, derivado de cartilagem bovina, são os componentes de uma combinação popular de suplementos usada como tratamento para artrite. Estudos sistemáticos confirmaram que tomar diariamente uma combinação de 1500 mg de glucosamina e 1200 mg de condroitina não só reduz os sintomas da artrite (com a mesma eficácia das drogas antiinflamatórias não esteroidais) como também pode reduzir a deterioração das articulações. Seus efeitos colaterais mais comuns são a produção de gás intestinal e diarréia. Pessoas com diabetes devem verificar seus níveis de açúcar no sangue com mais freqüência ao tomar este suplemento. A combinação desses dois componentes pode interagir com outros medicamentos como a aspirina, que afina o sangue. Pessoas alérgicas a moluscos devem ouvir seus médicos antes de tomar glucosamina.

Equinácea (ou *echinacea*). É uma preparação à base de ervas que vêm da mesma família vegetal do girassol e da margarida. Na década de 1960, estudos laboratoriais indicaram que ela estimulava o sistema imunológico, o que tornou o tratamento popular para resfriados comuns. Num estudo recente publicado pelo *New England Journal of Medicine*, no entanto, pesquisadores descobriram que a equinácea não se distinguia de um placebo no tratamento ou prevenção dos sintomas de resfriado. Embora os defensores da equinácea argumentem que as doses usadas no estudo foram inadequadas, essa descoberta provocou ceticismo quanto aos seus efeitos nos resfriados comuns.

SAMe (*S-adenosylmethionina*). Esta substância natural desempenha um papel importante no sistema imunológico, protegendo as membranas das células e ajudando na produção e processamento de importantes mensageiros químicos cerebrais. As pesquisas sobre SAMe sugerem que ela pode ser útil no tratamento da depressão e da artrite. Um estudo recente comprovou que sua eficácia equivale à dos antiinflamatórios tradicionais para diminuir a dor e aumentar a mobilidade de pacientes com artrite. Possíveis efeitos colaterais incluem secura na boca, náusea, diarréia, dor de cabeça e insônia.

Policosanol. Este suplemento contém álcoois graxos derivados de ceras de plantas. Vários estudos comprovaram que é eficaz para baixar os níveis do LDL ou "mau" colesterol e elevar os do "bom" colesterol, ou HDL. Efeitos colaterais potenciais incluem perturbação estomacal, dor de cabeça e perda de peso. Apesar da publicidade, não há comprovação de que estimule a energia ou a performance sexual.

Estrogênio e testosterona. Estudos recentes deixaram as mulheres confusas quanto aos prós e os contras da adoção de terapias de reposição hormonal após a menopausa. Também ficaram em dúvida se deviam tomar apenas estrogênio ou conjugá-lo com a progestina (progesterona sintética). Um estudo feito nos EUA sobre saúde feminina (o *Women's Health Initiative Study*) comprovou que mulheres acima dos 65 anos que tomaram diferentes combinações de estrogênio e uma progestina tinham duas vezes mais probabilidades de desenvolver demência do que mulheres que tomaram um placebo. É possível que o estrogênio proteja o cérebro se tomado sob uma forma diferente, ou mais cedo na vida (logo após a menopausa), mas ainda não há evidências suficientes para recomendá-lo como prevenção para a demência.

Embora ainda não se tenha confirmado que o estrogênio previna a demência, não há dúvidas de que ele alivia os sintomas da menopausa. Para ajudar as mulheres a fazer uma escolha mais criteriosa, a Sociedade Norte-americana da Menopausa reuniu um grupo de especialistas para analisar as evidências científicas disponíveis e fazer recomendações. Esses especialistas concluíram que o estrogênio (em pílulas ou adesivos) devia ser considerado para mulheres mais jovens que passavam pela menopausa, uma vez que o estrogênio ajuda a aliviar tanto as ondas de calor como os suores noturnos que perturbam o sono. O estrogênio é também um tratamento eficaz para a secura, a atrofia ou o estreitamento da vagina, sintomas que podem provocar irritação e infecção. Um creme vaginal à base de estrogênio é recomendado para esses sintomas.

Mesmo que o estrogênio aumente o risco de câncer do útero, a progestina protege o órgão contra este risco. Mulheres que tiveram o útero removido não precisam tomar progestina quando usam estrogênio. A terapia hormonal costuma ser associada a um maior risco de câncer de mama, mas são necessárias mais pesquisas para determinar o grau de risco em diferentes idades. A terapia hormonal aumenta o volume dos seios, o que dificulta a detecção de anormalidades pela mamografia, mas aparelhos de ultra-sonografia podem ser usados para complementar o exame. Os especialistas concordam que, se uma mulher decide adotar a terapia de reposição hormonal para aliviar seus sintomas de menopausa, é melhor usar a dose mais baixa possível pelo menor tempo possível. Além disso, a necessidade do tratamento deve ser reavaliada a cada ano.

Cerca de um em cada cinco homens acima de 65 anos desenvolve um nível anormalmente baixo de testosterona. Entretanto, os que mantém seus níveis normais mesmo assim aumentam sua testosterona na tentativa de curar lapsos de memória, fadiga, baixa pulsão sexual e encolhimento da massa muscular. Embora em certos casos a testosterona possa melhorar esses sintomas, ela impõe riscos: homens mais velhos podem ter células cancerosas inativas em suas próstatas, que despertarão com o excesso de testosterona.

DHEA (*Deahydroepiandrosterona*). Secretada pela glândula supra-renal, a DHEA é um hormônio que se converte facilmente em estrogênio e testosterona. Como a DHEA declina com a idade, a teoria diz que, mantendo seus níveis altos, seria possível aumentar a expectativa de vida e evitar problemas de saúde relacionados ao envelhecimento. Algumas pesquisas preliminares sugerem que a DHEA pode auxiliar no tratamento da depressão em pacientes que não respondem bem aos antidepressivos convencionais. Graças a seu potencial para proteger as células cerebrais, seu uso foi indicado no tratamento da demência e da perda de memória, embora estudos sistemáticos não comprovem o seu efeito. Recentemente, pesquisadores descobriram que, ao ser administrada a pessoas mais idosas, a DHEA pode reduzir a gordura acumulada no abdome e ajudar o corpo a usar insulina de modo mais eficaz. Entretanto, o suplemento tem seu lado negativo: a DHEA pode aumentar o risco de câncer da próstata. Por isso ela é proibida por entidades como a Liga Nacional de Futebol dos EUA e o Comitê Olímpico Internacional. Mesmo assim, alguns atletas ainda tomam DHEA para ganhar massa muscular e força antes de grandes competições.

Estimuladores do hormônio do crescimento. Esses produtos naturais, também conhecidos como "liberadores" do hormônio de crescimento, são considerados como estimulantes da liberação de mensageiros químicos que prometem construir massa muscular, aplainar a gordura, aumentar a energia, melhorar a vida sexual, estimular a memória, restaurar o crescimento e a cor dos cabelos e fortalecer o sistema imunológico. Companhias que comercializam pílulas de "estimulante hormonal" afirmam que seus produtos são uma alternativa mais barata ao hormônio humano de crescimento, além de dispensar injeções. O ingrediente ativo é freqüentemente a arginina ou outro aminoácido que dá sinal à glândula pituitária para liberar ou secretar o hormônio de crescimento.

É fato que os níveis de hormônio de crescimento declinam com a idade, mas ainda não se sabe se a tentativa de manter os mesmos níveis da juventude pode trazer algum benefício. Por enquanto, quem adotar esses produtos deve ter cautela quanto a seus possíveis efeitos colaterais.

Melhorar a aparência

Sentir-se confortável em sua própria pele é o que realmente conta, e isso pode significar envelhecer com dignidade e celebrar cada marca e cada ruga. Mas a verdade é que manter uma aparência jovem e atraente é um objetivo importante para muitas pessoas que buscam uma longevidade de qualidade. Elas preferem lutar inflexivelmente contra os sinais físicos do envelhecimento e manter sua aparência jovem pelo maior tempo possível.

É verdade que o sentimento de que nossa aparência é boa estimula a auto-estima e confiança, o que nos leva a uma atitude mais positiva, a relacionamentos mais satisfatórios e a outros benefícios da longevidade de qualidade. E há uma série de meios para parecermos jovens, que vão desde cremes para a pele até cirurgias.

Bilhões de dólares são gastos a cada ano em cosméticos que ajudam as pessoas a ter um ar mais jovem ao cuidar de sua pele e realçar sua aparência. Os especialistas concordam que a melhor maneira de minimizar as rugas é evitar a exposição ao sol, usar hidratantes e nunca, nunca dispensar os protetores solares (veja o

Passo 5). Muitas pessoas, especialmente as mulheres, usam cosméticos para criar uma aparência mais jovem (veja o quadro).

Os truques da maquiagem

Muitas pessoas usam maquiagem e, de acordo com os dermatologistas, o ideal é aplicar um hidratante e um protetor solar antes da base colorida. A partir da meia-idade, o rosto tende a adquirir uma tonalidade acinzentada ou amarelada, por isso é aconselhado dar preferência a bases cremosas em tons beges ou dourados e realçar a cor dos lábios e das faces. Opte pelos tons de coral e rosa e dispense tons que puxem para o marrom. Deve-se também evitar passar pó-de-arroz se a pele é seca, para que o pó não se deposite nas linhas de expressão e as acentue. Mas é permitido aplicar um *blush* em pó de cor suave sobre os malares, na direção das têmporas. Ele dará mais definição ao rosto.

Aparar as sobrancelhas dá a ilusão de levantar as pálpebras, e ter mais pele à mostra no osso da arcada superciliar deixa o olhar mais expressivo. Usar o curvex antes de aplicar rímel também faz os olhos parecerem mais abertos.

Ficar com os cabelos mais ralos e grisalhos é um fato comum quando envelhecemos. Muitos especialistas em cabelos sugerem tingi-los totalmente para cobrir o cinza. Outra opção é realçá-los com luzes douradas ou cor de mel para lhes dar mais dimensão, fazer com que pareçam mais espessos e, ainda, dar mais brilho ao rosto. Muitas mulheres, quando envelhecem, parecem achar mais atraente clarear a cor original dos cabelos, em vez de escurecê-los.

MEDICINA COSMÉTICA

A cada ano, milhões de norte-americanos submetem-se a tratamentos médicos ou técnicas cirúrgicas para ganhar uma aparência mais jovem e mais saudável. Ao pensar em fazer uma cirurgia cosmética, no entanto, devemos ter clareza sobre a nossa motivação. A pressão dos amigos, da família ou da pessoa amada não é o melhor motivo para tomar essa decisão. A cirurgia cosmética é em geral um procedimento eletivo – é algo que o paciente *deseja*, e não algo de que *precisa*. Além disto, é importante ser realista a respeito dos resultados de qualquer procedimento. Embora possa ajudar você a ficar muito mais atraente, a cirurgia cosmética não curará uma depressão clínica, por exemplo.

A escolha de um cirurgião que seja especializado no procedimento específico que você procura é fundamental. Uma boa estratégia é buscar as recomendações de médicos e amigos em que você confia. Nos EUA, essas informações são fornecidas pela *American Board of Plastic Surgery* ou pela *American Society of Plastic and Reconstructive Surgeons* (www.plasticsurgery.org).

Informe-se o máximo possível sobre o procedimento a que vai se submeter e converse com o médico sobre riscos e benefícios. Peça ao especialista para lhe mostrar fotografias do tipo "antes" e "depois" de pacientes que fizeram a mesma cirurgia – e desconfie de promessas e afirmações extravagantes.

A seção seguinte inclui alguns dos procedimentos mais comuns atualmente disponíveis. Eles diferem em custo, grau de invasividade, tempo de recuperação, complicações e resultados em longo prazo, o que pode ser discutido previamente com o médico.

TÉCNICAS CIRÚRGICAS

Lifting facial. Para ter uma idéia de como seu rosto ficará após um lifting, deite-se de costas e olhe-se num espelho. O lifting facial suavizará as rugas, a flacidez da pele e do pescoço, e outros sinais da idade. O procedimento envolve incisões camufladas em torno das orelhas e em geral algum reposicionamento da pele, bem como do tecido por baixo dela. Um lifting da testa corrige sobrancelhas caídas e atenua as linhas horizontais e vincos que fazem a pessoa parecer zangada, triste ou cansada. É uma cirurgia que restaura a aparência jovem e natural do terço superior do rosto. As incisões ficam escondidas logo atrás da linha dos cabelos.

Esses procedimentos podem subtrair anos da aparência, mas complicações ocasionais podem ocorrer, como infecção, sangramento, ou uma aparência pouco natural (com os olhos muito abertos, por exemplo). Nos últimos anos, o uso da técnica voltou-se para a busca de resultados mais sutis, sem mudanças drásticas, e os "minililiftings", bem menos invasivos, tornaram-se populares. Os resultados são menos acentuados do que os obtidos com o lifting total do rosto, mas os custos e o risco de complicações são mais baixos. Os miniliftings e outros procedimentos minimamente invasivos, como a cirurgia plástica endoscópica para o pescoço e rosto, são usados com freqüência em pacientes mais jovens, que não precisam de uma intervenção mais profunda.

Lifting das mamas. Esses procedimentos, comumente praticados sem necessidade de internação para os pacientes, revertem a flacidez natural que ocorre com a idade, a gravidez, a amamentação e as flutuações de peso. Novas técnicas reduzem as cicatrizes visíveis após a cirurgia, e a maioria das mulheres fica satisfeita com os resultados. As complicações podem incluir perda da sensibilidade do mamilo, uma aparência pouco natural dos seios e cicatrizes.

Lipoaspiração. Esta técnica permite esculpir o corpo com a remoção da gordura indesejada do abdome, quadris, nádegas, coxas, joelhos, antebraços, queixo, bochechas ou pescoço. O cirurgião injeta fluido no tecido adiposo e aspira a gordura junto com o fluido. Novos métodos, inclusive a lipoplastia ultrassônica, a técnica da tumescência e a técnica hiperinfiltrativa ("*super-wet*"), ajudam o cirurgião a proporcionar aos pacientes resultados mais precisos e um período de recuperação mais rápido. Embora não substitua a dieta e os exercícios, a lipoaspiração pode reduzir áreas persistentes de gordura localizada que não respondem aos métodos tradicionais de emagrecimento.

A lipoaspiração, que habitualmente requer anestesia geral, pode ter resultados permanentes se o paciente conseguir evitar um ganho futuro de peso. Efeitos colaterais possíveis incluem sangramento, infecção, perda da sensibilidade ou uma aparência nodosa na área operada, caso a remoção de gordura seja desigual. Uma complicação extremamente rara e infeliz é a embolia pulmonar, que pode ser fatal.

Cirurgia das pálpebras. Com a idade, a pele em torno dos olhos perde a elasticidade, e as dobras e vincos resultantes podem causar uma expressão intumescida e fatigada. A cirurgia cosmética das pálpebras consegue remover o excesso de pele, as bolsas e a gordura em volta das pálpebras superiores e inferiores. Este procedimento não requer internação e é capaz de produzir efeitos duradouros que dão ao paciente uma aparência mais jovem e descansada. As complicações podem incluir irritação dos olhos, secura, sangramento ou perda da forma natural do olho em virtude da remoção excessiva da pele.

Cirurgia ocular a laser. Para quem quer deixar de usar óculos, este é um recurso relativamente rápido e indolor que corrige a visão sem necessidade de internação. O cirurgião faz uma pequena incisão na córnea, ergue-a e remodela a córnea subjacente com laser. Reduzir a curvatura do centro da córnea corrige a miopia. Nos casos de hipermetropia, um anel do tecido que cerca o centro da córnea é removido, para torná-la mais alta. Nos casos de astigmatismo, a córnea, cujo formato é oblongo, é remodelada num formato mais esférico.

Embora a maioria dos pacientes recupere a visão normal após este procedimento, aqueles cujo grau de miopia, hipermetropia ou astigmatismo é muito alto podem ter resultados abaixo do ótimo. Efeitos colaterais temporários podem incluir secura ocular e visão de pontos de luz ou halos imaginários. Muito raramente os pacientes podem ter uma infecção ou sofrer danos permanentes à visão.

Para alguns pacientes, a ceratoplastia condutiva, um procedimento minimamente invasivo que não requer incisões, é eficaz no tratamento de uma ligeira miopia. Este procedimento utiliza energia elétrica para remodelar a córnea, e não só permite que os pacientes tenham visão à distância como também pode liberá-los dos óculos de leitura.

Implantes cirúrgicos de cabelo. Os transplantes de cabelo são feitos com a retirada de folículos capilares na parte de trás ou dos lados da cabeça e sua implantação nas áreas calvas, quase sempre no cocuruto ou na área frontal junto à linha do cabelo. Outra técnica, conhecida como redução da calvície, envolve a redução da área calva por meio da retirada da sua pele, que é substituída por implantes de pele com cabelo. Os dois procedimentos podem se combinar para que o resultado seja uma linha de cabelo com aparência mais natural. As complicações são raras, mas podem incluir infecção, cicatrizes ou perda posterior de cabelo.

TRATAMENTOS NÃO-CIRÚRGICOS

Injeções de Botox. Aqueles pés-de-galinha em volta dos olhos e vincos no rosto que se acentuam com o passar dos anos hoje podem ser atenuados graças a injeções de Botox. Derivado da bactéria que causa o botulismo, o Botox literalmente paralisa os músculos por um período de quatro a seis meses. O tempo de recuperação após a injeção é breve e os bons resultados são em geral observados em duas semanas. Efeitos colaterais possíveis incluem pálpebra superior caída e menos expressão facial, devido à dificuldade de erguer as sobrancelhas. Uma pesquisa recente sugere que as injeções de Botox também podem diminuir as enxaquecas.

Injeções de colágeno. O colágeno é uma proteína natural que dá estrutura à pele e garante o suporte de tecido macio para todo o corpo. Quando pequenas quantidades de colágeno são injetadas numa área em que ele está deficiente, as depressões na pele circundante são preenchidas e a área se torna mais lisa e macia. Embora as injeções de colágeno possam ser eficazes para diminuir as rugas em volta dos olhos, da boca e das linhas que vão dos cantos da boca até o nariz, seus benefícios duram apenas alguns meses. Uma injeção aplicada como teste, em geral do lado interno do antebraço, é necessária para determinar se o paciente está entre os quatro por cento alérgicos ao colágeno comumente usado, que é derivado de vacas.

Nos Estados Unidos, a FDA aprovou o uso dos produtos Cosmoderm e Cosmoplast com preenchedores faciais que podem ser usados sem necessidade do teste prévio. Esses colágenos humanos purificados são produzidos por bioengenharia a partir de células humanas vivas. Para os lábios, principalmente, o tratamento com algum tipo de colágeno é recomendado como primeira experiência antes de se pensar na colocação de um material mais permanente, como Restylane ou injeções de gordura.

Injeções de Restylane. O colágeno foi substituído pelo Restylane como preenchedor mais popular. O Restylane dura pelo menos duas vezes mais – de seis a nove meses – e o tratamento não requer teste preliminar da pele. É um derivado do ácido hiarulônico sintético, e as reações alérgicas ocorrem em menos de um por cento dos pacientes que recebem a injeção. Desde 1996, mais de um milhão de pacientes foram tratados com ele em mais de sessenta países.

Injeções de gordura. Este procedimento feito sem internação é freqüentemente realizado em combinação com a lipoaspiração e é semelhante à injeção de colágeno, mas tem a vantagem de não provocar reações alérgicas. A gordura aspirada de uma área em que não é desejável é reinjetada para suavizar áreas enrugadas ou para preencher os lábios.

Mesoterapia. Quando as pessoas envelhecem, a pele dos seus quadris, coxas e nádegas pode ficar cheia de covinhas, a tão conhecida celulite. O tratamento pode ser a mesoterapia, procedimento que envolve injeções subcutâneas de medicamentos e outras substâncias que chegam à camada de gordura e ao tecido conjuntivo onde a celulite se localiza. Trata-se de um procedimento ainda em estudo, portanto a sua eficácia não está comprovada e ainda não foi aceita pela comunidade médica. Possíveis complicações incluem infecção, contorno irregular e cicatrizes.

Microdermoabrasão. Trata-se de uma suave esfoliação da pele, em geral por meio de pequenos cristais e, depois, da aspiração dos resíduos resultantes. Ajuda a reparar a pele do rosto danificada pelo sol e pelo envelhecimento, mas seus benefícios duram apenas poucos meses. É um procedimento basicamente indolor e não requer um período de recuperação, porém pode causar uma ligeira inchação e vermelhidão durante um dia.

Esfoliação a laser. Este método usa raios laser de alta energia para vaporizar as camadas externas da pele, que voltam a ser macias e firmes. As linhas finas e as rugas profundas em torno da boca ou dos olhos podem ser suavizadas, com resultados que duram vários anos. O tempo inicial de recuperação é em geral de sete a dez dias. Possíveis complicações incluem perda da pigmentação da pele, cicatrizes e sensibilização ao sol. Algumas pessoas ficam com a pele rosada ou avermelhada por até seis meses após o tratamento, o que pode ser disfarçado com maquiagem.

Laser Fraxel. Esta nova técnica libera luz laser apenas em frações da pele através de pontos microscópicos e muito próximos uns dos outros, preservando-se a pele normal e saudável entre esses pontos de laser. Esta preservação da pele saudável contribui para uma rápida cicatrização logo em seguida ao tratamento. O laser Fraxel pode tratar o rosto inteiro em cerca de trinta minutos e requer de três a cinco sessões com intervalo de algumas semanas. Tem sido usado com bons resultados no rosto, pescoço, peito, braços e mãos cuja pele foi danificada pela exposição ao sol e apresenta manchas escuras ou linhas finas e rugas moderadas, ou ainda marcas de acne. O procedimento envolve um desconforto mínimo e provoca apenas uma ligeira vermelhidão por um ou dois dias, seguida de bronzeamento da pele por cerca de uma semana.

Terapia de radiofreqüência. A FDA aprovou recentemente a terapia de radiofreqüência como tratamento não-cirúrgico para rugas. A técnica, às vezes denominada Thermage, é feita com um spray que esfria a superfície da pele enquanto ondas de radiofreqüência penetram nas camadas mais profundas, particularmente na camada de colágeno. Verifica-se uma contração imediata das fibras de colágeno, o que torna a pele mais lisa. Finalmente, o novo colágeno que se desenvolve estimulado pelo calor das ondas de radiofreqüência dá firmeza à pele durante um período de dois a seis meses.

Fotodinâmica. A Terapia Fotofacial, de Luz Pulsada Intensa (IPL), ou fotodinâmica, pode eliminar manchas escuras da idade, sardas e vasos capilares superficiais, bem como atenuar rugas finas e fechar os poros da pele. Esta forma de foto-regeneração também pode ser utilizada para tratamento de rosácea, ou simplesmente para melhorar o tônus e a textura da pele. É aprovada pela FDA e em geral requer uma série de quatro a seis tratamentos. Os pacientes que buscam revitalizar a aparência sem perder muito tempo costumam escolher este procedimento.

Peeling químico. Este método melhora a aparência da pele do rosto, pescoço, peito e mãos. Uma solução química é aplicada à pele, fazendo com que ela descasque e seja substituída por uma pele nova, mais macia e regenerada. O peeling químico pode amenizar as linhas finas sob os olhos e em torno da boca, cicatrizes leves e acne, assim como rugas causadas pelo sol e pela idade. Entretanto, rugas mais profundas em geral não respondem ao tratamento, a menos que o clínico use uma solução ácida mais concentrada, o que pode causar despigmentação ou uma mudança pouco natural na textura da pele. Depois do peeling, a pele nova fica temporariamente mais sensível ao sol. Peelings superficiais em geral produzem vermelhidão seguida por descamação durante no máximo uma semana. Peelings mais profundos podem provocar inchação, bolhas e crostas por até duas semanas.

Cremes para a pele. A FDA regulamenta a segurança de muitos produtos para cuidado da pele, mas de fato não se compromete com a sua eficácia. Os nomes dos produtos com freqüência são ilusórios, às vezes aludindo a resultados semelhantes aos da cirurgia cosmética – por exemplo, "Creme mini-lift instantâneo", ou "Máscara amaciante de botoxina". Muitos dos produtos mais recentes contêm um pequeno fragmento de proteína que é absorvido pela camada superficial da pele. Esses fragmentos se destinariam a estimular a produção de colágeno, que amacia a pele. Alguns cremes de fato contêm colágeno mas não costumam ser eficientes porque, para penetrar mesmo na pele, o colágeno tem de ser injetado. Outros ingredientes presentes em muitos produtos, inclusive moléculas DNA ou ácido hialurônico, não tiveram sua eficácia comprovada. Esses cremes ajudam a hidratar a pele, o que qualquer creme ou loção de boa qualidade pode fazer.

Outro ingrediente dos cremes costuma ser um derivado de vitamina A (como nos produtos Retin-A ou Renova, por exemplo), que pode firmar a pele e substituir a pele velha por uma pele nova. Em geral, os resultados só se tornam visíveis meses após o início do tratamento, e os efeitos colaterais em potencial incluem vermelhidão temporária, descamação, ardor, coceira e, com o passar do tempo, sensibilidade da pele.

Medicamentos para o crescimento do cabelo. Embora a calvície hoje não seja mais uma desvantagem para a maioria dos homens, muitos deles ainda dependem dos cabelos para preservarem a auto-estima. Algumas mulheres também sofrem perda de cabelo ao envelhecerem. Duas drogas estão disponíveis no mercado para tratamento da calvície: minoxidil (comercializada com o nome de Rogaine), e finasterida (comercializada nos EUA como Prospecia e Proscar). Tanto o minoxidil como a finasterida ajudam a evitar perdas futuras de cabelo, e às vezes estimulam o crescimento de cabelo novo.

Rogaine é massageada no couro cabelo duas vezes por dia – os cabelos novos podem ser mais finos e mais curtos que os antigos, mas se misturam com estes e ajudam a esconder as áreas de calvície. Às vezes podem causar irritação no couro cabeludo. Prospecia é usada na forma de pílulas para serem tomadas uma vez por dia e em geral mostra resultados em poucos meses. Muito raramente pode reduzir o impulso sexual e, assim como acontece com Rogaine, seus benefícios cessam se o tratamento for suspenso.

Para manter o sorriso jovem. Ao envelhecer, nossas gengivas tendem a encolher, o que deixa mais expostas as raízes dos dentes e torna-os mais suscetíveis a infecções e à deterioração. A doença periodontal, ou gengivite, é mais comum com a idade e aflige aproximadamente 50 por cento das pessoas acima dos 55 anos. Além de deterioração, pode causar perda de dentes e sangramentos, o que abre as portas para a entrada de bactérias na corrente sanguínea, contribuindo para inflamações no corpo. Talvez seja por isto que a gengivite aumenta o risco de doenças cardíacas ou derrames. Um estudo recente também descobriu que o surgimento precoce de gengivite aumenta o risco do mal de Alzheimer.

Embora a genética tenha seu papel no risco de gengivite, escovar os dentes e usar fio dental são a melhor defesa contra ela, podendo até mesmo superar o risco genético. Ao escovar, use uma escova com cerdas pequenas e macias. Para ajudar a reduzir a deterioração, escove com uma pasta com flúor e passe o fio dental pelo menos duas vezes por dia. Peça a seu dentista para verificar a sua técnica e não esqueça de fazer a limpeza de seus dentes em intervalos regulares. Evite ficar com a boca seca tomando pequenos goles de água ao longo do dia. Além disso, escove ou bocheche após comer coisas doces ou grudentas como passas. Um especialista em odontologia cosmética poderá aconselhar procedimentos para melhorar a aparência do seu sorriso e dos seus dentes, como por exemplo produtos de clareamento e próteses.

Mantendo-se jovem com a medicina moderna

- Os progressos médicos hoje focalizam a detecção precoce e a prevenção de doenças antes que o dano se instale. Uma boa informação sobre os novos tratamentos e as novas tecnologias médicas nos ajuda a viver mais, a nos sentirmos mais jovens e a *parecermos* mais jovens.
- Não hesite em buscar ajuda – é melhor investigar mais cedo do que mais tarde doenças como osteoporose, câncer, diabetes e hipertensão.
- Aumente os benefícios dos medicamentos fazendo ginástica, alimentando-se bem, eliminando o estresse e adotando os outros passos da longevidade de qualidade.
- Ouça os conselhos de seu médico – tomar o remédio correto da forma certa pode acrescentar anos saudáveis à sua vida. Não use mais medicamentos do que precisa e discuta sempre os efeitos colaterais com seu médico.
- Estimulantes da libido e da performance sexual, tanto para homens como para mulheres em idade avançada, podem ajudar a manter o sexo como uma parte vital da vida.
- Se decidir fazer um tratamento ou se submeter a um procedimento cosmético, não deixe de examinar os prós e os contras das muitas opções disponíveis.

PARTE III

Uma revisão geral

O segredo da longevidade é manter-se respirando.

— Sophie Tucker

As pessoas começam a tomar iniciativas a respeito da qualidade de vida na idade madura em vários estágios da vida, e por motivos muito diferentes. Algumas são como Nancy G., cuja história de mal de Alzheimer na família motivou-a a entrar em ação. Ou como Shirley I., cujas falhas de memória a encorajaram a buscar ajuda. Às vezes, tudo o que basta para motivar alguém a buscar um estilo de vida como o da *Ciência da Longevidade* é um pequeno lembrete da idade, como uma nova ruga no rosto ou, talvez, a percepção de como as pessoas parecem mais velhas na reunião da antiga turma de colégio.

Independentemente da sua razão para buscar uma vida mais longa, mais saudável e mais jovem, agora você já sabe quais são os passos principais que precisa dar. Quanto você deve se empenhar em cada um deles dependerá das suas capacidades atuais e necessidades, assim como da disponibilidade para fazer mudanças que se adaptem a seu estilo de vida. Se o seu trabalho exige muitas viagens, aderir à Dieta da Longevidade será um desafio (porém certamente realizável). Se você é um maratonista, provavelmente não vai ter de se preocupar em elevar seu nível de atividade física. Se por acaso você for um cientista espacial, não precisará perder muito tempo com a aeróbica mental. Isto significa que terá mais tempo para se concentrar nos outros passos essenciais.

Dando todos os passos

Quando trabalhamos vários dos oito passos ao mesmo tempo, nós nos beneficiamos da energia de seus efeitos combinados. Seus desafios pessoais para chegar à longevidade com qualidade de vida determinarão as especificidades do seu programa da *Ciência da Longevidade*, e o próprio programa irá mudando continuamente à medida que você atingir os resultados em uma das áreas – a partir daí, você vai estar apto a se concentrar mais em *outra* área. Adotar uma dieta saudável enquanto desenvolve a sua capacidade mental pode levar a uma atitude mais positiva, por exemplo. Isto vai beneficiar os seus relacionamentos, o que por sua vez o levará a ter menos estresse em sua vida. Como resultado, você poderá reduzir os exercícios de relacionamento e a quantidade de tempo gasto a cada dia para diminuir o estresse. Isto então deixará mais tempo livre para melhorar seu ambiente, desembaraçando-se do entulho em sua casa. Você terá mais disponibilidade também para os exercícios fiscos que o ajudarão a baixar a pressão arterial e a minimizar a necessidade de medicamentos.

Como ajuda para personalizar seu programa de qualidade de vida, avalie primeiro os seguintes pontos-chave para alcançar os objetivos de cada um dos oito passos. Coloque uma marca na frente do ponto que sente necessidade de enfatizar ao iniciar o programa. Depois reveja os detalhes desses passos para aperfeiçoar as estratégias que escolheu.

Aguce a sua mente

A atividade mental regular ajudará sua mente a ficar mais ágil, melhorará sua capacidade de memorização e protegerá seu cérebro. Quando combinada a outros passos da *Ciência da Longevidade*, ela não só torna as pessoas mais felizes e eficientes como também estende suas expectativas de vida.

- Para obter o máximo de seus exercícios mentais, aplique os Ps e os Qs para aguçar a mente: 1) mantenha *presença* e foco; *persevere* em seu empenho de aguçar cada vez mais a mente; 3) busque *qualidade* e significado nas coisas; e 4) sempre *questione* para aprender mais.
- Tente diferentes abordagens para expandir seus horizontes mentais, tais como viajar para novos destinos, aprender um instrumento musical, fazer aulas de dança de salão, ou até mesmo voltar à escola.
- Aprenda e pratique as três técnicas básicas da memorização:
  – Olhe: Focalize a atenção naquilo que quer lembrar.
  – Fotografe: Imagine um instantâneo mental da informação.
  – Conecte: Ligue os instantâneos a seu olho mental.
- Pratique estratégias de memorização mais avançadas para relembrar nomes e rostos.
- Mantenha sua atividade mental utilizando quebra-cabeças, jogos, leitura e outros passatempos estimulantes, mas assegure-se de treinar, não de cansar seu cérebro – encontre o nível de desafio mental que mantém seu interesse sem frustração nem fadiga.

Mantenha uma atitude positiva

Uma atitude positiva nos ajuda a viver mais tempo e a manter a saúde. Os otimistas têm menos problemas físicos e emocionais, sentem menos dor, desfrutam de níveis mais elevados de energia e em geral são mais felizes e mais calmos. Embora a genética possa ter um papel nesse ponto, as evidências científicas comprovam que manter uma atitude positiva é algo que pode ser aprendido como qualquer outra habilidade.

- Faça um esforço consciente para ser extrovertido e cheio de energia – a felicidade é contagiante.
- Perdoe a si próprio e a quem agiu errado com você – deixar de lado o rancor reduz os níveis de estresse e estimula uma atitude positiva.
- Construa a auto-estima fazendo escolhas morais. Tenha em mente suas realizações e sucessos para ajudar a refutar sua autocrítica.
- Se você ainda não tem uma vida espiritual ou religiosa ativa, considere a idéia de desenvolvê-la, seja através da meditação, de uma religião organizada, da busca de harmonia com a natureza ou de qualquer outra forma.
- Aprenda a ser otimista através de abordagens simples e sistemáticas. Reconheça o que desencadeia a sua negatividade, e enfrente as suposições negativas que costuma fazer.
- Evite o pensamento negativo focalizando-se em seus pontos fortes e estabelecendo metas realistas e conquistáveis.
- Não seja um solitário – peça apoio aos outros e busque ajuda profissional sempre que for preciso.

Cultive relacionamentos profundos e saudáveis

Manter a conexão social não só estimula o bem-estar físico e emocional como reduz os níveis de estresse e pode acrescentar vários anos às nossas vidas. A empatia e outras capacidades básicas que nos ajudam a ficar conectados aos outros podem ser aprendidas e aperfeiçoadas, e até aqueles que já são sociáveis podem aperfeiçoar ainda mais as suas habilidades.

- Mantenha suas conexões e envolvimentos sociais, seja você solteiro ou casado. Tente regularmente passar tempo com um grupo saudável.
- Reduza o entulho de relacionamentos cortando vínculos pouco satisfatórios ou "tóxicos" com amigos e conhecidos.
- Desenvolva e mantenha sua capacidade de empatia. Ouça os outros, tente identificar-se com os sentimentos deles e deixe-os saber que os compreende.
- Se estiver vivendo um relacionamento íntimo, esforce-se para cultivá-lo. Estabeleça momentos para ficarem juntos, compartilhe sentimentos sem críticas, e permaneça em contato com amigos e outros casais. Uma vida sexual saudável acrescenta qualidade à longevidade.
- Ter um animal de estimação contribui para uma expectativa maior de vida. Os animais reduzem o estresse de seus donos e podem ser muito divertidos.
- Preparar-se com antecedência para os desafios práticos e emocionais trazidos pela necessidade de cuidar de pais idosos pode tornar esta inversão de papéis muito menos estressante, tanto para eles quanto para você.

Promova uma vida sem estresse

O estresse crônico tem sido associado a um risco maior de câncer, pressão alta e doença cardíaca, e pode acelerar até mesmo o envelhecimento de nossas células em dez anos ou mais. O estresse prejudica a memória e nos faz parecer mais velhos. Embora não possamos controlar todos os fatores externos que contribuem para o estresse em nossas vidas, *podemos* mudar o nosso modo de reagir a ele, minimizando sua influência sobre a saúde e a longevidade.

- Pratique a consciência alerta, o que significa manter a atenção ao momento presente e ter consciência do que está se passando dentro do seu corpo. Você pode conseguir isso através de meditação, técnicas de relaxamento, ioga ou outros exercícios que você aprecie. Faça intervalos ao longo do seu dia para relaxar do estresse.
- Evite a sobrecarga de tarefas agendando horários regulares a cada dia para cumprir as tarefas prioritárias; tente terminar uma tarefa antes de começar outra.
- Aprenda a dizer "não" quando for preciso.
- Suavize o estresse com expressões saudáveis de raiva.
- Use o humor para ver uma situação estressante com outros olhos.
- Durma um bom sono a cada noite. Adote medidas simples para vencer a insônia sem medicamentos.
- Descubra maneiras de limitar o estresse no trabalho.
- Coloque ênfase em poupar para o futuro.
- Reduza o estresse desentulhando o seu ambiente pessoal.
- Planeje sua estratégia para abordar situações estressantes que você já sabe que serão inevitáveis.

Cuide do seu meio ambiente

Nosso ambiente tem uma influência importante sobre o modo como nos sentimos e quanto tempo vivemos. Seja o trânsito, o barulho, a fumaça ou outros aspectos mais pessoais do nosso ambiente como entulho, estética ou temperatura do quarto, a qualidade da nossa longevidade depende da nossa capacidade de adaptação. É preciso aprender a lidar com as influências ambientais de acordo com os nossos gostos e necessidades. Examine as seguintes soluções para questões ambientais e marque aquelas que podem ser úteis a você.

- Tenha em mente a funcionalidade e a estética ao planejar sua casa e espaço de trabalho. Controle o entulho e o barulho, e arrume o quarto de maneira que ele convide ao sono e ao repouso.
- Minimize sua exposição ao sol, à fumaça, aos fungos e outras toxinas transportadas pelo ar.
- Ao dirigir na estrada, mantenha-se a salvo. Se você não estiver em boas condições, deixe que alguém dirija por você.
- Torne seu ambiente de trabalho seguro e confortável: recorra a um *design* ergonômico para garantir conforto e segurança.
- Controle a tecnologia para evitar sobrecarga de informação.
- Se cuidar de seus pais se tornar uma realidade, considere as vantagens e as desvantagens das várias possibilidades de acomodação.
- Contribua para a conservação dos recursos naturais e proteja o meio ambiente.

Exercite-se

A atividade física, seja através de caminhadas, bicicleta, tênis ou dança, prolonga a vida, nos faz sentir mais saudáveis e contribui para uma aparência mais jovem. Até mesmo uma caminhada diária curta e acelerada de dez minutos contribui para reduzir o risco de doenças relacionadas ao envelhecimento, como o mal de Alzheimer. Pessoas que praticam alguma atividade física também têm riscos mais reduzidos de problemas cardíacos, câncer, diabetes e depressão, e estes benefícios podem ser usufruídos em qualquer idade. A rotina dos exercícios de longevidade estimula a saúde e os níveis de energia.

- Experimente diferentes tipos de exercícios cardiovasculares e escolha um – ou mais de um – que lhe dê mais satisfação e desafie a sua capacidade. Esportes e exercícios protegem seu corpo e sua mente.
- Pratique seus exercícios com uma pessoa amiga – juntar atividade física e sociabilidade reduz o estresse e mantém nossa conexão com os outros.
- Divida a sua rotina em três áreas vitais para garantir a boa forma física na longevidade:
  – Condicionamento cardiovascular
  – Equilíbrio e flexibilidade
  – Fortalecimento muscular
- Exercite-se vários dias durante a semana – não seja um atleta de fim de semana.
- Desenvolva gradualmente a força e a resistência para tirar o maior proveito dos exercícios e evitar lesões – em-

penhe-se no nível seguinte somente quando estiver em condições.

- Se você estiver sob tratamento clínico, não deixe de ouvir o seu médico antes de iniciar qualquer programa de exercícios.

A Dieta da Longevidade

A alimentação tem um impacto direto sobre a saúde e a expectativa de vida ao afetar nosso risco de doença cardíaca, câncer e outras doenças relacionadas à idade. Também influencia nossa aparência e nosso estado mental. A Dieta da Longevidade se baseia nas mais recentes evidências científicas sobre os alimentos que melhoram a saúde e prolongam a vida, e ainda nos permite ocasionalmente comer nossas gulodices sem culpa. Fazendo um "treinamento cruzado" entre os vários grupos de alimentos saudáveis, ficamos livres do aborrecimento e da repetição comum à maioria das dietas.

- Coma todos os dias as comidas de que gosta mais nos diferentes grupos de alimentos abaixo. Cada grupo será o "astro" em até duas refeições por dia.
  – Frutas e vegetais antioxidantes
  – Proteínas, carnes magras e gorduras saudáveis
  – Cereais integrais, legumes, e outros carboidratos
- Use a consciência alerta para focalizar como seu corpo se sentia antes, durante e depois de cada refeição. Isso o

ajudará a graduar o tamanho das porções e saber quando já comeu o bastante.

- De vez em quando se dê o prazer de uma pequena gulodice.
- Beba pelo menos oito copos de água ao longo do dia.
- Desfrute de dois ou três lanchinhos saudáveis por dia, entre as refeições.
- Evite sal em excesso, gorduras nocivas e carboidratos com alto índice glicêmico.
- Se desejar perder peso, corte os carboidratos, o álcool e as gulodices (petiscos e doces) até atingir sua meta.

Benefícios da medicina moderna

A tecnologia médica atual vem proporcionando à nossa geração uma vida melhor e mais longa, assim como uma aparência mais jovem do que era possível em qualquer geração anterior. Ao combinar um estilo de vida mais saudável com os novos métodos de detecção de doenças, medicamentos, vacinas e novos procedimentos cirúrgicos, podemos esperar um aumento significativo do número de anos que teremos pela frente e, o que é muito importante: ganhar saúde e juventude durante esses anos a mais. Diante da variedade de tratamentos e procedimentos à disposição, é essencial ficarmos bem informados para fazermos boas escolhas.

- Os avanços da medicina focalizam-se hoje na detecção e prevenção de doenças antes que seus danos se instalem. Ao nos tornarmos consumidores bem informados das novas tecnologias e tratamentos, estaremos nos ajudando a viver mais, a termos uma aparência mais jovem e a nos *sentirmos* mais jovens.
- Não hesite em pedir ajuda – quanto mais cedo detectarmos doenças como osteoporose, câncer, diabetes e hipertensão, mais fácil será combatê-las.
- Aumente os benefícios dos seus medicamentos com exercício, alimentação correta, eliminação do estresse e adesão às demais estratégias essenciais para uma longevidade com qualidade de vida.
- Ouça os conselhos do seu médico – tomar o medicamento adequado é a maneira certa de acrescentar anos de saúde à sua vida. Não use mais medicamentos do que precisa, e discuta os efeitos colaterais com seu médico.
- Estimulantes da libido e estimulantes sexuais tanto para homens quanto para mulheres podem ajudar a manter o sexo como parte importante da sua vida mesmo com o passar dos anos.
- Se decidir por um tratamento ou procedimento cirúrgico cosmético, não deixe de avaliar os prós e os contras das muitas opções disponíveis.

Organizando seu programa

Ao iniciar o programa da *Ciência da Longevidade*, muitas pessoas acham mais fácil estabelecer metas de curto e longo prazo para cada um dos oito passos. Depois de avaliar suas prioridades, Alan F. organizou a seguinte lista de metas:

8 Passos	Curto prazo	Longo prazo
Aguçar a mente	1. Fazer palavras cruzadas. 2. Ter aulas de violão.	Baixar o risco diariamente de Alzheimer.
Atitude	1. Exercícios de autocrítica duas vezes por semana. 2. Passar a ir à igreja aos sábados.	Aumentar a autoconfiança.
Relacionamentos	1. Exercícios de escuta atenta. 2. Viajar com a namorada nos fins de semana.	Casar-se; relacionar-se bem com os filhos.
Livrar-se do estresse	1. Freqüentar aulas de ioga. 2. Delegar tarefas para reduzir a carga de trabalho.	Sentir menos ansiedade.
Ambiente	1. Usar protetor solar. 2. Verificar se o cheiro de mofo do porão se deve a fungos tóxicos.	Reduzir o risco de câncer e outras doenças.
Forma física	1. Caminhar 10 minutos após o jantar. 2. Começar a rotina de Exercícios para Longevidade.	Aumentar a energia, evitar lesões.
Dieta	1. Cortar carne vermelha e sal. 2. Acrescentar mais cereais à dieta.	Perder cinco quilos e baixar a pressão.
Medicina	1. Tomar diariamente medicamento para a pressão. 2. Fazer este mês uma colonoscopia.	Baixar a pressão e verificar doenças tratáveis.

A sinergia dos oito passos ajudou Alan F. a conquistar ganhos rápidos. Com o aumento da autoconfiança, ele se tornou menos defensivo e mais à vontade para aprofundar seu relacionamento com a namorada. Também passou a se sentir mais próximo do filho. As aulas de ioga amenizaram o estresse, o que diminuiu sua ansiedade. Graças à dieta de pouco sal, teve permissão do médico para tomar menos remédios para baixar a pressão. Ao delegar algumas de suas tarefas no trabalho, Alan também teve mais tempo para o lazer, o que baixou ainda mais seus níveis de estresse e lhe permitiu dedicar mais tempo às pessoas importantes da sua vida.

Alan tentou não ficar obcecado com cada detalhe de seu programa de longevidade. Dentro de cada um dos oito passos, ele não se concentrou em tudo de uma vez só, preferindo começar pelas áreas às quais podia se dedicar mais. Isto permitiu que desfrutasse dos benefícios de seus esforços mais depressa. Uma vez que se começa a atingir as metas de curto prazo, em geral se ganha motivação para enfrentar desafios maiores – o que por sua vez aumenta a qualidade e o número dos anos futuros.

No Apêndice você vai encontrar outros recursos para obter ainda mais ajuda dos oito passos. Incluí algumas receitas que você pode experimentar quando se acostumar com a Dieta da Longevidade, e também mais exercícios de aeróbica mental.

Nenhum de nós viverá para sempre, mas a verdade é que podemos, sim, ter maior controle sobre *como* e *quanto* tempo viveremos. Diferente do que se costuma pensar, nossos genes não têm a palavra final quanto à qualidade da nossa longevidade. Comece hoje a adotar o estilo de vida da *Ciência da Longevidade*. Ele será de grande ajuda para que você aproveite bem os anos que estão à sua frente.

Apêndice 1

As receitas da Dieta da Longevidade

MAÇÃS CROCANTES À LA MODE

(4 a 6 porções)

4 maçãs descascadas e fatiadas
¼ colher de chá de canela em pó
⅔ de xícara de cereal tipo granola
2 xícaras de iogurte gelado ou sorvete de creme sem gordura

Preaqueça o forno a 180°C. Com óleo, unte ligeiramente um tabuleiro pequeno e raso e arrume sobre ele as fatias de maçã. Polvilhe-as com canela e granola. Leve ao forno até que as fatias de maçã estejam borbulhando, mais ou menos 30 minutos. Deixe esfriar uns 5 a 10 minutos. Ponha bolas de sorvete em taças e cubra com a mistura crocante de maçãs e cereal. Sirva imediatamente.

Variação: Pode ser preparada também com cerejas, morangos, nectarinas, pêssegos, pêras ou ameixas substituindo as maçãs.

MOLHO CREMOSO QUASE SEM GORDURA

(Rende 2 xícaras)

1 xícara de coalhada light
1 xícara de leite semidesnatado azedo (misturar o leite com 1 colher de sopa de suco de limão e deixar descansar 10 min antes de usar)
2 colheres de sopa de mel
2 colheres de sopa de cebolinha picada
Sal *kosher* e pimenta do reino moída na hora para temperar

Numa vasilha pequena, junte a coalhada, o leite com limão e o mel. Junte a cebolinha e tempere com sal e pimenta.

PASTA DE CEBOLA CARAMELIZADA

1 colher de sopa de azeite de oliva extra-virgem
½ cebola doce picada bem fina
1 colher de sopa de vinagre balsâmico
1 xícara de creme desnatado
1 colher de chá de alho em pó
1 colher de chá de sal
Legumes cortados para mergulhar no molho

Aqueça em fogo regular, numa frigideira antiaderente, o azeite e a cebola. Refogue a cebola até que ela comece a ficar macia e a caramelizar, mexendo de vez em quando, por cerca de 15 minutos. Acrescente o vinagre e continue a refogar até que o vinagre tenha quase secado. Deixe a cebola esfriar completamente e depois misture o creme. Junte o alho e o sal e misture bem. Leve à geladeira por 30 minutos no mínimo antes de servir. Sirva com fatias de legumes crus variados (como cenoura, aipo, pepino, folhas de acelga etc.)

PESTO DE QUEIJO COM MASSA

(acompanha 6-8 pratos de massa)

1 maço de espinafre congelada, picada, lavada e escorrida
4 dentes de alho esmagados
⅔ de xícara de queijo cottage com pouca gordura
⅔ de xícara de manjericão fresco, picado (ou 4 colheres de sopa do seco)
⅔ de xícara de queijo parmesão ralado
½ xícara de nozes ou pinhões
2 colheres de sopa de azeite de oliva
⅔ de xícara de água quente
250 gramas de massa integral (fusilli, espaguete ou linguini)

Com um processador, misture o espinafre, o alho, o queijo *cottage* e o manjericão. Separe uma pequena quantidade do queijo parmesão e das nozes para polvilhar por cima e acrescente o restante à mistura, juntamente com o azeite e a água. Processe até a mistura ficar macia, acrescentando mais água se for necessário. Envolva a massa quente com a quantidade de molho desejada e polvilhe com o parmesão e as nozes que foram reservadas. Guarde o que sobrar do molho na geladeira ou no freezer.

SOPA GELADA DE MORANGO, SEM GORDURA

(pronta em 5 minutos, serve 4)

Quatro xícaras de morangos frescos
300 a 350 gramas de iogurte desnatado
Uma ou duas pitadas de gengibre moído
Suco de 1 laranja

Ponha os ingredientes num processador e reduza-os a um purê. Deixe gelar e sirva com uma colherada de iogurte e uma folha de hortelã por cima, para enfeitar.

SALADA DE FUNCHO, TANGERINA E CEBOLA ROXA

(4 porções)

2 bulbos grandes de funcho, cortados em quatro, sem a parte dura do centro
1 maço de rúcula
½ cebola roxa, em fatias finas
4 tangerinas em gomos e suco de 1 tangerina
2 a 3 colheres de sopa de azeite de oliva
sal e pimenta-do-reino moída para temperar

Corte o funcho em fatias e coloque em uma vasilha grande, com a rúcula, a cebola roxa e os gomos da tangerina. Numa vasilha menor, bata o azeite com o suco da tangerina e tempere com sal e pimenta-do-reino. Misture à salada.

ERVILHAS VERDES COM LIMÃO

(4 porções)

450 gramas de ervilhas frescas, lavadas e aparadas
2 colheres de chá de suco fresco de limão
2 colheres de chá de folhas de salsa bem picadas
1 colher de chá de casca de limão fresco, ralada
sal e pimenta-do-reino para temperar

Numa panela grande com água com sal em fervura, cozinhe as ervilhas até ficarem tenras, mas ainda crocantes, por cerca de 3 a 4 minutos. Escorra, depois jogue as ervilhas numa vasilha grande com o suco de limão, salsa e casca de limão ralada. Tempere com sal e pimenta-do-reino.

LINGUINI COM FRUTOS DO MAR

(4 a 6 porções)

250 gramas de linguini de trigo integral
1 pimentão amarelo, cortado em pedaços de 1 cm
½ cebola picada
2 dentes de alho esmagados
½ colher de chá de sopa instantânea de galinha em pó
1 colher de chá de manjericão seco
½ colher de chá de orégano seco
2 colheres de sopa de maisena
250 gramas de vieiras e 250 gramas de camarão sem casca
2 tomates grandes, sem sementes e picados
2 colheres de sopa de salsa fresca picada
Queijo parmesão fresco ralado

Pimenta-do-reino moída na hora para temperar

Cozinhe o linguini e o mantenha quente. Numa caçarola grande, cozinhe o pimentão amarelo, cebola, alho, pó de sopa de galinha, manjericão e orégano, juntando aos poucos uma xícara de água. Deixe cozinhar até que os legumes fiquem macios, cerca de 5 minutos. Numa vasilha pequena, misture a maisena e 2 colheres de sopa de água, depois junte ao conteúdo da caçarola. Deixe cozinhar até começar a ferver. Junte camarões e vieiras e deixe mais 3 a 4 minutos no fogo, até que os frutos do mar estejam cozidos. Acrescente os tomates. Misture ao linguini e salpique com salsa. Sirva com parmesão ralado e pimenta-do-reino, a gosto.

Observação: Na falta de vieiras, podem ser usados mexilhões.

BOLINHOS DE FARELO E PASSAS

(para 12 bolinhos)

1 xícara de farelo de cereal integral
1 xícara de leite desnatado
1 ovo, ligeiramente batido
¼ xícara de óleo de gergelim
¼ xícara de açúcar
½ colher de chá de casca de limão ralada
¾ de xícara de farinha de trigo integral
¼ de xícara de farinha de trigo comum
¼ de colher de chá de sal
2 colheres de chá de fermento
¾ de xícara de passas

Pré-aqueça o forno a 200° C. Junte leite e cereal, formando uma mistura úmida. Acrescente ovo, óleo, açúcar e casca de limão. Numa outra vasilha, misture as farinhas, sal e fermento. Unte 12 forminhas e encha cada uma até 2/3 com a massa. Asse de 17 a 20 minutos, ou até que os bolinhos fiquem dourados.

MOLHO DE ROQUEFORT

60 gramas de queijo Roquefort ou Gorgonzola, esfarelado
1 xícara leite semi-desnatado azedo (misturado o leite com 1 colher de sopa de suco de limão e deixar descansar 10 min. antes de usar)
¼ de colher de chá de vinagre
½ colher de chá de óleo de canola
Pimenta-do-reino moída para temperar

Num processador ou com uma batedeira, misture queijo, leite azedo, vinagre e óleo. Processe até ficar macio e cremoso (cerca de 1 minuto), depois transfira para uma vasilha e junte a pimenta-do-reino. Este molho pode ficar guardado na geladeira até 1 semana.

SOPA DE ERVILHA SECA COM POUCAS CALORIAS
(8 porções)

8 xícaras de caldo de galinha ou legumes com baixo teor de sódio
2 xícaras de ervilhas secas
1 xícara de aipo picado
1 cebola média bem picada

1 folha de louro
10 raminhos de salsa fresca
1 cenoura média cortada em pedaços mais ou menos grandes
4 fatias de bacon de peru

Numa panela grande junte a sopa de galinha, as ervilhas, aipo, cebola, louro, salsa, cenoura e o bacon de peru. Leve à fervura, reduza o fogo e deixe cozinhando com a panela tampada por 1 hora. Apague o fogo, retire a folha de louro e o bacon de peru. Reserve uma xícara das ervilhas. Ponha a sopa aos poucos no liquidificador até desmanchar tudo. Junte as ervilhas reservadas e sirva quente.

SORBET DE MORANGO
(4-6 porções)

4 xícaras de morangos frescos
1 ½ colheres de sopa de mel
1 colher de chá de licor de laranja (opcional)

Congele os morangos num tabuleiro até ficarem duros. Ponha-os num processador de alimentos e processe-os até chegar à textura de fubá. Acrescente o mel e o licor (opcional) e processe novamente até obter uma mistura firme. Sirva imediatamente, ou transfira para uma vasilha e congele um dia antes de servir.

Variação: O *sorbet* também pode ser feito com pêssegos ou pêras. Corte as frutas em pedaços, depois misture com 1 colher de sopa de suco de limão antes de congelar. Dispense o licor.

SALADA DE FEIJÃO BRANCO

Meio quilo de feijão branco
½ pimentão vermelho picado
¼ de xícara de alho poró finamente picado
1 lata de atum branco, escorrido (opcional)
½ xícara de salsa, ligeiramente picada
1 colher de sopa de azeite de oliva extra-virgem
suco de 1 limão

Misture todos os ingredientes numa vasilha grande. Tempere com sal e pimenta-do-reino a gosto.

Apêndice 2

Mais aeróbica mental para estimular seu cérebro

1. Com a sua mão não-dominante (isto é, a esquerda, se você é destro), desenhe um cubo simples, tridimensional. Comece com um quadrado, depois desenhe três linhas diagonais e as ligue, como na figura à direita. Sombreie o lado mais distante.

2. Todas as vogais foram removidas do seguinte provérbio, e as consoantes estão na ordem corretas, agrupadas em seqüências de duas a cinco letras. Adicione as vogais e descubra o provérbio.

CSD FRRR SPT DP

3. Tente descobrir a frase sugerida pelo desenho abaixo:

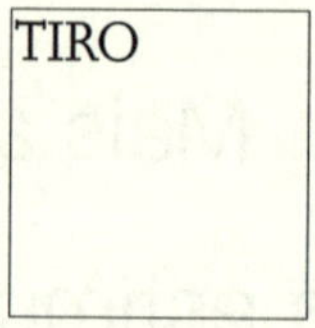

4. Veja quantas palavras você consegue soletrar com as letras abaixo. Nenhuma letra pode ser usada duas vezes, e todas as palavras têm que conter a letra H.

H	N	E	R	L	C	A	O

5. Exercício para o hemisfério esquerdo. Começando com a palavra CARO, mude uma letra de cada vez até chegar à palavra FEIA. Cada mudança tem que resultar em uma palavra real.

CARO

......

......

......

FEIA

6. Você consegue soletrar o nome de três capitais brasileiras com as letras abaixo? Nenhuma letra pode ser usada mais de uma vez.

AVES **TEMPO** **BARATA** **CIA** **ANIS**

7. Qual das seguintes palavras é o estranho?

ASEM AFOS RUJABA EDERAP ADOMOC

8. Em seus momentos de lazer, Jim só lê certos tipos de material. Ele lê livros de suspense, mas não romances. Ele gosta de ler a seção de esportes, mas não a de economia. Ele lê sobre direito, mas não sobre administração. Baseado nestes padrões de leitura, Jim vai ler um folheto ou uma revista?

9. Descubra o número que falta no quadrado do meio.

3	4	6
3		3
5	3	2

10. Mini-palavras-cruzadas:

Horizontais:

1. Fonte de cálcio
2. "Cola" social
4. Que precisa relaxar
6. "______" da imaginação
8. Trabalho visual criativo
9. Bomba do sangue.

Verticais:

1. Tipo de cirurgia para a visão
3. Atitude que proporciona longevidade
5. Passatempos ajudam a manter o ______ ativo
7. Óleo que contem Ômega-3

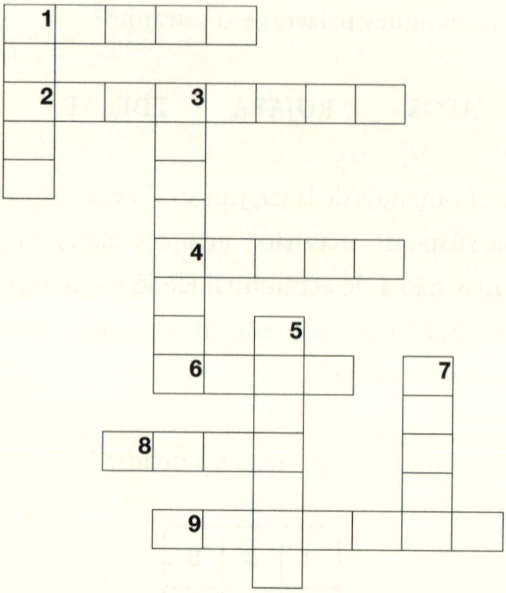

11. Qual dos três símbolos numerados abaixo completará a seqüência?

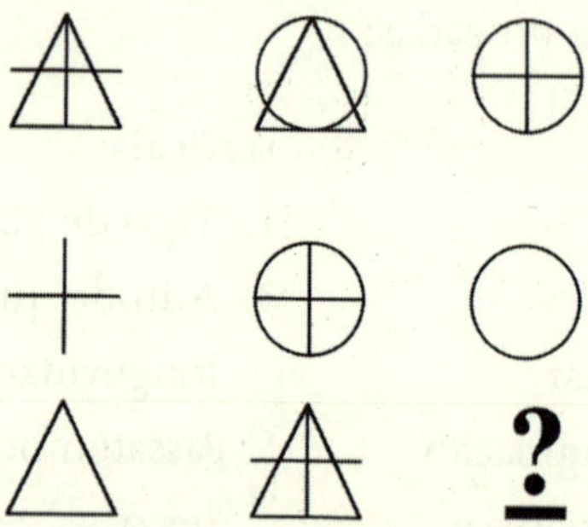

1 2 3

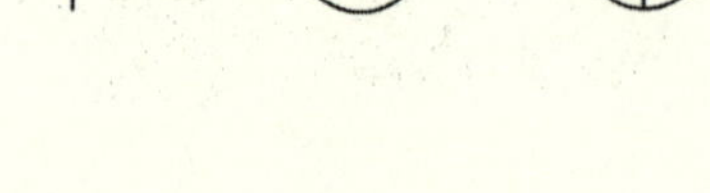

12. Descubra que mensagem está representada no quadrado.

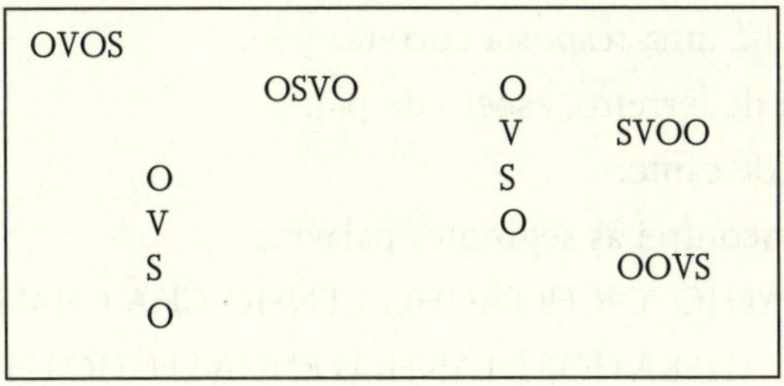

13. Qual dos três símbolos com as letras abaixo completará a seqüência?

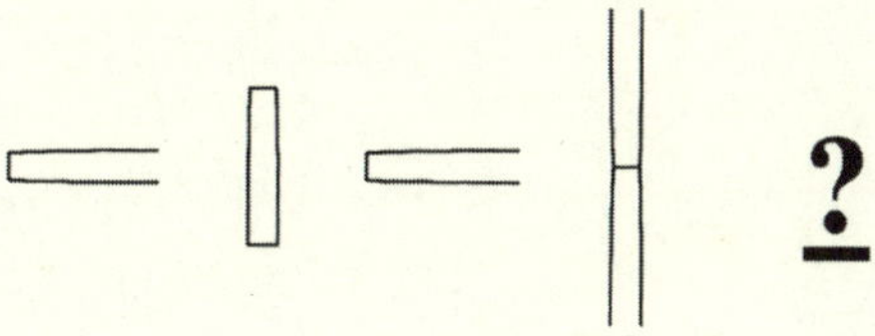

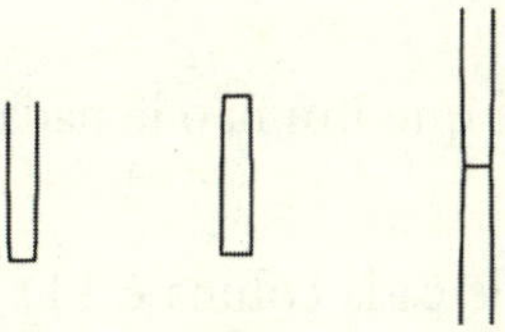

A **B** **C**

14. Tente encher a caixa abaixo de forma que você soletre as seguintes palavras, horizontal ou verticalmente: ERAM, LOBA, AMAR, TABA, ARAM, MATE, AMOR, MALA.

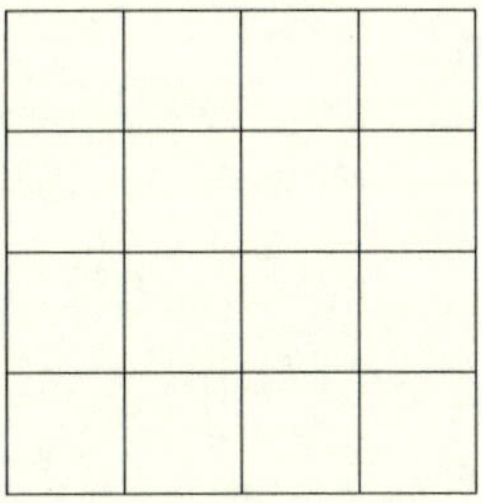

Respostas

1. Não há uma resposta correta.

2. Casa de ferreiro, espeto de pau.

3. Tiro de canto.

4. Eu encontrei as seguintes palavras:

ACHO ALHO ANCHO ANHO CENHO CHÁ CHALÉ CHÃO COLHER HALO HERA HORA LANHO LENHA LENHO LHANO OLHAR ORELHA RALHO RANCHO RECHÃ RELHA RELHO ROLHA

5. CARO
CARA
CERA
CEIA
FEIA

6. Boa Vista, Macapá, Teresina.

7. EDERAP.

8. Ele não lerá um folheto, já que Jim não lê nada que contenha a letra A.

9. 4 (A soma dos números de cada coluna é 11)

10. Respostas das palavras-cruzadas:

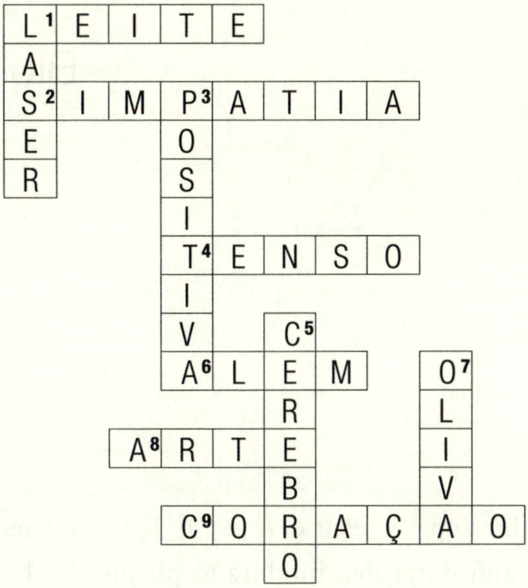

11. 1 – O último símbolo em cada coluna e fileira é sempre o mesmo dos dois anteriores menos qualquer parte que tenha sido duplicada.

12. Ovos mexidos.

13. B. Com esta letra se completa a palavra "COCHO" (recipiente em vasilha para dar de comer ou beber ao gado).

14.

M	**A**	**L**	**A**
A	**M**	**O**	**R**
T	**A**	**B**	**A**
E	**R**	**A**	**M**

Bibliografia

Agdeppa, E. D., Kepe, v., Petric, A., et al. *In vitro* detection of (S)-naproxen and ibuprofen binding to plaques in the Alzheimer's brain using the positron emission tomography molecular imaging probe 2-(l-{6-[(2-[^{18}F]fluoroethyl)(methyl)amino]-2-naphthyl}ethylidene)malononitrile. *Neuroscience* 117(2003): 723-30.

Age-Related Eye Disease Study (AREDS) Research Group. A randomized, placebo-controlled, clinical trial of high-dose supplementation with vitamins C and E and beta carotene for age-related cataract and vision loss: AREDS report no. 9. *Archives of Ophthalmology* 119 (2001): 1439-52.

Aharon, 1., Etcoff, N., Ariely, O., et al. Beautiful faces have variable reward value: fMRI and behavioral evidence. *Neuron* 32 (2001): 537-51.

Allen, K., Blascovich, J. Effects of music on cardiovascular reactivity among surgeons. *Journal of the American Medical Association* 272 (1994): 882-4.

Altena, T. S., Michaelson, J. L., Ball, S. D., Thomas, T. R. Single sessions of intermittent and continuous exercise and postprandial lipemia. *Medicine & Science in Sports & Exercise* 36 (2004): 1364-71.

Andersen, L. D., Remington, P., Trentham-Dietz, A., Reeves, M. Assessing a decade of progress in cancer control. *Oncologist* 7 (2002): 200-4.

Antell, D. E., Taczanowski, E. M. How environment and lifestyle choices influence the aging process. *Annals of Plastic Surgery* 43 (1999): 585-8.

Appel, L. J., Champagne, C. M., Harsha, D. W., et al. Effects of comprehensive lifestyle modification on blood pressure control: Main results of the PREMIER clinical trial. *Journal of the American Medical Association* 289(2003):2083-93.

Arterburn, D. E., Maciejewski, M. L., Tsevat, J. Impact of morbid obesity on medical expenditures in adults. *International Journal of Obesiy) and Related Metabolic Disorders* 29 (2005): 3 34-9.

Ball, K, Berch, D. B., Helmers, K F., et al. Effects of cognitive training interventions with older adults: A randomized controlled trial. *Journal of the American Medical Association* 288 (2002): 2271-81.

Barberger-Gateau, P., Letenneur, L., Deschamps, V., et al. Fish, meat, and risk of dementia: Cohort study. *British Medical Journal* 395 (2002): 932-33.

Bassuk, S. S., Glass, T. A., Berkman, L. F. Social disengagement and incident cognitive decline in community-dwelling elderly persons. *Annals of Internal Medicine* 131 (1999): 165-73.

Beauchamp, C. K., Keast, R. S., Morel, D., et al. Phytochemistry: Ibuprofen-like activity in extra-virgin olive oil. *Nature* 437(2005): 45-6.

Bell, M. L., McDermott, A., Zeger, S. L., Samet, J. M., Dominici, F. Ozone and short-term mortality in 95 U.S. urban communities, 1987-2000. *Journal of the American Medical Association* 292 (2004): 2372-8.

Bennett, M. P., Zeller, J. M., Rosenberg, L., McCann, J. The effect of mirthful laughter on stress and natural killer cell activity. *Alternative Therapies in Health and Medicine* 9 (2003): 38-45.

Benson, H. *The Relaxation Response*. Nova York: Avon, 1975.

Berk, L. S., Tan, S. A, Fry, W. F., et al. Neuroendocrine and stress hormone changes during mirthful laughter. *American Journal of Medical Science* 298 (1989): 390-6.

Berkowitz, L., Hannon-Jones, E. Toward an understanding of the determinants of anger. *Emotion* 4 (2004): 107-30.

Berman, B. M., Lao, L., Langenberg, P., et al. Effectiveness of acupuncture as adjunctive-therapy in osteoarthritis of the knee: A randomized, controlled trial. *Annals of Internal Medicine* 141 (2004): 90 1-10.

Betts, L. R., Taylor, C. P., Sckuler, A. B., Bennett, P. J. Aging reduces center-surround antagonism in visual motion processing. Neuron 45 (2005): 361-6.

Bijlani, R. L., Vempati, R. P., Yadav, R. K, et al. A brief but comprehensive lifestyle education program based on yoga reduces risk factors for cardiovascular disease and diabetes mellitus. *Journal of Altemative and Complementary Medicine* 11 (2005): 267-74.

Birks J., Grimley Evans, J. Ginkgo biloba for cognitive impairment and dementia (Cochrane Review). The Cochrane Library, número 2, 2005. Chichester, U.K: John Wiley & Sons, Lld.

Block, J. D. *Sex Over 50*. Paramus, NJ: Reward Books, 1999.

Bone, H. G., Hosking, D., Devogelaer, J. P., et al. Ten years' experience with alendronate for osteoporosis in postmenopausal women. *New England Journal of Medicine* 350 (2004): 1172-4.

Bookheimer, S. Y., Strojwas, M. H., Cohen, M. S., et al. Brain activation in people at genetic risk for Alzheimer's disease. *New England Joumal of Medicine* 343 (2000): 450-6.

Booth, A., Johnson, D. R, Granger, D. A. Testosterone and men's health. *Journal of Behavioral Medicine* 22 (1999): 1-19.

Boschmann, M., Steiniger, J., Hille, U., et al. Water-induced thermogenesis. *Journal of Clinical Endocrinology and Metabolism* 88 (2003): 6015-19.

Bowman, R. E., Beck, K O., Luine, V. N. Chronic stress effects on memory: Sex differences in performance and monoaminergic activity. *Hormones and Behavior* 43 (2003): 48-59.

Boyd-Brewer, C., McCaffrey, R. Vibroacoustic sound therapy improves pain management and more. *Holistic Nursing Practice* 18 (2004): 111-18.

Brand-Miller, J., Volwever, T. M. S., Colaguiri, S., Foster-Powell, K *The Glucose Revolution*. Nova York: Marlow & Company, 1999.

Braunstein, G. D., Sundwall, D.A., Katz, M., et al. Safety and efficacy of a testosterone patch for the treatment of hypoactive sexual desire disorder in surgically menopausal women: a randomized, placebo-controlled trial. *Archives of Internal Medicine* 165 (2005): 1582-9.

Breiter, H. C., Aharon, L., Kahneman, D., Dale, A, Shizgal, P. Functional imaging of neural responses to expectancy and experience of monetary gains and losses. *Neuron* 30 (2001): 619-39.

Brickman, P., Coates, D., Janoff-Bulman, R. Lottery winners and accident victims: Is happiness relative? *Journal of Personalit and Social Psychology* 36 (1978): 917-27.

Brinkhaus, B., Becker-Witt, C., Jena, S., et al. Acupuncture Randomized Trials (ART) in patients with chronic low back pain and osteoarthritis of the knee-design and protocols. *Forsch Komplelmentarmed Klass Naturheilkd* 10 (2003): 185-91.

Brown, K W., Ryan, R. M. The benefits of being present: Mindfulness and its role in psychological well-being. *Journal of Personality and Social Psychology* 84 (2003): 822-48.

Calle, E. E., Rodriguez, C., Walker-Thurmond, K, Thun, M. J. Overweight, obesity, and mortality from cancer in a prospectively studied cohort of U.S. adults. *New England Journal of Medicine* 348 (2003): 1625-38.

Carnethon, M. R, Gidding, S. S., Nehgme, R. et al. Cardiorespiratory fitness in young adulthood and the development of cardiovascular disease risk factors. *Journal of the American Medical Association* 290 (2003): 3092-100.

Carr, L., Iacoboni, M., Dubeau, M.-C., Mazziotta, J. C., Lenz, G. L. Neural mechanisms of empathy in humans: A relay from neural systems for imitation to limbic areas. *Proceedings of the National Academy of Sciences of the United States of America* 100 (2003): 5497-5502.

Chafin, S., Roy, M., Gerin, W., Christenfeld, N. Music can facilitate blood pressure recovery from stress. *British Journal af Health and Psychology* 9 (2004): 393-403.

Chainani-Wu, N. Safety and anti-inflammatory activity of curcumin: A component of tumeric (*Curcumal longa*). *Journal of Alternative and Complementary Medicine* 9 (2003): 161-8.

Chao, A., Thun, M. J., Connell, C. J., et al. Meat consumption and risk of colorectal cancer. *Journal of the American Medical Association* 293(2005): 172-82.

Chapman, S. B., Weiner, M. F., Rackley, A., Hynan, L. S., Zientz, J. Effects of cognitive-communication stimulation for Alzheimer's disease patients treated with donepezil. *Journal of Speech, Language, and Hearing Research* 47 (2004): 1149-63.

Charnetski, C. J., Brennan, F. X. Sexual frequency and salivary immunoglobulin A (IgA). *Psychological Reports* 94 (2004): 839-44.

Chen, J.T., Wesley, R., Shamburck, R. D., Pucino, F., Csako, G. Meta-analysis of natural therapies for hyperlipidemia: Plant sterols and stanols versus policosanol. *Pharmacotherapy* 25 (2005): 171-83.

Chlebowski, R. T., Wactawski-Wende, J., Ritenbaugh, C., et al. Estrogen plus progestin and colorectal cancer in postmenopausal women. *New England Journal of Medicine* 350 (2004): 991-1004.

Choi, J. H., Moon, J. S., Song, R. Effects of Sun-style tai chi exercise on physical fitness and fall prevention in fall-prone older adults. *Journal of Advanced Nursing* 51 (2005): 150-7.

Christensen, H. C., Schüz, J., Kosteljanetz, M., et al. Celular telephone use and risk of acoustie neuroma. *American Journal of Epidemiology* 159 (2004): 277-83.

Clark, A., Seidler, A., Miller, M. Inverse association between sense of humor and coronary heart disease. *International Journal of Cardiology* 80 (2001): 87-8.

Clark, N. *Nancy Clark's Sports Nutrition Guidebook*, 3a. ed. Champaign, IL: Human Kinetics Publishing, 2003.

Colcombe, S. J., Erickson, K.I., Raz, N., et al. Aerobic fitness reduces brain tissue loss in aging humans. *Journal of Gerontology: Biological Sciences and Medical Sciences* 58A (2003): 176-80.

Contento, I. R., Basch, C., Zybert, P. Body image, weight, and food choices of Latina women and their young children. *Journal of Nutrition Education and Behavior* 35 (2003): 236-48.

Dahlberg, L. L., Ikeda, R. M., and Kresnow, M. Guns in the home and risk of a violent death in the home: Findings from a national study. *American Journal of Epidemiology* 160 (2004): 929-36.

Dallongeville, J., Marecaux, N., Ducimetiere, P., et al. Influence of alcohol consumption and various beverages on waist girth and waist-to-hip ratio in a sample of French men and women. *Intemational Journal of Obesity and Related Metabolic Disorders* 22 (1998): 1178-83.

Davey Smith, C., Frankel, S., Yarnell, J. Sex and death: are they related? Findings from the Caerphilly Cohort Study. *British Medical Journal* 315(1997): 1641-4.

Davidson, R. J., Kabat-Zinn, J., Schumacher, J., et al. Alterations in brain and immune function produced by mindfulness meditation. *Psychosomatic Medicine* 65 (2003): 564-70.

de Castro, J. M. The time of day of food intake influences overall intake in humans. *The Journal of Nutrition* 134 (2004): 104-11.

de Lorgeril, M., Salen, P., Martin, J.-L., et al. Mediterranean diet, traditional risk factors, and the rate of cardiovascular complications after myocardial infarction: Final report of the Lyon Diet Heart Study, *Circulation* 99 (1999): 779-85.

De Smet, P. Herbal remedies. *New England Journal of Medicine* 347 (2002): 2046-56.

Del Ser, T., Hachinski, V., Merskey, H., Munoz, D. C. An autopsy-verified study of the effect of education on degenerative dementia. *Brain* 122 (1999): 2309-19.

Dickey, R. A., Janick, J. J. Lifestyle modifications in the prevention and treatment of hypertension. *Endocrine Practice* 7 (2001): 392-9.

Doerksen, S., Shimamura, A. P. Source memory enhancement for emotional words. *Emotion* 1 (2001): 5-11.

Draganski, B., Gaser, C., Busch, V., et al. Neuroplasticity: Changes in grey matter induced by training. *Nature* 427 (2004): 311-12.

Eckman, P. *Emotions Revealed: Recognizing Faces and Feelings to Improve Communication and Emotional Life*. Nova York: Times Books, 2003.

Ehlenfeldt, M. K., Prior, R. L. Oxygen Radical Absorbance Capacity (ORAC) and phenolic and anthocyanin concentrations in fruit and leaf tissues of highbush blueberry. *Journal of Agriculture and Food Chemistry* 49 (2001): 2222-7.

Eng, P. M., Fitzmaurice, C.., Kubzansky, L. D., Rimm, E. B., Kawachi, I. Anger expression and risk of stroke and coronary heart disease among male health professionals. *Psychosomatic Medicine* 65 (2003): 100-10.

Epel, E. S., Blackburn, E-H., Lin, J., et al. Accelerated telomere shortening in response to life stress. *Proceedings of the National Academy of Sciences of the United States of America*. 101 (2004): 17312-15.

Eriksson, J., Lindstrom, J., Tuomilehto, J. Potential for the prevention of type 2 diabetes. *British Medical Bulletin* 60 (2001): 183-99.

Evans, J. R. Ginkgo biloba extract for age-related macular degeneration (Cochrane Review). The Cochrane Library, no. 4, 2005. Chichester, UK: John Wiley & Sons, Ltd.

Fairfield, K M., Fletcher, R. H. Vitamins for chronic disease prevention in adults: Scientific review. *Journal af the American Medical Association* 287 (2002): 3116-26.

Fajardo, M., Di Cesare, P. E. Disease-modifying therapies for osteoarthritis: Current status. *Drugs & Aging* 22 (2005): 141-61.

Fan, J., Liu, F., Wu, J., Dai, W. Visual perception of female physical attractivencss. *Proceedings of the Royal Society of London* 271 (2004): 347-52.

Feldman, H. A., Johannes, C. B., McKinlay, J. B., Longcope, C. Low dehydroepiandrosterone sulfate and heart disease in middle-aged men: Cross-sectional results from the Massachusetts Male Aging Study. *Annals of Epidemiology* 8 (1998): 217-28.

Feldman, S. R., Liguori, A, Kucenic, M., et al. Ultraviolet exposure is a reinforcing stimulus in frequent indoor tanners. *Journal of the American Academy af Dermatology* 51 (2004): 45-51.

Ferro, A R., Kopperud, R. J., Hildemann, L. M. Source strengths for indoor human activities that resuspend particulate matter. *Environmental Science & Technology* 38 (2004): 1759-64.

Fonarow, G. C., Wright, R. S.. Spencer, F.A, et al. Effect of statin use within the first 24 hours of admission for acute myocardial infarction on early morbidity and mortality. *American Journal of Cardiology* 96 (2005): 611-16.

Frank, L. D., Andresen, M. A, Schmid, T L. Obesity relationships with community design, physical activity, and time spent in cars. *American Journal of Preventive Medicine* 27 (2004): 87-96.

Fraser, C. K, Shavlik, D. J. Ten years of life: Is it a matter of choice? *Archives of Internal Medicine* 161 (2001): 1645-52.

Gadek-Michalska, A, Bugajski, J. Repeated handling, restraint, or chronic crowding impair the hypothalamic-pituitary-adreno-cortical response to acute restraint stress. *Journal of Physiological Pharmacology* 54 (2003): 449-59.

Gage, F. H. Neurogenesis in the adult brain. *Journal of Neuroscience* 22 (2002): 612-13.

Gauderman, W. J., Avol, E., Gilliland, F., et al. The effect of air pollution on lung development from 10 to 18 years of age. *New England Journal of Medicine* 351 (2004): 1057-67.

Ceday, J., Gjedde, A., Boldsen, A-S., Kupers, R. Emotional valence modulates activity in the posterior fusiform gyrus and inferior medial prefrontal cortex in social perception. *NeuroImage* 18 (2003): 675-84.

Gilewski, M. J., Zelinski, E. M., Schaie, K W. The Memory Functioning Questionnaire for assessment of memory complaints in adulthood and old age. *Psychology and Aging* 5 (1990): 482-90.

Glass, T.A, de Leon, C. M., Marottoli, R.A, Berkman, L. F. Population based study of social and productive activities as predictors of survival among elderly Americans. *British Medical Journal* 319 (1999): 478-83.

Green, C. S., Bavelier, D. Action video game modifies visual selective attention. *Nature* 423(2003):534-7.

Greenblatt, D. Treatment of postmenopausal osteoporosis. *Pharmacotherapy* 25 (2005): 574-84.

Gurung, R.A, Taylor, S. E., Seeman, T. E. Accounting for changes in social support among married older adults: Insights from the

MacArthur Studies of Successful Aging. *Psychology and Aging* 18 (2003): 487-96.

Hathcock, J. N. Vitamins and minerals: Efficacy and safety. *American Journal of Clinical Nutrition* 66 (1997): 427-37.

Hayashi, K, Hayashi, T, Iwanaga, S., et al. Laughter lowered the increase in postprandial blood glucose. *Diabetes Care* 26 (2003): 1651-2.

He, F. J., MacCregor, C. A Effect of modest salt reduction on blood pressure: A meta-analysis of randomized trials. Implications for public health. *Journal of Human Hypertension* 16 (2002): 761-70.

Heart Protection Study Collaborative Group. MRC/BHF Heart Protection Study of cholesterol lowering with simvastatin in 20,536 high-risk individuals: A randomized placebo-controlled trial. *Lancet* 360 (2002): 7-22.

Heber, D., Bowerman, S. *What Color Is Your Diet?* Nova York: Regan Books, 2001.

Heisler, M., Langa, K M., Eby, E. L., et al. The health effects of restricting prescription medication use because of cost. *Medical Care* 42(2004):626-34.

Henwood, T R., Taaffe, D. R. Improved physical performance in older adults undertaking a short-term programme of high-velocity resistance training. *Gerontology* 51 (2005): 108-15.

Hightower, J. M., Moore, D. Mercury levels in high-end consumers of fish. *Environmental Health Perspective* 111 (2003): 604-8.

Horwich, T. B., MacLellan, W. R., Fonarow, G. C. Statin therapy is associated with improved survival in ischemic and non-ischemic heart failure. *Journal of the American College of Cardiology* 43 (2004): 642-8.

Hui, K K, Liu, J., Makris, N., et al. Acupuncture modulates the limbic system and subcortical gray structures of the human brain: Evidence from fMRI studies in normal subjects. *Human Brain Mapping* 9 (2000): 13-25.

Hummer, R. A., Rogers, R. G., Nam, C. B., Ellison, C. G. Religions involvement and U.S. adult mortality. *Demography* 36 (1999): 273-85.

Irwin, M. R., Pike, J. L., Cole, J. C., Oxman, M. N. Effects of a behavioral intervention, tai chi chih, on varicella-zoster virus specific immunity and health functioning in older adults. *Psychomatic Medicine* 65 (2003): 824-30.

Järvinen, R., Knekt, P., Hakulinen, T., Aromaa, A. Prospective study on milk products, calcium, and cancers of the colon and rectum. *Journal of the National Cancer Institute* 55 (2001): 1000-7.

Johnson, S. M. The revolution in couple therapy: A practitioner-scientist perspective. *Journal of Marital and Family Therapy* 29 (2003): 365-84.

Joseph, J.A, Nadeau, D., Underwood, A. *The Color Code: A Revolutionary Eating Plan for Optimum Health*. Nova York: Hyperion, 2002.

Kabat-Zinn, J., Lipworth, L., Burney, R., Sellers, W. Four year follow-up of a meditation-based program for the self-regulation of chronic pain: Treatment outcomes and compliance. *Clinical Journal of Pain* 2 (1986): 159-73.

Kabat-Zinn, J., Massion, A. O., Kristeller, J., et al. Effectiveness of a meditation-based stress reduction program in the treatment of anxiety disorders. *American Journal of Psychiatry* 149 (1992): 936-43.

Kabat-Zinn, J., Wheeler, K, Light, T., et al. Influence of a mindfulness-based stress reduction intervention on rates of skin clearing in patients with moderate to severe psoriasis undergoing phototherapy (UVB) and photochemotherapy (PUVA). *Psychosomatic Medicine* 60 (1998): 625-32.

Kahn, R. L., Rowe, J. W. *Successful Aging*. Nova York: Pantheon, 1998.

Karlin, W.A, Brondolo, E., Schwartz, J. Workplace social support and ambulatory cardiovascular activity in New York City traffic agents. *Psychosomatic Medicine* 65 (2003): 167-76.

Karvonen, M. J. Sports and longevity. *Advances in Cardiology* 18 (1976): 243-8.

Kiecolt-Glaser, J. K., Preacher, K. J., MacCallum, R. C., et al. Chronic stress and age-related increases in the proinflammatory cytokine IL-6. *Proceedings of the National Academy of Sciences of the United States of America* 100 (2003): 9090-5.

Knoops, K. T. B., de Groot, L. C., Kromhout, D., et al. Mediterranean diet, lifestyle factors, and 10-year mortality in elderly European men and women. *Journal of the American Medical Association* 292 (2004): 1433-9.

Koenig, H. G., George, L. K, Titus, P. Religion, spirituality, and health in medically ill hospitalized older patients. *Journal of the American Geriatrics Society* 52 (2004): 554-62.

Kousa, A, Moltchanova, E., Viik-Kajander, M., et. al. Geochemistry of ground water and the incidence of acute myocardial infarction in Finland. *Journal of Epidemiology and Community Health* 58 (2004): 136-9.

Kubey, R., Csikszentmihalyi, M. Television addiction is no mere metaphor. *Scientific American* 286 (2002): 74-80.

Kwallek, N., Lewis, C. M. Effects of environmental colour on males and females: A red or white or green office. *Applied Ergonomics* 21 (1990):275-8.

Law, M., Wald, N., Morris, J. Lowering blood pressure to prevent myocardial infarction and stroke: A new preventive strategy. *Health Technology Assessment* 7 (2003): 1-94.

Lazar, S. W., Bush, G., Gollub, R. L., et al. Functional brain mapping of the relaxation response and meditation. *Neuroreport* 11 (2000): 1581-5.

Lee, I. M., Cook, N. R., Gaziano, J. M., et al. Vitamin E in the primary prevention of cardiovascular disease and cancer: The Women's

Health Study: A randomized controlled trial. *Journal of the American Medical Association* 294 (2005): 56-65.

Lee, I. M., Hsich, C. C., Paffenbarger, R. S. Exercise intensity and longevity in men. *Journal of the American Medical Association* 273 (1995): 1179-84.

Lee, I. M., Sesso, H. D., Oguma, Y., Paffenbarger, R. S. Jr. The "weekend warrior" and risk of mortality. *American Journal of Epidemiology* 60 (2004): 636-41.

Leetun, D.T., Ireland, M. L., Willson, J. D., Ballantyne, B. T., Davis, I. M. Core stability measures as risk factors for lower extremity injury in athletes. *Medicine & Science in Sports & Exercise* 36 (2004): 926-34.

Lim, G. P., Chu, T., Yang, F., Beech, W., Frautschy, S.A., Cole, G. M. The curry spice curcumin reduces oxidative damage and amyloid pathology in an Alzheimer transgenic mouse. *Journal of Neuroscience* 21 (2001): 8370-7.

Liu, S., Manson, J. E., Stampfer, M. J., et al. Whole-grain consumption and risk of ischemic stroke in women: A prospective study. *Journal of the American Medical Association* 284 (2000): 1534-40.

Liu-Ambrose, T., Khan, K. M., Eng, J. J., Janssen, P. A, Lord, S. R., McKay, H. A. Resistance and agility training reduce fall risk in women aged 75 to 85 with low bone mass: A 6-month randomized, controlled trial. *Journal of the American Geriatrics Society* 52 (2004): 657-65.

Loewenstein, D. A, Acevedo, A, Czaja, S. J., Duara, R. Cognitive rehabilitation of mildly impaired Alzheimer disease patients on cholinesterase inhibitors. *American Journal of Geriatric Psychiatry* 12 (2004): 395-402.

Ma, Y., Bertone, E. R., Stanek, E. J., III, et al. Association between eating patterns and obesity in a free-living U.S. adult population. *American Journal of Epidemiology* 158 (2003): 85-92.

MacDonald, C. *Massage for the Hospital Patient and Medically Frail Client.* Nova York: Lippincott Williams & Wilkins, 2004.

Maguire, E.A, Valentine, E. R., Wilding, J. M., Kapur, N. Routes to remembering: The brains behind superior memory. *Nature Neuroscience* 6 (2003): 90-5.

Malliaropoulos, N., Papalexandris, S., Papalada, A, Papacostas, E. The role of stretching in rehabilitation of hamstring injuries: 80 athletes follow-up. *Medicine & Science in Sports & Exercise* 36 (2004):756-9.

McClure, S. M., Laibson, D.I., Loewenstein, C., Cohen, J. D. Separate neural systems value immediate and delayed monetary rewards. *Science* 306 (2004): 503-7.

McEwen, B. *The End of Stress As We Know* it. Washington, DC: The Dana Press, 2004.

Means, K.M., Rodell, D.E., O'Sullivan, P. S. Balance, mobility, and falls among community-dwelling elderly persons: Effects of a rehabilitation exercise program. *American Journal of Physical Medicine & Rehabilitation* 84 (2005): 238-50.

Menee, V. H. The relation between everyday activities and successful aging: A 6-year longitudinal study. *Journal of Gerontology Series B: Psychological Sciences and Social Sciences* 58 (2003): S74-S82.

Miller, E. R., Pastor-Barriuso, R., Dalal, D., et al. Meta-analysis: High-dosage vitamin E supplementation may increase all-cause mortality. *Annals of Intemal Medicine* 142 (2005):37-46.

Moore, A. A., Gould, R., Reuben, D. B., et al. Longitudinal patterns and predictors of alcohol consumption in the United States. *American Journal of Public Health* 95 (2005): 458-65.

Morris, M. C., Evans, D.A., Bienias, J. L., et al. Dietary niacin and the risk of incident Alzheimer's disease and of cognitive decline. *Journal of Neurology, Neurosurgery and Psychiatry* 75 (2004): 1093-99.

Mukamal, K. J., Kuller, L. H., Fitzpatrick, A. L., et al. Prospective study of alcohol consumption and risk of dementia in older adults. *Journal of the American Medical Association* 289 (2003): 1405-13.

Murtaugh, M. A., Jacobs, D. R. Jr., Jacob, B., Steffen, L. M., Marquart, L. Epidemiological support for the protection of whole grains against diabetes. *The Proceedings af the Nutrition Society* 62 (2003): 143-9.

Newberg, A., Alavi, A., Baime, M., Pourdehnad, M., Santanna, J., d'Aquili, E. The measurement of regional cerebral blood flow during the complex cognitive task of meditation: A preliminary SPECT study. *Psychiatry Research* 106 (2001): 113-22.

Nissen, S. E., Tuzcu, E. M., Libby, P., et al. Effect of antihypertensive agents on cardiovascular events in patients with coronary disease and normal blood pressure: The CAMELOT study: A randomized controlled trial. *Journal of the American Medical Association* 292 (2004): 2217-25.

North American Menopause Society. Recommendations for estrogen and progestogen use in peri- and postmenopausal women: October 2004 position statement ofThe North American Menopause Society. *Menopause* 11 (2004): 589-600.

Olshansky, J., Passaro, D. J., Hershow, R. C., et al. A potential decline in life expectancy in the United States in the 21st century. *New England Journal of Medicine* 352 (2005): 1138-45.

Paffenbarger, R. S. Jr., Hyde, R. T., Wing, A. L., Hsieh, C. C. Physical activity, all-cause Mortality, and longevity of college alumni. *New England Journal of Medicine* 314 (1986): 605-13.

Palmore, E. Predictors of the longevity difference: A 25-year follow-up. *Gerontologist* 22 (1982): 513-18.

Pargament, K.I., Koenig, H. G., Tarakeshwar, N., Hahn, J. Religious struggle as a predictor of mortality among medically ill elderly patients: a 2-year longitudinal study. *Archives of Internal Medicine* 161 (2001): 1881-5.

Pate, R R., Pratt, M., Blair, S. N., et al. Physical activity and public health. A recommendation from the Centers for Disease Control and Prevention and the American College of Sports Medicine. *Journal of the American Medical Association* 273 (1995): 402-7.

Persson, G. Five-year mortality in a 70-year-old urban population in relation to psychiatric diagnosis, personality, sexuality and early parental death. *Journal of Psychosomatic Research* 24 (1980): 244-53.

Peters, A, von Klot, S., Heier, M., et al. Exposure to traffic and the onset of myocardial infarction. *New England Journal of Medicine* 351 (2004): 1721-30.

Petersen, R. C., Thomas, R. C., Grundman, M., et al. Vitamin E and donepezil for the treatment of mild cognitive impairment. *New England Journal of Medicine* 352 (2005): 2379-88.

Pew Internet & American Life Project. *The Internet and Daily Life*. 2004. http://www.pewinternet.org/

Poynter, J. N., Gruber, S. B., Higgins, P. O., et al. Statins and the risk of colorectal cancer. *New England Journal of Medicine* 352 (2005): 2184-92.

Prigerson, H. G., Maciejewski, P. K., Rosenheck, R. A. The effects of marital dissolution and marital quality on health and health service use among women. *Medical Care* 37(1999): 858-73.

Rami, T., Shih, H. T. Update of implantable cardioverter/defibrillator and cardiac resynchronization therapy in heart failure. *Current Opinions in Cardiology* 19 (2004): 264-9.

Raskind, M. A., Peskind, E. R., Wessel, T., and the Galantamine USA-1 Study Group. Galantamine in AD. A 6-month randomized, placebo-controlled trial with a 6-month extension. *Neurology* 54 (2000): 2269-2276.

Rea, T. D., Breitner, J. C., Psaty, B. M., et al. Statin use and the risk of incident dementia: The Cardiovascular Health Study. *Archives of Neurology* 62 (2005): 1047-51.

Reisberg, B., Doody, R., Stoffler, A., et al. Memantine in moderate-to-severe Alzheimer's disease. *New England Journal of Medicine* 348 (2003): 1333-41.

Rennie, M. J. Claims for the anabolic effects of growth hormone: A case of the Emperor's new clothes? *British Journal of Sports Medicine* 37(2003): 100- 5.

Rimm, E. B., Ascherio, A, Giovannucci, E., et al. Vegetable, fruit, and cereal fiber intake and risk of coronary heart disease among men. *Journal of the American Medical Association* 275 (1996): 447-51.

Rimm, E. B., Stampfer, M. J. Diet, lifestyle, and longevity – The next steps? *Journal af the American Medical Association* 292 (2004): 1490-2.

Rozmus-Wrzesinska, M., Pawlowski, B. Men's ratings of female attractiveness are influenced more by changes in female waist size compared with changes in hip size. *Biological Psychology* 68 (2005): 299-308.

Ruitenberg, A, van Swieten, J. C., Witteman, J. C., et al. Alcohol consumption and risk of dementia: The Rotterdam Study. *Lancet* 359 (2002): 281-6.

Sano, M., Ernesto, C., Thomas, R. G., et al. A controlled trial of selegiline, alpha-tocopherol, or both as treatment for Alzheimer's disease. *New England Journal of Medicine* 336 (1997): 1216-22.

Schneider, R. H., Alexander, C. N., Staggers, F., et al. A randomized and controlled trial of stress reduction in African Americans treated for hypertension for over one year. *American Journal of Hypertension* 18 (2005): 88-98.

Schneider, R. H., Alexander, C. N., Staggers, F., et al. Long-term effects of stress reduction on mortality in persons > or = 55 years of age with systemic hypertension. *American Journal of Cardiology* 95 (2005): 1060-4.

Sesso, H. D., Chen, R. S., L'Italien, G. J., et al. Blood pressure lowering and life expectancy based on a Markov model of cardiovascular events. *Hypertension* 42 (2003): 885-90.

Shenk, D. *Data Smog: Surviving the Infomation Glut*. Nova York: Harper Collins, 1997.

Sherman, S. E., D'Agostino, R. B., Cobb, J. L., Kannel, W. B. Physical activity and mortality in women in the Framingham Heart Study. *American Heart Journal* 128 (1994): 879-84.

Shoghi-Jadid, K., Small, G. W., Agdeppa, E. D., et al. Localization of neurofibrillary tangles and beta-amyloid plaques in the brains of living patients with Alzheimer disease. *American Journal of Geriatric Psychiatry* 10 (2002): 24-35.

Shumaker, S. A., Legault, C., Rapp, S. R., et al. Estrogen plus progestin and the incidence of dementia and mild cognitive impairment in postmenopausal women. The Women's Health Initiative Memory Study: A randomized controlled trial. *Journal of the American Medical Association* 289 (2003): 2651-62.

Simon, S. R., Chan, K. A, Soumerai, S. B., et al. Potentially inappropriate medication use by elderly persons in U.S. Health Maintenance Organizations, 2000-2001. *Journal of the American Geriatric Society* 53 (2005): 227-32.

Singer, T., Seymour, B., O'Doherty, J., Kaube, H., Dolan, R. J., Frith, C. D. Empathy for pain involves the affective but not sensory components of pain. *Science* 303 (2004): 1157-62.

Small, G., Vorgan G. *The Memory Prescription: Dr. Gary Small's 14-Day Plan to Keep Your Brain and Body Young*. Nova York: Hyperion, 2004.

Small, G. *The Memory Bible: An Innovative Strategy for Keeping Your Brain Young*. Nova York: Hyperion, 2002.

Small, G. W., Silverman, D. H., Siddarth, P., et al. Brain function and physical effects of a 14-Day healthy lifestyle program. *9th International Conference on Alzheimer's Disease and Related Disorders*, 2004.

Small, G. W. What we need to know about age related memory loss. *British Medical Journal* 324 (2002): 1502-5.

Smith, G. D., Frankel, S., Yarnell, J. Sex and death, are they related? Findings from the Caerphilly cohort study. *British Medical Journal* 315 (1997): 164-5.

Soeken, K L., Lee, W. L., Bausell, R B., Agelli, M., Berman, B. M. Safety and efficacy of S-adenosylmethionine (SAMe) for osteoarthritis. *Journal of Family Practice* 51 (2002): 425-30.

Spiro, H. What is empathy and can it be taught? *Annals of Internal Medicine* 116 (1992): 843-6.

Springer, M. V., McIntosh, A. R., Winocur, G., Grady, C. L. The relation between brain activity during memory tasks and years of education in young and older adults. *Neuropsychology* 19 (2005): 181-92.

Stanton, R., Reaburn, P. R, Humphries, B. The effect of short-term Swiss ball training on core stability and running economy. *Journal of Strength and Conditioning Research* 18 (2004): 522-8.

Stevens, C., Tiggemann, M. Women's body figure preferences across the life span. *Journal of Genetic Psychology* 159 (1998): 94-102.

Takahashi, M., Nakata, A, Haratani, T., Ogawa, Y., Arito, H. Post-lunch nap as a worksite intervention to promote alertness on the job. *Ergonomics* 47 (2004): 1003-13.

Takano, T., Nakamura, K., Watanabe, M. Urban residential environments and senior citizens' longevity in megacity areas: The importance of walkable green spaces. *Journal of Epidemiology and Community Health* 56 (2002): 913-18.

Thomsen, D. K., Mehlsen, M. Y., Hokland, M., et al. Negative thoughts and health: Associations among rumination, immunity, and health care utilization in a young and elderIy sample. *Psychosomatic Medicine* 66 (2004): 363-71.

Travis, F., Arenander, A, DuBois, D. Psychological and phisiological characteristics of a proposed object-referral/self-referral continuum of self- awareness. *Consciousness Cognition* 13 (2004): 401-20.

Turner, R. B., Bauer, R., Woelkart, K., Hulsey, T. C., Gangemi, J. D. An evaluation of *Echinacea angustifolia* in experimental rhinovirus infections. *New England Journal of Medicine* 353 (2005): 341-8.

USC Annenberg School Center for the Digital Future. *The Digital Future Report*. 2004. http://www.digitalcenter.org/

van der Valk, R., Webers, C. A, Schouten, J. S., et al. Intraocular pressure lowering effects of all commonly used glaucoma drugs: A meta-analysis of randomized clinical trials. *Ophthalmology* 112 (2005): 1177-85.

Van Gaal, L. F., Rissanen, A. M., Scheen, A. J., et al. Effects of the cannabinoid-l receptor blocker rimonabant on weight reduction and cardiovascular risk factors in overweight patients: 1-year experience from the RIO-Europe study. *Lancet* 365 (2005): 1389-97.

Verghese, J., Lipton, R. B., Katz, M. J., et al. Leisure activities and the risk of dementia in the elderly. *New England Journal of Medicine* 348 (2003): 2508-16.

Verhagen, K, van der Beek, A, Twisk, J., Bouter, L., Bahr, R., van Mechelen, W. The effect of a proprioceptive balance board training program for the prevention of ankle sprains: A prospective controlled trial. *American Journal of Sports Medicine* 32 (2004): 1385-93.

Vermeire, K., Brokx, J. P., Wuyts, F. L., et al. Quality-of-life benefit from cochlear implantation in the elderly. *Otology & Neurotology* 26 (2005): 188-95.

Vijan, S., Hayward, R. A; American College of Physicians. Pharmacologic lipid-lowering therapy in type 2 diabetes mellitus: Background paper for the American College of Physicians. *Annals of Internal Medicine* 140 (2004): 650-8.

Villareal, D.T., Holloszy, J. O. Effect of DHEA on abdominal fat and insulin action in elderIy women and men: A randomized controlled trial. *Journal of the American Medical Association* 292 (2004): 2243-8.

Wager, N., Fieldman, G., Hussey, T. The effect on ambulatory blood pressure of working under favourably and unfavourably perceived supervisors. *Journal of Occupational and Environmental Medicine* 60 (2003): 468-74.

Wang Y., Wang, Q. J. The prevalence of prehypertension and hypertension among U.S. adults according to the new joint national committee guidelines: New challenges of the old problem. *Archives of Internal Medicine* 164 (2004): 2126-34.

Wannamethee, S. G., Camargo, C. A. Jr., Manson, J. E, Willett, W. C., Rimm, E. B. Alcohol drinking patterns and risk of type 2 diabetes mellitus among younger women. *Archives of Internal Medicine* 163 (2003): 1329-36.

Wansink B., Lee, K. Cooking habits provide a key to 5 a day success. *Journal of the American Dietetic Association* 104 (2004): 1648-50.

Wansink, B., Linder, L. R. Interactions between forms of fat consumption and restaurant bread consumption. *International Journal of Obesity* 27 (2003): 866-8.

Weuve, J., Kang, J. H., Manson, J. E, et al. Physical activity, including walking, and cognitive function in older women. *Journal of the American Medical Association* 292 (2004): 1454-61.

Williams, F. M., Cherkas, L. F., Spector, T. D., MacGregor, A J. The effect of moderate alcohol consumption on bone mineral density: A study of female twins. *Annals of the Rheumatic Diseases* 64 (2005): 309-10.

Wilson, R. S., Evans, D. A., Bienias, J. L., et al. Proneness to psychological distress is associated with risk of Alzheimer's disease. Neurology 61 (2003): 1479-85.

Zelinski, E. M., Gilewski, M. J., Anthony-Bergstone, C. R. Memory Functioning Questionnaire: Concurrent validity with memory performance and self-reported memory failures. *Psychology and Aging* 5 (1990): 388-99.

Índice

Este livro foi composto em Joanna e Helvetica
e impresso pela Ediouro Gráfica sobre Pólen
Soft 80g para a Agir em setembro de 2008.